豊中市域の変遷

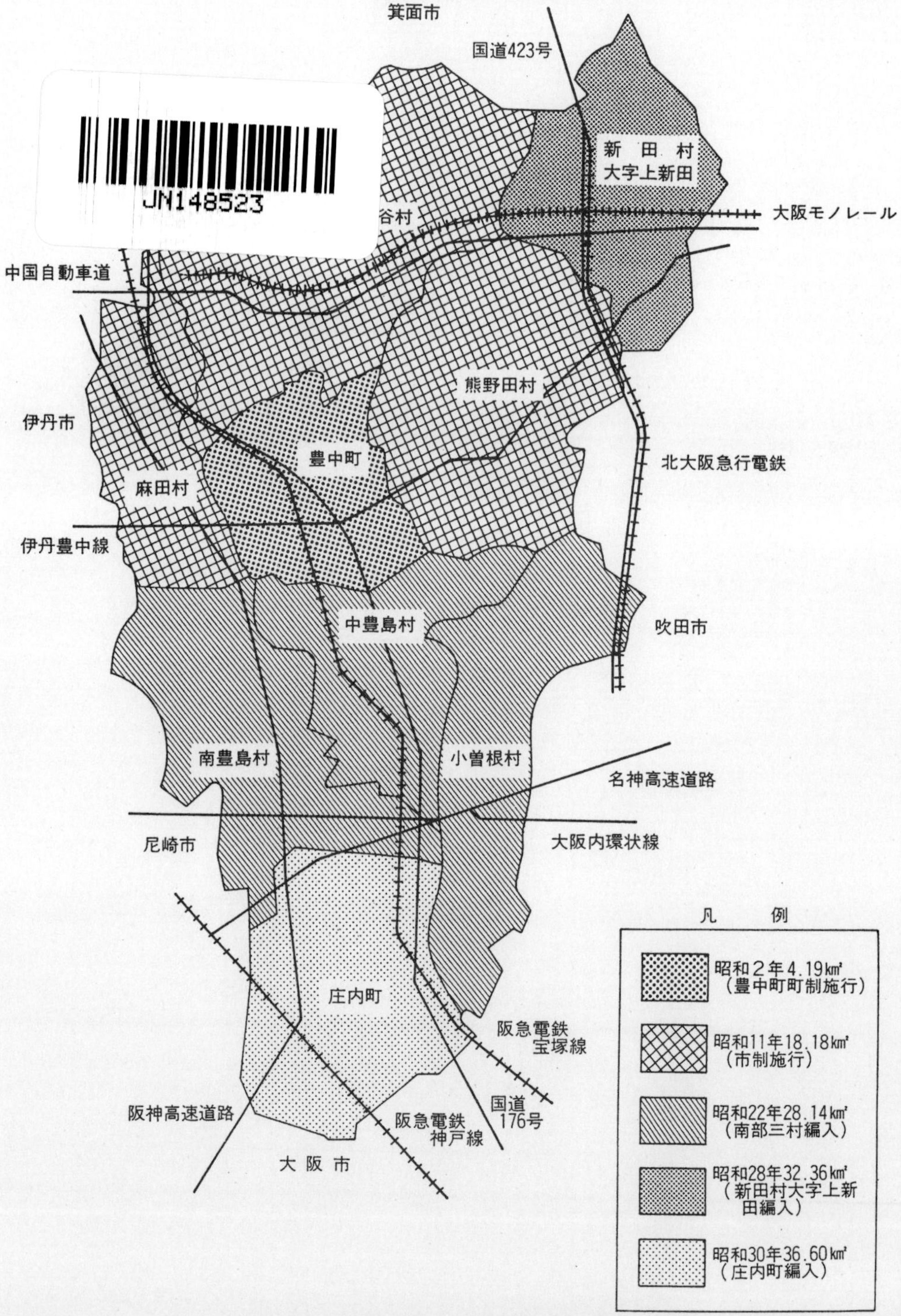

出典：「とよなかの現況 '95」（豊中市政策推進部）

探訪豊中

水とくらしと時代の変化

丘陵・川・ため池・用悪水路を探る

瀧　健　三

（表紙・表）

地図・明治42年（1909）測図2万分の1「伊丹」・発行 明治44年（1911）陸軍陸地測量部 豊中市北部－蛍池・刀根山・桜井谷・新免（現阪急豊中駅付近）

写真・大阪府営服部緑地（公園内）山ケ池 豊中市服部緑地1

（表紙・裏）

写真

上段左から・原田井水路 原田中1－9・10辺り・南町樋門跡 原田南1-1（新豊島川親水緑道入口）・神崎川と旧猪名川（水門側）合流地点 尼崎市戸ノ内町4付近

中段左から・千里川 野畑南公園付近・長谷池 新千里東町2－3（千里東町公園内）

下段左から・猪名川〈九名井（原田井）堰〉伊丹市中村・豊能南部雨水幹線（水路）上津島2-1付近・十七間樋跡 穂積2-16（穂積ポンプ場北側）・穂積百日堰跡 服部西町5-1（青年の家いぶき南側）

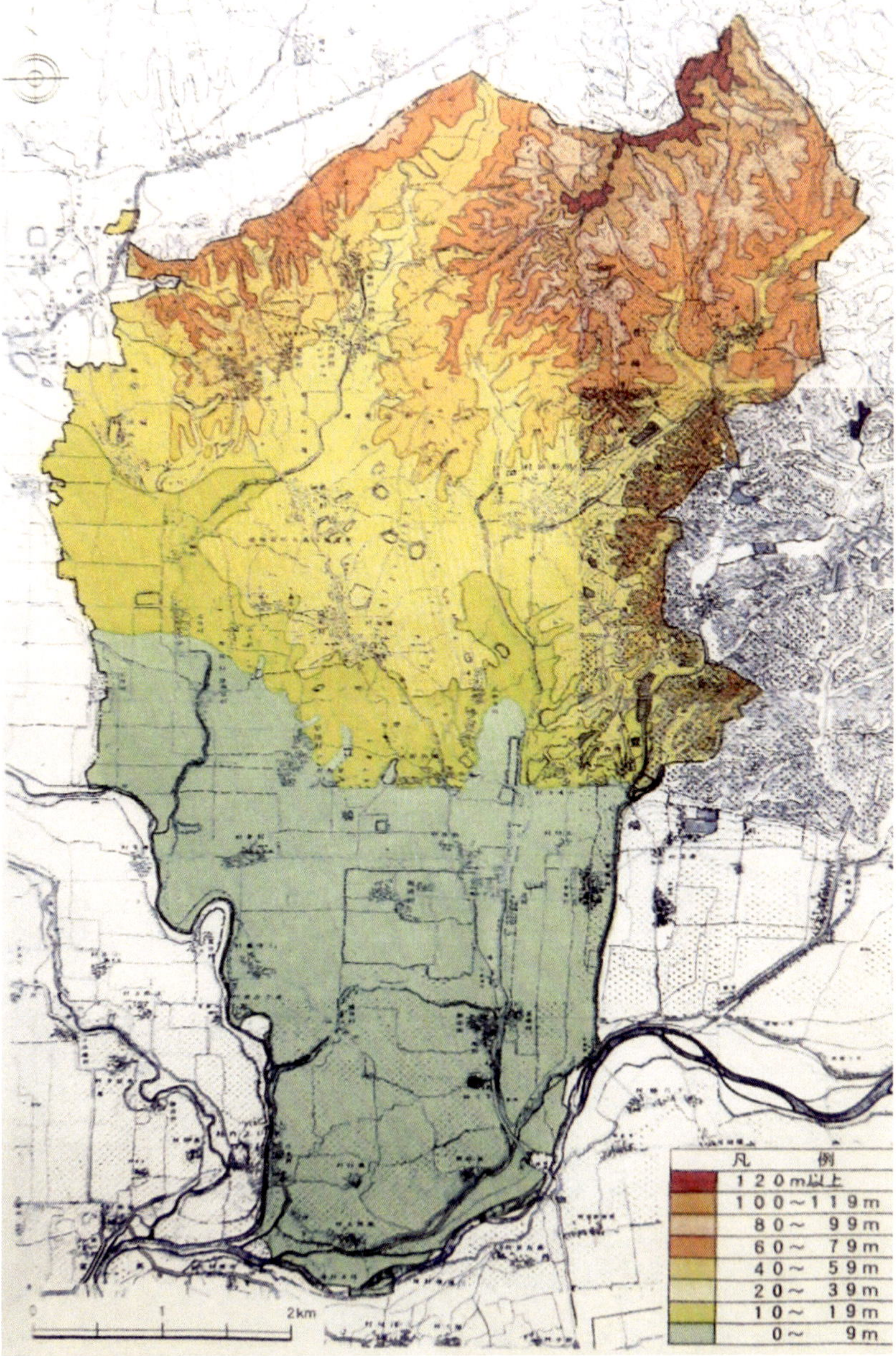

付図１　明治 18 年（1885）当時の高度分布図（旧地形）
『新修豊中市史第３巻　自然』図２－５

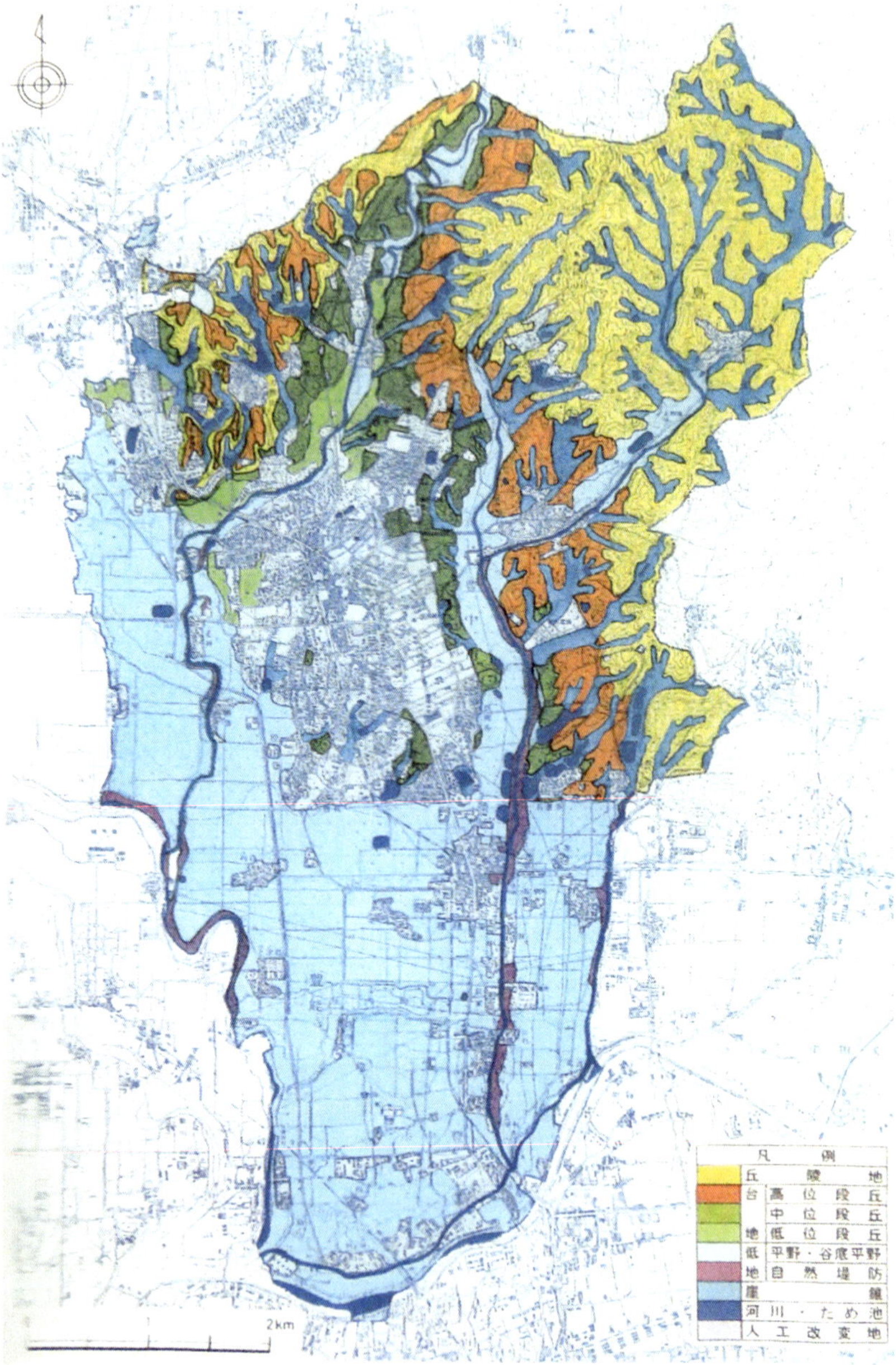

付図2　昭和 28 年（1953）当時の地形分類図
『新修豊中市史第3巻 自然』図2 － 19

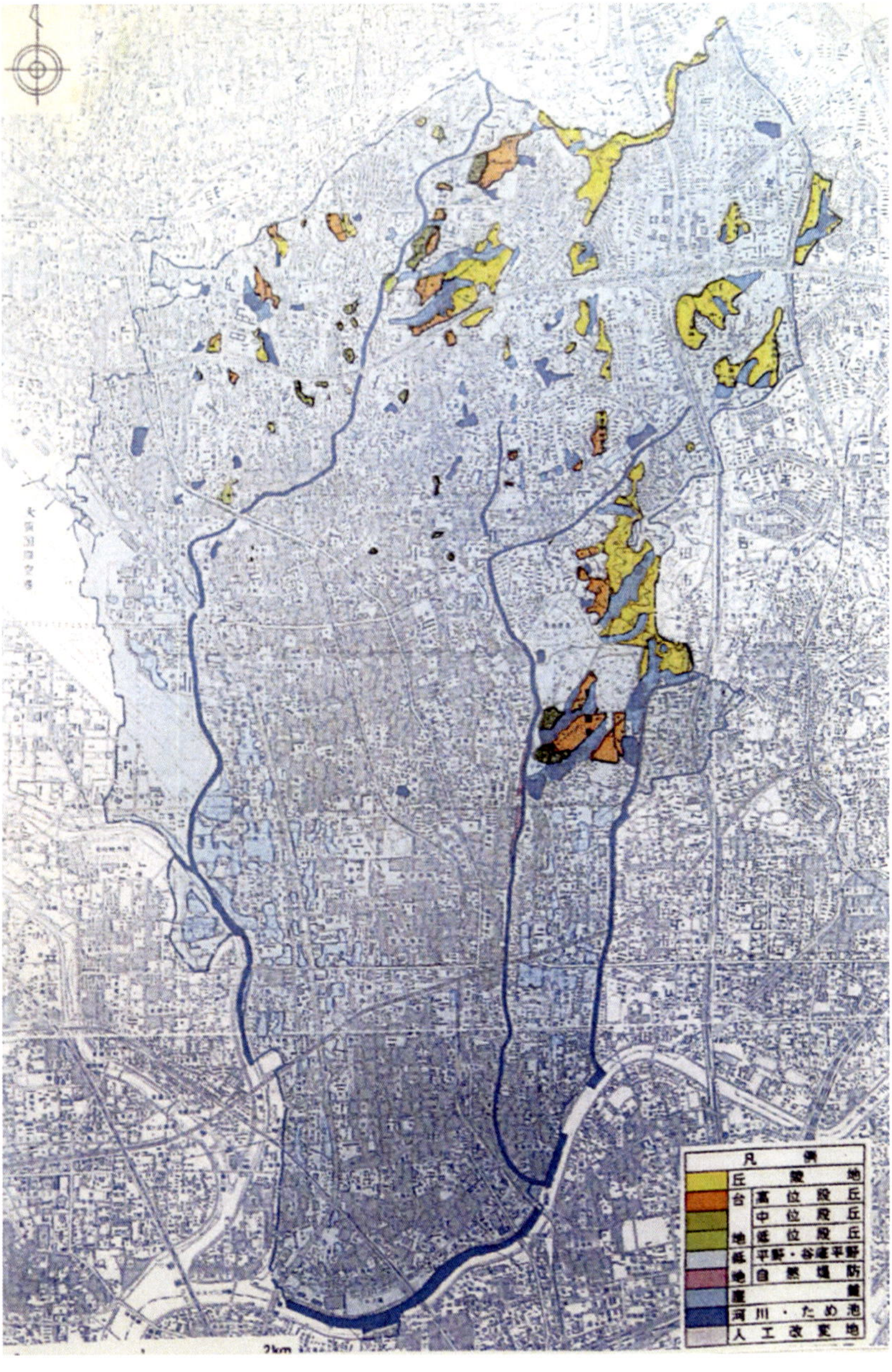

付図３　昭和 57 年（1982）当時の地形分類図
『新修豊中市史第３巻　自然』図２－ 21

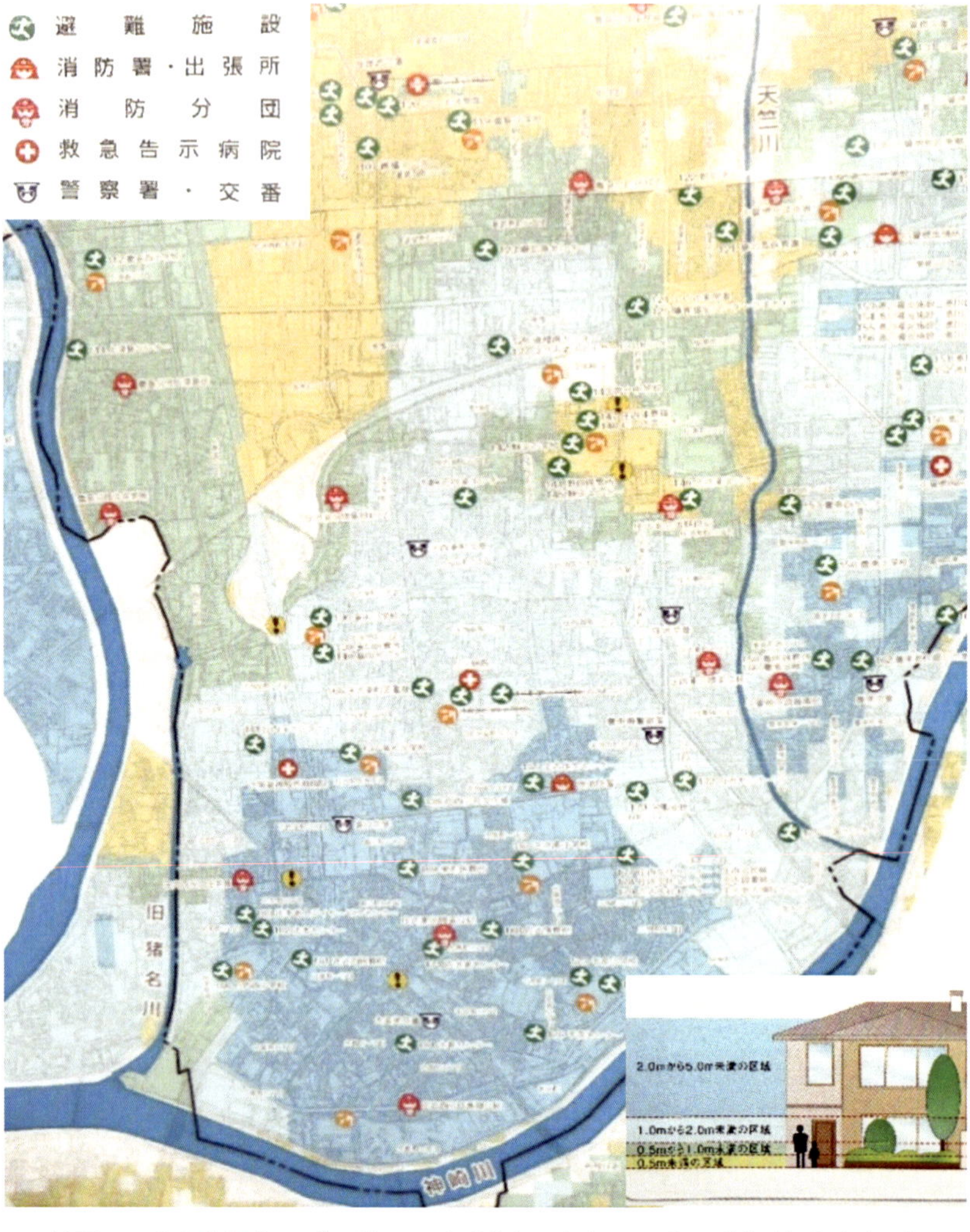

付図４　豊中市浸水ハザードマップ（洪水・内水はん濫及び津波）保存版 豊中市中・南部　発行 改訂 令和２年（2020）８月　豊中市
注：表記のマップは令和３年３月以前に作成されたもの。現在は、『豊中市総合ハザードマップ』〖高潮・浸水・土砂災害〗（令和３年（2021）11月）が作成され、保存版にして発行されている。左上－凡例、右下は浸水を想定した水位（色別）を家の高さに当てはめて表したものである。

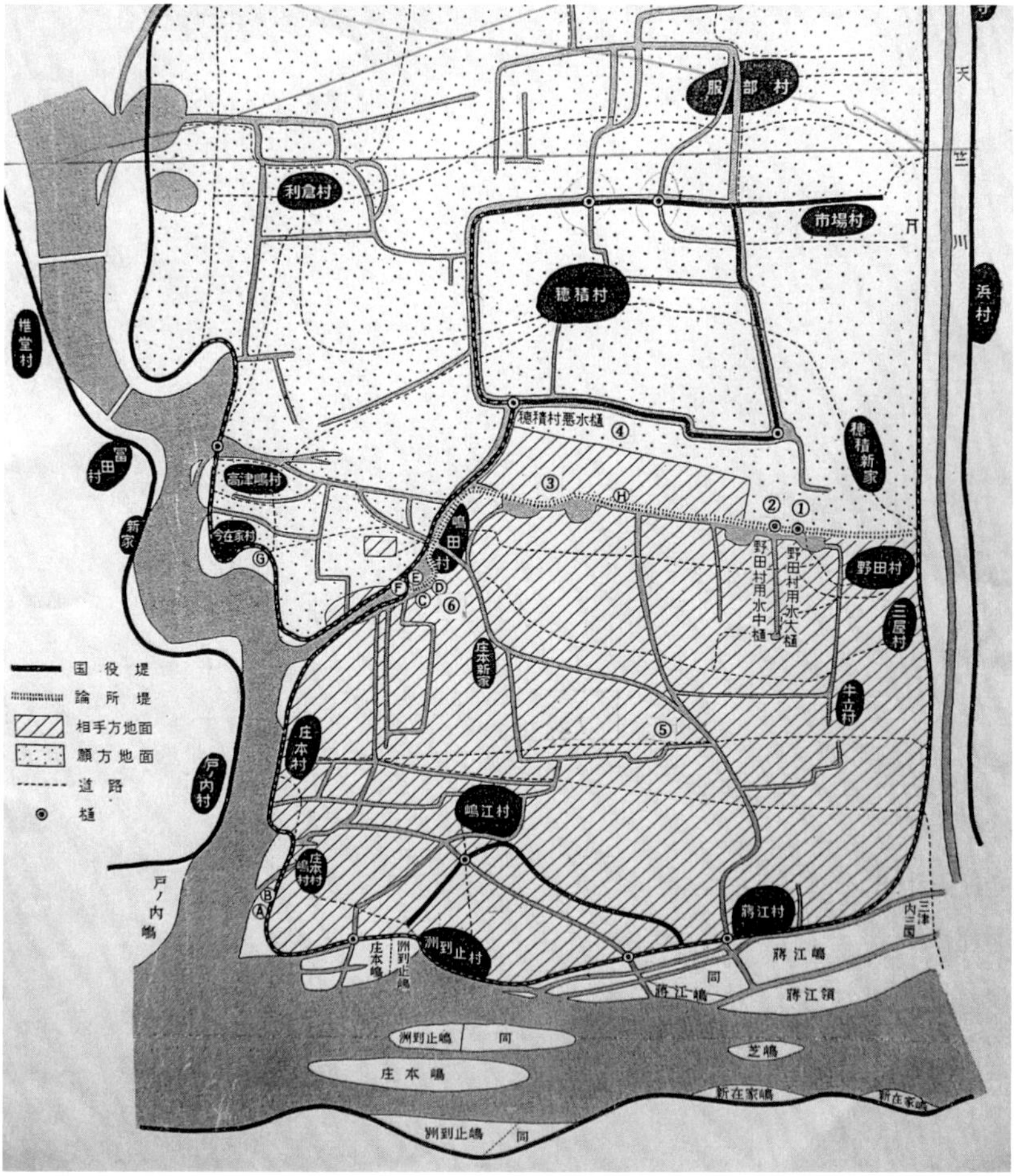

付図５　「寛政２年（1790）南豊嶋地方水論図」『豊中市史第２巻』第 22 図　①〜⑥著者加筆

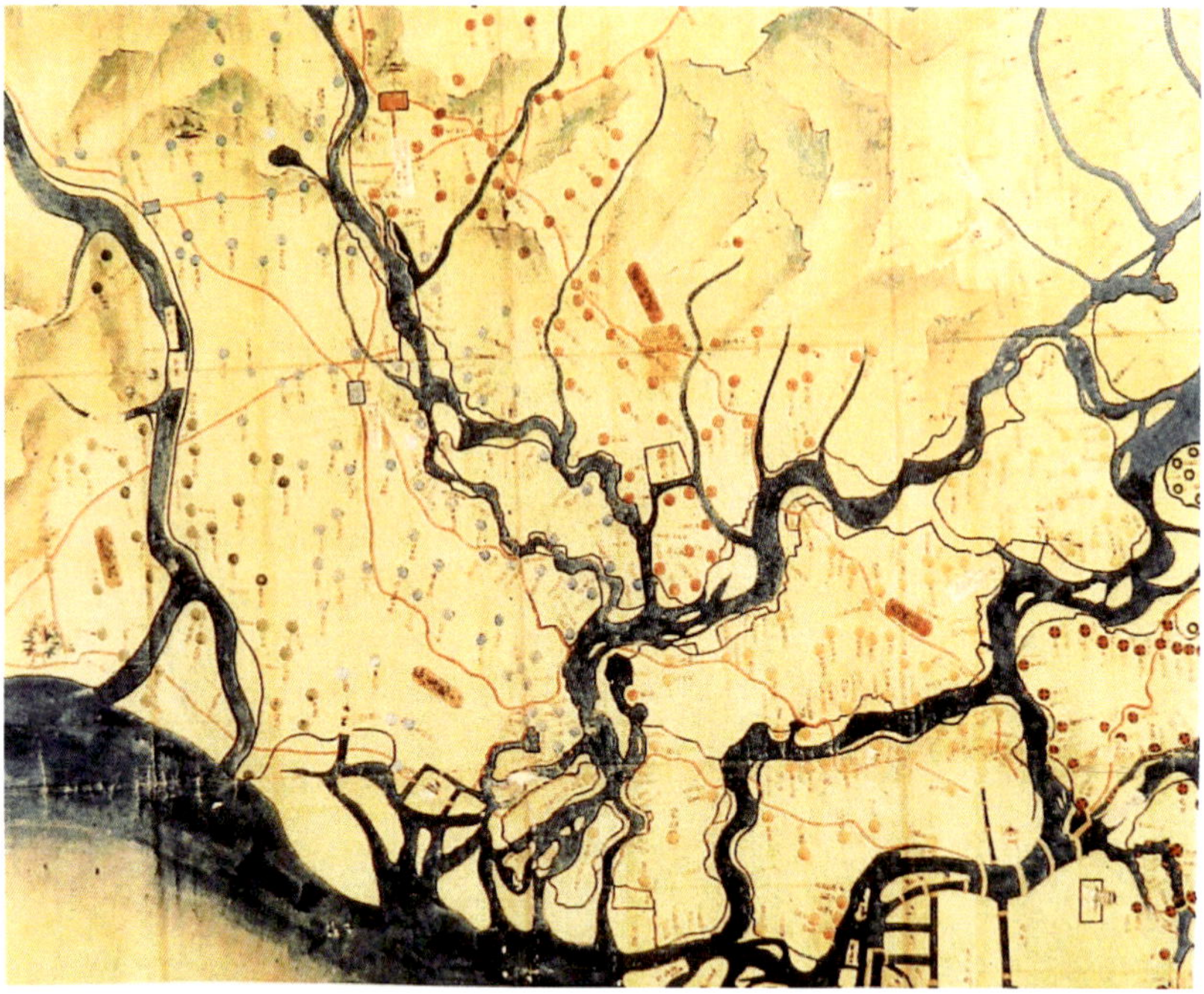

付図6 17世紀前半（推定）摂河絵図のうち、豊中市域を中心とした部分
石川友紀子氏蔵『新修豊中市史第５巻古文書・古記録』口絵
大阪城天守閣提供、無断複製禁止

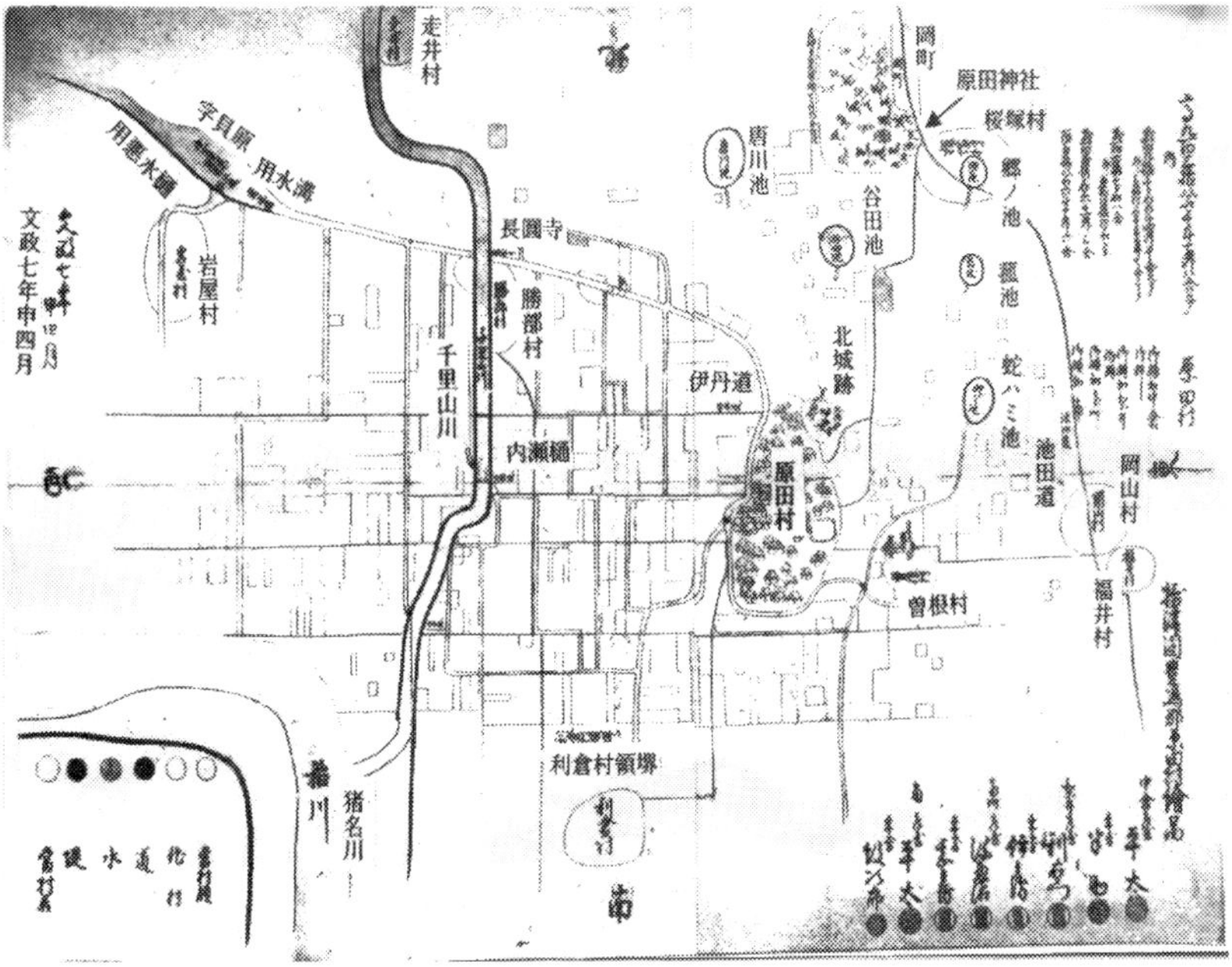

付図７　摂津国豊嶋郡原田村絵図　文政７年（1824）４月　岡町図書館蔵
『新修豊中市史第１巻通史１』付図Ⅱ－３　村名・河川・池名等著者加筆

付図８　明治 18 年（1885）当時の豊中市域の地形
（2万分の１）「大阪近傍北部」陸地測量部　著者加筆

付 写真　水田が広がる豊中市域〈中部から南部(庄内)方面〉1948/3/19(昭和 23 年)
米極東空軍撮影（撮影地域 大阪西北部・撮影高度 2438m）　提供 国土地理院　地名著者加筆

本書出版を祝す

大阪電気通信大学名誉教授
小田　康徳

真の歴史学とは、実際の歴史に関わった人びとと、彼らが生きた地域の変化、すなわち、時代の条件の中で、よりよい生活を求めて苦闘し、努力した当該時期の人々の苦しみ、悩み、喜びが生き生きと描かれ、あるいは示唆されるものでなければならない。すなわち、今残されていない過去の暮らしの姿とはどうであったか、何が消え去り、何が生み出されてきたのかを、また、その変化の過程と意味を、その時代に生きた人や地域の変化に即して可能な限り具体的・多面的に語らなければならない。その認識のためには、生活基盤となる確かな知識を踏まえることは言うまでもなく、さらに、人がそこに生きた地域の成り立ちを示す史実を出来るだけ多面的に知ろうとする多大な努力の上に、はじめて成り立つものである。すなわち、学問的でもあり、人間的でもある、地に足が着いている歴史学でなければならないということである。

本書の著者瀧健三氏は、すでに単著『史跡をたずねて　能勢街道の風景』（ドニエプル出版、二〇一五年）において、その方向性を示していたが、今回ここに一大努力の末、本書『水とくらしと時代の変化』を出版することになった。氏が本書執筆の基礎とした知識は、平成元年（一九八九）から同7年に至る間に成し遂げた、豊中市内に当時まだ残されていた主なため池・川・用悪水路など、地域の農業を支える基本的構造物の丹念な現地調査とその利用に関する生きた知識を知る50人を超える古老への聞き取りであった。氏はそれを前後2回に分けて、『聞き書き　水とくらし』と名付ける報告書にまとめられていた（豊中市立教育研究所　研究紀要第94号・同100号)。氏は、新型コロナ感染症の流行がはじまったなか、この知識をさらに発展させようと、折良く完成したばかりの『新修豊中市史』各巻の古文書や絵図などの史料・本文記述、用悪水路・ため池に関する伝承や「雨乞い」について書かれた記録など、諸資料に当たり根気よく纏めていかれた。書き上げられた本書を前にして、こうした調査の中で得られた関係者の発言や史実の発見に伴う喜びを、氏はその都度うれしそうに伝えてくれた。

氏の解明の結果、昭和三〇年（一九五五）代を境に現在の豊中市域の生産・生活構造は大きな変革を遂げ、戦前期から住宅地の開発は行われていたにしても、それまでは基本的には農業中心の地域であったことが明確になってきた。一方、いまや、農業時代の暮らしの様相は消滅し、住民にも理解できなくなっていること、その歴史を確認しておくべきであること、同時に南部の庄内地区では戦中から工業地の形成があったこと、地盤沈下もあったこと等も明確にされた。しかも興味を惹かれることは、同じ農業生産を基盤にしていると言っても、豊中市内の農業が抱えていた問題は、北部丘陵地帯・中部台地そして南部の低湿地帯とでは、大変大きな違いがあったという事実である。おそらく、それは同じように住宅都市化と言っても、相当の違いを有しているに違いないことを想定させてくれるのである。

本書の特徴は地域に即し、景観に即し、調査し、検討した結果、忘れようとしている地域の歴史を再現し、各地によって違った暮らしがあったこと、そうした違いを抱えた上で、それが同じような変化を遂げていったこと、その実際を解明したことである。それは、現在の地域の姿を長い歴史の変化の中に位置付ける見方を市民に提起するものであり、また、今後の地域のあり方を考える上で不可欠な素材を提供するものである。農業地域から住宅都市への移行がいかなる問題とともに進行していったのか、今後、そこにおける住民の苦難や対応をいかに解明するか、本書はそれらの必要性を各所で問題提起していることについても指摘しておきたい。

本書は、まさしく農業と水を根幹にした豊中の歴史の金字塔と言っていい。本書の出版を祝すとともに、広く薦める所以である。

まえがき

現在の豊中市域は、明治四三年（一九一〇）の箕面有馬電気軌道（現阪急電鉄宝塚線）の開設以後、徐々に農業優先の地域から住宅地への動きを見せていく。高度経済成長期前の昭和三〇年代前半までは、農家は集落を形成してまとまり、農地も広がっていた。表1は、豊中市が現在の市域になるまでの行政区（村単位）の変遷を略記したものである。

昭和二年（一九二七）、農業が盛んに行われていた時代、豊中村が中心になって町へと変わり、その後昭和に入ると、山麓や丘陵地のくらしを含みながら、徐々に地域全体が住宅地へと変わる。昭和八年（一九三三）には東豊中から丘陵地にかけて、当時の阪急沿線住宅地でも最大規模の宅地開発がすすめられた。そこにはバスの運行も行われた。産業道路（現国道一七六号）の開通もあって、物や人の動きが一段と活発になり、昭和一一年（一九三六）、北部を中心に豊中市が誕生する。

戦後になり、豊中の穀倉地帯とも言える中部、東部の三ケ村を編入、昭和二八年（一九五三）には、千里ニュータウンの西

表1　豊中市域の変遷

年（西暦）	村・町・市域
明治 22 年　1889	豊中村・麻田村・桜井谷村・熊野田村・中豊島村 南豊島村・小曽根村・庄内村・新田村
昭和 2 年　1927	豊中村が豊中町になる
昭和 11 年　1936	豊中町・麻田村・桜井谷村・熊野田村が合併し、豊中市になる
昭和 22 年　1947	中豊島村・南豊島村・小曽根村が豊中市になる
昭和 28 年　1953	新田村（上新田）が豊中市になる
昭和 30 年　1955	庄内町が豊中市になる
平成 24 年　2012	豊中市 中核市に移行する。（4月1日〜） ＊中核市 人口 20 万人以上、人口だけでなく都市としての規模や機能など、一定の要件を満たしている都市

『新修豊中市史第九巻 集落・都市』図３－１⑥⑦（町村制施行当時の区画）・同図７－26（市域の変遷）

側に位置する上新田地区、また、同三〇年には、戦前から工場用敷地が神崎川沿いに広がっていた南部庄内地区が編入され、現在の市域になる。ここまでの間は、全市的にもまだ各所に田や畑があり、農業を営む家屋敷などが広く見渡せる時代であった（2頁付図2参照）。

昭和三〇年代から、日本は高度経済成長期〈昭和三〇年（一九五五）～昭和四八年（一九七三）〉に入る。豊中市は昭和四〇年（一九六五）前後から市街地化がすすみ、そこに大都市大阪及び阪神間で働く人たちが移り住むなどして、市はその人口増大をまともに引き受けることとなる。市内の小中学校の建設ラッシュがその一端を見せはじめる（表2参照）。小学校では校舎の増設が間に合わず、校庭にプレハブ校舎が建てられた時期もあったが、毎年二～三校の新設校が開校したこともある。中学校でもその波は少し遅れてくるが、年を隔てて一校または二校の学校が新設されていく。さらに社会インフラを形成・維持する膨大な取り組みがはじまる。上下水道、電気やガス、道路、公共交通など。そこに先述した学校や病院・公園・保育所・スポーツ・福祉関係施設なども加わる。そして、毎年のようにそれらの施設等の整備・拡充・新設が急がれるところ

表2　豊中市立小中学校数
昭和40年度（1965）～
昭和57年度（1982）〉

年　度	小学校（校数）	中学校（校数）
昭和40年度	19	7
同41（以下略）	22	8
同　42	25（1）	8（1）
同　43	26（1）	8（1）
同　44	28（1）	8（1）
同　45	29（1）	9（1）
同　46	29	9（1）
同　47	29	10
同　48	29	12
同　49	33	12
同　50	35	12
同　51	37	12
同　52	37	13
同　53	40	14
同　54	40	15
同　55	40	15
同　56	40	16
同　57	40	17
昭和58年度以後は、同61年度に小学校は41校、中学校は18校となり、現在に至っている。（1）は分校		

『新修豊中市史第二巻　通史二』（表5－22）「市立小中学校・市立幼稚園と児童・生徒・園児数の変遷（昭和30年度・1955～同61年度・1986）」

図３　土地利用現況図

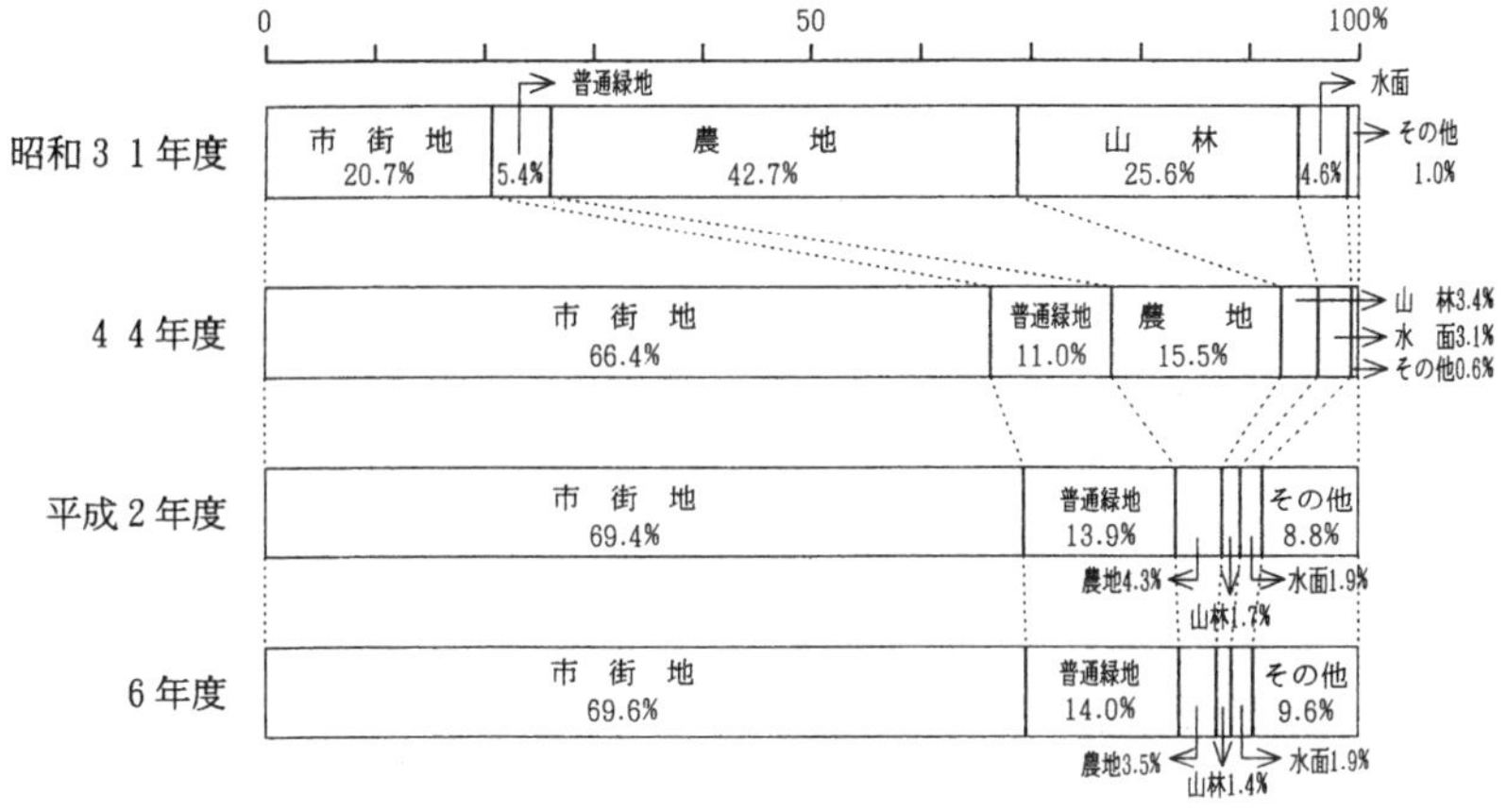

※「その他」は、低湿地荒無地、公共施設、道路鉄軌道
「普通緑地」は公園、学校、社寺等

『新修豊中市史第九巻 集落・都市』（図７－13）　出典「とよなかの現況 '95」

となり、それまで農地やため池であったところが、学校や公園・公共施設などに次々と転用されていった。

その事例の一端になるが、『新修豊中市史第七巻　民俗』「第2章むらとしての豊中　第5節むらの生業―農業」のところに、「昭和三二年（一九五七）以降に埋め立てられた財産区所有のため池」が表（省略）にして載せられていた。それによると、昭和六二年（一九八七）までに桜井谷・刀根山地区では、二六ケ所ものため池が消えている。池の名も記されていたが、埋め立て後の用途は、住宅用地一三ケ所（以下ケ所略）、公園三、病院・医療センター三、学校二、その他一三（道路四・会館・保育所など）となっていた。

図3は、豊中市域の土地利用現況の昭和三一年度（一九五六）～平成六年度（一九九四）までの変化を表したものである。農地は昭和三一年度四二・七％から、一二年後の同四四年度には一五・五％になり、平成六年度には三・五％までに激減し、市街地は昭和三一年度二〇・七％が、昭和四四年度には六六・四％にまで拡大している。農地が宅地等に転用されていったことが分かる。

表４　専業・兼業別農家数および経営耕地面積

	農家総数			経営耕地面積
		専業	兼業	
昭和31年度（1956）	2167戸	656戸	1151戸	101.825アール
昭和40年度（1965）	1604戸	216戸	1388戸	59.129アール
令和２年度（2020）	238戸	自給的農家 171戸	販売農家 67戸	5.600アール

『豊中市統計書』（各年度農業）

表４は、昭和三一年度（一九五六）から令和二年度（二〇二〇）までの豊中市域の農家総数と経営耕地面積の推移を表したものである。農家数は、昭和四〇年度に同三一年度の七四％、令和二年（二〇二〇）には、約一〇％になる。経営耕地面積は、昭和四〇年度には同三一年度の五八％になり、令和二年度には約一一％になる。半世紀以上の間に豊中市域の土地利用は大変貌を遂げ、農業中心の時代から市街地化へと急進する（３頁付図３参照）。

そして農村的要素と市街地が混在していたころもあったが、それもむかしのことになり、現在、市域の住宅都市化は、ほぼ全域に及んでいる。

本書は、このような豊中市域の大きな変化の中で、主に水（農業用）にかかわる生活の実態とその変化を追ったものである。かつて豊中市域が農村であったころのことを、聞き取りや現地調査を行い、そこに『新修豊中市史』などの文献資料（史料）に学びながら、諸資料（史料）を添え、「水とくらしと時代の変化」と題してまとめたものである。

本書執筆の出発点

本書執筆の出発点は、平成元年（一九八九）四月から同七年（一九九五）一二月までの間（内四年間）、著者が豊中市内の主なため池・川・用水路・悪（排）水路などについて、現地を訪ねたことにはじまる。その間、地元の多くの方々から「聞き取り」をさせていただいた。著者は当時、豊中市立教育研究所に在職していたので、その内容は、『研究紀要第九四号 聞き書き 水とくらし』（平成六年一月）、『研究紀要第一〇〇号 第二集 聞き書き 水とくらし』（平成八年三月）としてまとめ、二冊の研究冊子になっている。両冊子は同教育研究所（現市教育センター）の他、市立図書館に所蔵。

聞き取りに歩いたのは、先述したように今から二九年から三五年前のことになる。お話をうかがった皆さんが現在もご存命かどうか不明だが、今ではほとんどの方が九〇歳以上となり、その半数以上の方は一〇〇歳以上ということになる。この方々の若年期・中年期・高齢期は、豊中市域が村から町へ、町から都市へと移り変わった時代であり、結果として見れば、二冊の『聞き書き 水とくらし』は、大正から昭和、そして、戦後は昭和四〇年代後半までの農業体験を語り継ぐものとなっている。

本書はそうした経緯から、利水と治水にかかわって取り組まれた方々の実体験（証言）にふれながら、それぞれの地域の水にかかわるくらしの一端を追うものである。

例えば、豊中市北部では千里川や開発前の千里丘陵のこと、「雨乞い」について、中部では猪名川からの取水や村を囲む堤防が築かれていたこと、水害を避けて移転した村があったこと、南部はさらに低地にあり、冠水・浸水や悪水の排出、工場立地による地盤沈下に悩まされたこと、神崎川河岸では、水運による農産物や肥料（下肥）の運搬、川のあるくらしが行われていたことなどである。

全体を通して、豊中市が都市化の進展により大きく変貌する前の姿、かつての農村らしい営みがあったころについて、そのあり様を話題にして取り上げたこととなる。

留意点

本書をお読みいただくに当たり、留意点として次の三点をあげておく。

①先に記した『聞き書き』には、豊中市の北部から南部までの地域で、直接うかがった話を載せている。その中から、話題の展開に合わせて、随所よりその一部を引用させていただいている（巻末の『註 付図・参考及び引用文献、資料（史料）』参照）。なお、引用の際には、当時の年齢、お名前を記すのが一般的だが、文中では匿名にしている。ご了承賜りたい。

②『聞き書き』の中には、話し手の記憶違いや、よく似た出来事との混同があったりする。また、同じ状況が長く続いた場合は、祖父や父のころの話だと断わって話される方もあるが、そのまま自分の体験として話される方もある。子どものころに見聞きしたと話された内容でも、実はもっと前に遡る話ではないかと思うこともあるが、そのままにしたところがある。引用に際し、本人のことばを分かりやすく言い換えて短くまとめたり、（　　）書きで補足したりしているところもある。長い話は内容を箇条書きしたところもある。

③「水論（水争い）」については、聞き取りした中では数例しかなく、それも祖父や父から聞いた話としてあった。いずれも明治・大正までのことであった。昭和四〇年（一九六五）ごろには、国・地方自治体による治水対策・水利事情の改善改良がすすみ、水論（水争い）に至るようなことはほとんどなくなっていったのではないだろうか。実際には時代を遡ると、川や池から用水を確保する際や、上手から下手へ流す、あるいは自村から他の村へ流す際には厳しい緊張関係が生じ、上下《かみしも》の間ではしばしば水論（水争い）が起こっている。厳しいやり取りを経て、最後には他村の庄屋が取扱人になり和談が成立、決め事（解決策）を書付にして交わし解決に至るなどしている。本書では主に江戸時代の水論からその一端を採録し、その発端と経過の概略を記している。

なお、明治期については、『新修豊中市史第二巻通史二』の「第1章近代行政村への歩み」（3水利問題）に詳しい記述がある。また、小田康徳『明治の新聞にみる　北摂の歴史』神戸新聞総合出版センター（発行二〇二一年）の中でも、「水と山をめぐる争いの報道」の中で、豊中市域にかかわる事例が紹介されている。本書の足らざるところを補っていただける貴重な文献・史料である。ご紹介し、お薦めさせていただきたいと思う。

参考・引用した文献資料（史料）については、巻末に番号を付して載せている。『新修豊中市史』（発行豊中市）には、各章の至るところで教えられることが多く、様々に活用させていただいた。その他、多数の資料（史料）に導かれて上梓するに至っている。本書が地域史認識の一端に資するものとなれば幸いである。

瀧　健三

＊用語の解説

「用水」と「悪水《あくすい》」

農業用水路は、用悪水用の水路として紹介されることがある。用悪水の水路には、用水路と呼ばれる主に水田に送水する水路と、悪水の流れる水路がある。「悪水」とは、一般には水田から用済みとなって流される水を指す。水口《みなくち》（水の取り入れ口）から引き込まれた水は、苗の根元がしっかりと浸かるように張られ、一定期間内はその田に溜められる。

苗代で種籾《たねもみ》が発芽する期間、田植えが行われて苗が生育する期間、分けつする期間（苗の根元から新しい芽が出て、茎が増える期間）、そして穂が出て稲穂になるまで、田にはそれぞれの時期・期間に応じて水が張られる。このような水のことを、「養水《ようすい》」と呼ぶことがある。

「悪水」とは、その養水が役目を終えて流し出されるときの水を指して使われる。大雨・大水が出たとき、田んぼに水が溢れるほどになったとき流される水は、「排水」ということになる。「悪水」は汚れたきたない水を指すのではなく、水田に一定期間内張られていて、水温を保ったり養分をもたらした後に流される水である。

そして、この水は水を求める田があるときは、次の田に回り、その次の田にも流れて、それぞれの田を養《やしな》っていく。「養水」「悪水」を繰り返し、最後は付近の川に排水として排出されていく。本文中の各所で使われている「悪水」には、このような意味が込められている。水田が減り続けて日常的には使われなくなった言葉である。

目次

第1章　豊中市域の丘陵と河川

豊中市は、北部が標高七〇メートルから百二〇メートルの丘陵地、中部は六〇メートルから四〇メートルの台地を形成し、南部は五メートルから三メートルの低平地である。河川は高い北部から西部または東部・南部に向かって流れている。はじめに豊中市の地勢を丘陵部と河川部に分けて、その特徴的なところを概略紹介しておきたい。

千里丘陵

千里丘陵は、北摂地域の豊中市・吹田市・茨木市・箕面市に連なる起伏のある丘陵地である。丘陵地は日本万国博覧会開催（一九七〇年三～九月）前から大規模な開発がすすめられ、現在では住区には団地・マンション群を含む大小の住居が建ち並んでいる。千里ニュータウンの中心地（豊中市側）にあたる千里中央は、多くの人が移動し活動する「副都心」として発展している。このような千里丘陵は、かってはどのようなところであったのであろうか。

「摂陽群談第三巻山の部」に、「寝山　豊島郡に属す。此山豊島・川辺の二郡に続けて、行程三里に及べり。土俗千里山と称して、九十九谷あり、……」とある。「寝山《ねやま》」の他に「千里山《ちさとやま》」とも呼ばれていたようで、地元では「谷には名前がつけられていました。たとえば、乳母が谷、虎石谷、狼谷、鳩が谷、とびが谷、その他です」[1]と云われるほど、急峻な崖、深い谷、岩場などがあり、深い森のようなところもあったという。

丘陵の南端は高く突き出していて、島熊山（一一二・三メートル）・三蓋《さんがい》ノ《の》峰《みね》（一三一・七メートル）・番小屋山（一三三・八メートル）

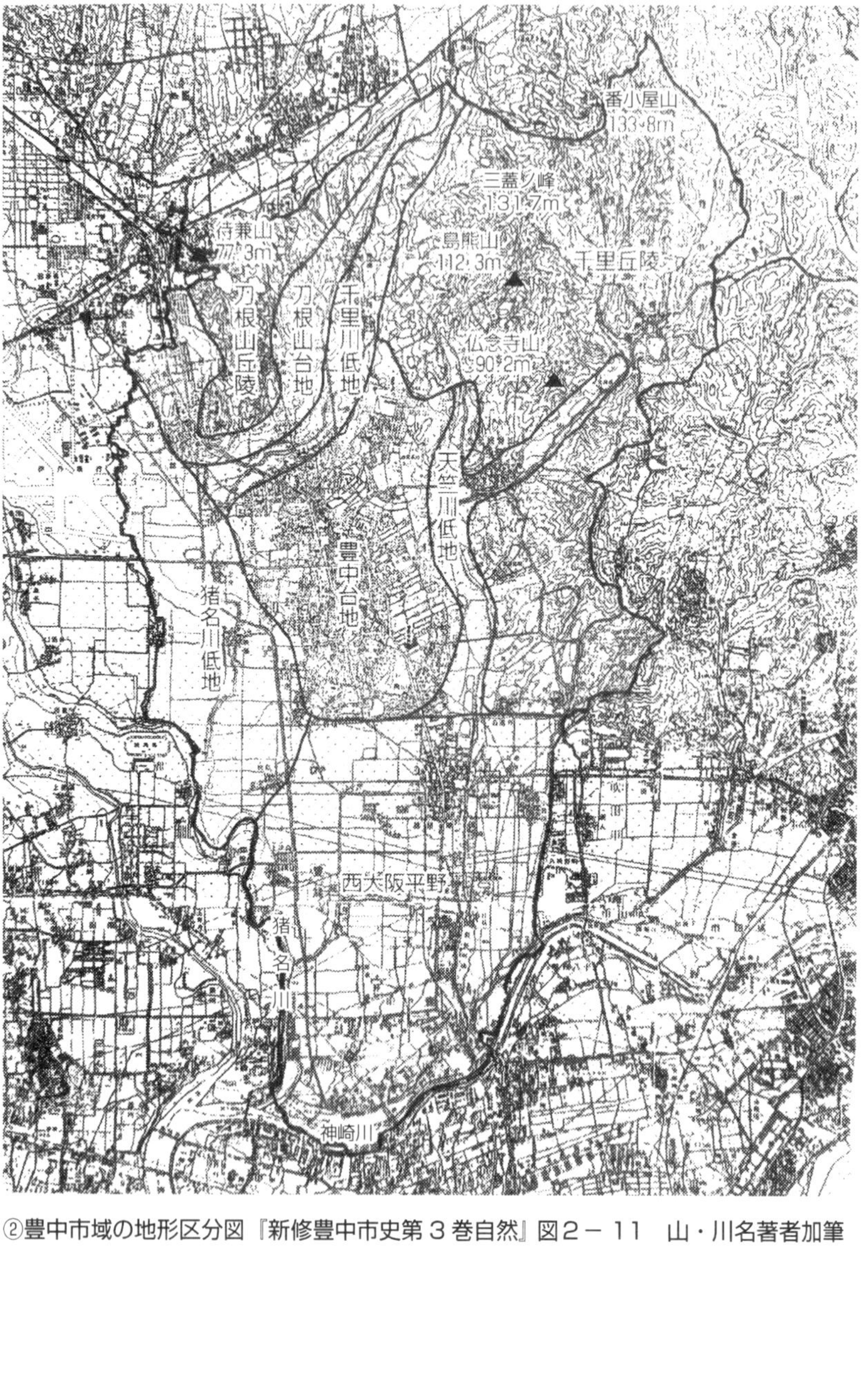

②豊中市域の地形区分図『新修豊中市史第３巻自然』図２－１１　山・川名著者加筆

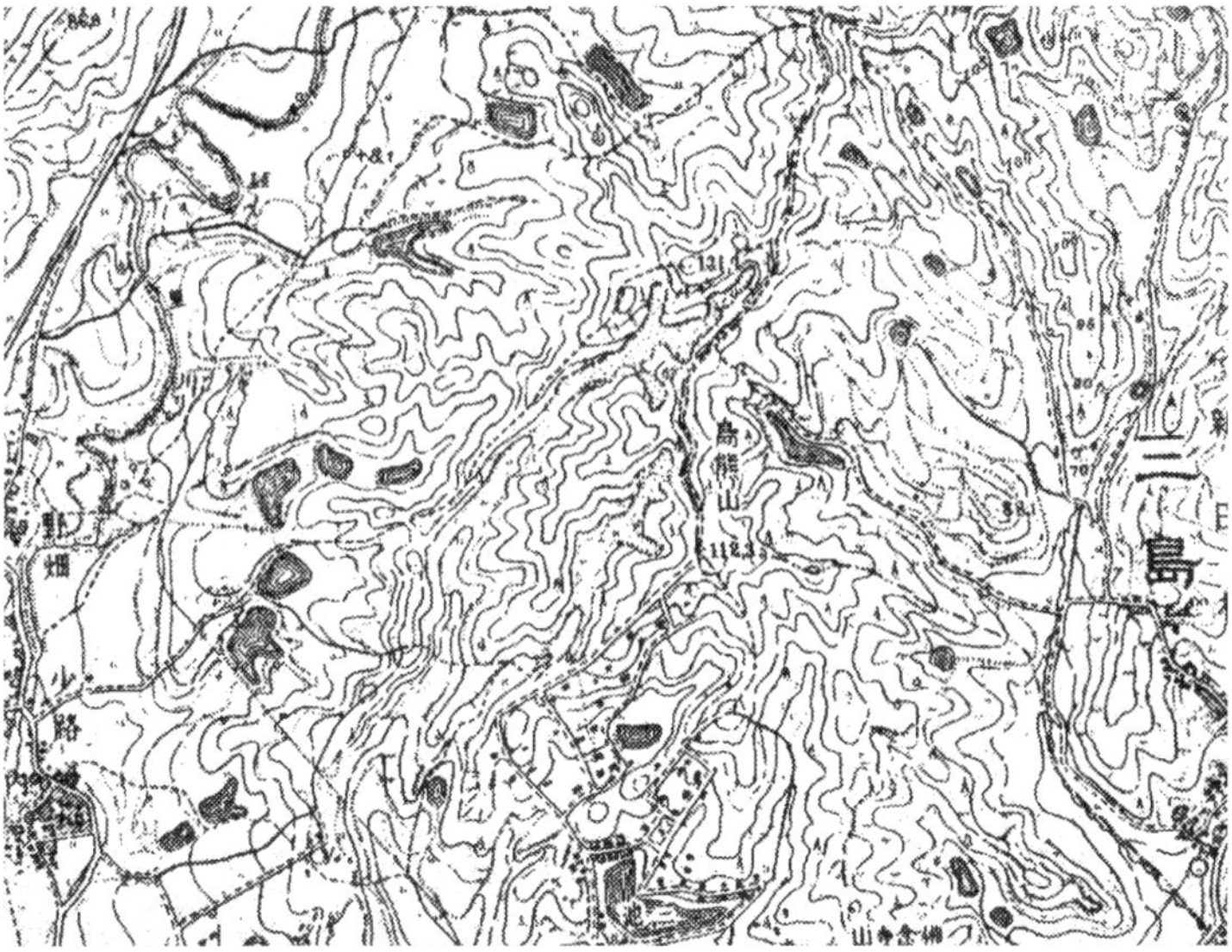

④昭和 25 年（1950）当時の島熊山周辺 （2.5 万分の１）「伊丹」地理調査所

の三嶺があった（24頁②参照）。ただし、中央部に当たる「三蓋ノ峰」は、元は三つの山の連なり全体を指して付けられていたものであった。山並み全体が凸のようになっていて、家紋や歌舞伎の舞台に描かれている三蓋松の紋様に似ていたところからそう呼ばれていたようである。即ち三嶺のうち北嶺は番小屋山、南嶺は島熊山という名前で呼ばれていたが、なぜか中央部の峰には名が無く、いつのころからか「三蓋ノ峰」は三嶺のうちの中央部の峰の名前になったそうである。三嶺のうち最も南に位置した島熊山は熊野田村域にあり、別称「熊野田の鬼ケ岳」とも呼ばれていた。③

三嶺の中でも島熊山がよく知られているので調べてみると、むかしから万葉集の古歌に詠われたこと、頂上部には摂津名松の一つとして知られた一本の老松（傘松）が立っていたこと、西摂（阪神方面）や大阪方面を広く望めて、かなり離れたところからでも遠望できたことなどが挙げられるようだ。そして、いつしか豊中の北部の山地を代表する山として紹介されるようになる。全景は現在でも丘陵特有の地形をたもっているが、かつての面影のある場所はなかなか見当たらない。豊中市新千里西町から同北町にかけての細長く続く千里緑地や、ところどころに残る赤松と雑木林・竹林・ため池・公園（元ため池）とその周りの景観などから、わずかにその面影を見ることができる。

現在の上新田地区（旧新田村）は、昭和二八年（一九五三）までは三島郡に属していた地域である。一方、千里緑地は、新千里北町から新千里西町にかけて南北に続いているが、この辺りはかつての豊島郡と三島郡の郡界に当たるところになる。斜面の赤松林の中に山道があるが、その小道こそ両郡の郡界であったと考えられる。島熊山から東側（千里中央側・上新田地区）・西側（緑丘・少路地区）には、ともにニュータウン開発前まではうっそうとした深い森があり、雑木・赤松の林、竹林、谷筋には池や水田があった。新千里北町や新千里東町の旧小字名を調べると、樫《かし》ノ木・鷹巣・深谷・長谷・奥鬼ケ谷・口鬼ケ谷・切木谷などが記されており、まるでジャングルを思わせるような地名である。

旧千里少年文化館（令和三年三月閉館・新千里西町二―七）のある辺りには、今でも大木こそないものの開発前の原風景らしいところがあり、その中に「古池」がひっそりとそのまま残っている。

昭和三九年（一九六四）に千里ニュータウン開発がスタートして以来半世紀。千里中央地区をはじめとして、商業地域及び周辺ではリニューアル化がすすみ、集合住宅地群は吹田市側とともに今また再開発されており、高層住宅の建ち並ぶ都心地域へと変貌を続けている。

刀根山丘陵

島熊山の稜線から西方を見ると、千里川の向こうになだらかな丘が見える。刀根山台地と刀根山丘陵の山並みである（24頁②参照）。待兼山（七七・三メートル）のことを「東山」と言う人もいたようだが、これは「蒲団着て寝たる姿や東山」（江戸時代の句・作者服部嵐雪）から引いた戯言で言われた呼び方で、一般にはあまり使われなかったようだ。東山が使われていたら、刀根山丘陵は西の方向にある山並みであり、西山と呼ばれてもおかしくはないと考えるが、そのように使われた形跡はない。

刀根山の由来は、地元の史料松井重太郎『桜井谷郷土史前編上巻』では、『摂津志巻七　豊島ノ部』に千里山のことを「千里山　在郡中央連 且島下郡一名根山」と紹介し、「根山」の文字が見える。続けて『同郷土史』に、「大阪府誌　刀根山ハ寝山ノ転訛ナリトノ説ヲ載セタルモ耳新シキ説カ？」と記されている。『大阪府誌』に同じようなことが書かれているようだが、「耳新しき説？」とあるところから、確かなことは不明である。

市域の河川

豊中には淀川水系に属する河川がある。西部には、猪名川と北部から同河川に流下する千里川、東部には、北部から南部の末端まで流れる天竺川と高川、南部には神崎川が流れている。神崎川の川向うは大阪市になり、猪名川からの流れを合わせて大阪湾に流入する。

（1）千里川　源流は箕面市萱野《かやの》・白島《はくしま》の奥の山中にあり、白島周辺のため池は、その山々から落ちてくる雨水を集める灌漑用のため池である。また、如意谷からくだる鍋田川も稲二丁目辺りで千里川に合流、南下して千里丘陵と刀根山丘陵の間を開析《かいせき》（谷を河川が浸食する作用）し、蛇行しながら下《くだ》り、走井から大阪国際空港の南側を通って猪名川に合流する。

（2）天竺川　源流は標高八〇メートル辺りにある樫ノ木池（旧柿軒谷池・新千里北町三）とされる。豊中北部の最高峰群にある島熊山（一一二・三メートル）東側の傾斜地を、上新田地区へ流れて下る。「千里丘陵」のところでも記したが、上新田側には谷の付く地名がいくつもあり、降雨で得られた水はそれらの谷を下り、千里中央公園内の安場池・深谷池（現新千里東町公園）・長谷（大）池、さらに現新田小学校の北側にあった新池（現「特養老人ホームきらぼし」）などに流れる。そこから上新田一丁目九から旧新田幼稚園前（上新田三丁目）を通り、その名も天竺川となって南下する。

熊野町一丁目で兎川と合流、服部緑地の西側を流れて、長興寺北・南からほぼ真っすぐに南下する。流域は上流からの土砂の堆積作用により川床面が周辺の平地より高い天《てん》井川《じょうがわ》になる。右岸の服部東・同南町・庄内東町と左岸の小曽根《おそね》地区の西側には、それぞれ堤防が築かれており、堤防保全のための松並木が見事に並んでいる。南下した先は神崎川でその先は大阪湾である。

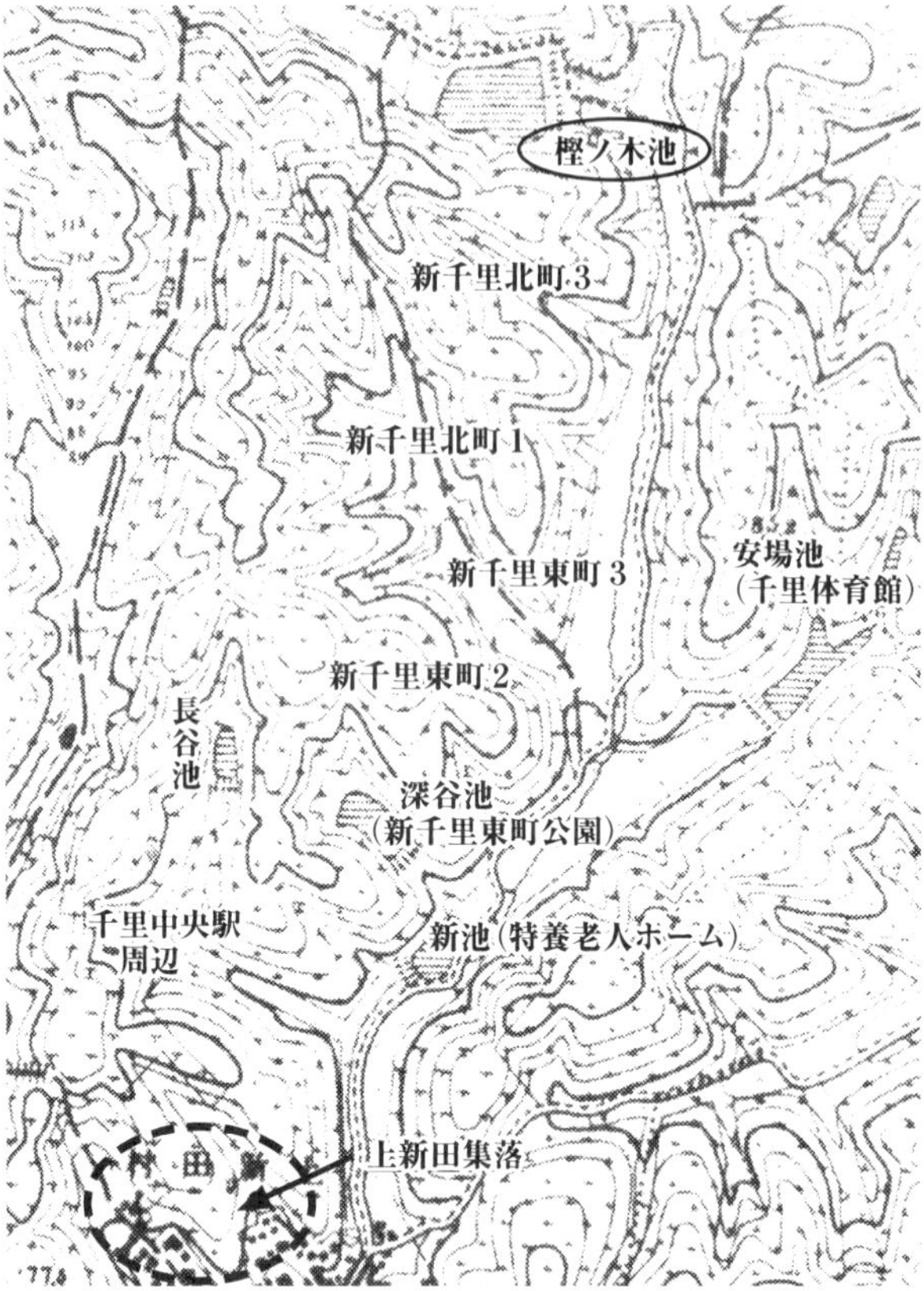

⑤明治 18 年（1885）当時の上新田（現千里中央・上新田地区付近）2万分の1「大阪近傍北部」陸地測量部　著者加筆
＊千里ニュータウンの開発の起工式は、昭和36年(1961)7月、「千里南公園」予定地南端で行われ、工事は昭和 45 年（1970）3月まで行われた。上図は開発前までの豊中市側の一部

（3）高川　源流は

吹田市春日四の砂子谷新池と思っていたが、現地の方に尋ねると、砂子谷新池よりさらに北にある標高五二メートル付近にある牛ヶ首池（吹田市津雲台一―三）であるとのこと。川は同市春日四で桃山台駅南側にある春日大池からの落水と合わさって、南下するとの説明を受けた。そこから服部緑地東側を通る川筋になり、豊中市側寺内・小曽根と吹田市側になる江坂の間を下り、豊南町東（対岸は吹田市芳野町）の先で神崎川に流れ込んでいる。高川は豊中市と吹田市の境をなしている。

（4）神崎川　北摂山地から茨木市の東部をくだる安威川と、奈良時代に淀川の洪水対策のために開削して出来た水路（淀川の支流）とが、摂津市相川付近で合流。大阪市に接する吹田・豊中の南部南西方向に流れて、尼崎市戸ノ内で猪名川に合流。さらに大阪市西淀川区の北端を経て大阪湾に入る。神崎川は近郊の村々の農産物を大阪に運搬する水路にとどまらず、平安京のむかしから西国から京へ向かう人や物資が行き交ったり、京から西国に向かう人が利用した川としても知られている。

（5）猪名川　源流は兵庫県川辺郡猪名川町、標高七五三・五メートルの大野山《おおやさん》である。川西市で一庫大路次川・最明寺川、池田市で余野川、伊丹市で箕面川・駄六川、豊中市で千里川と合流。伊丹市南部で本流と支流（藻川）に分かれてやや蛇行しながら下る。尼崎市戸ノ内付近で再び一つになり、その下流で神崎川と合わさり大阪湾に入る。流域九つの市町村にかかわる全長四三キロメートルの一級河川である。

猪名川は豊中市では大阪国際空港の西側をかすめ、原田・利倉・上津島・今在家に接し、名神口からは庄内地区の西側を流れる川筋になる。流域は市内の中南部に広がる水田地帯を潤す恵みの川であるとともに、流域の村々が取水をめぐって水争いを繰り返したところでもある。

第2章　北部の地勢とくらし

貴重な山の雨水

島熊山（一一一・三メートル）周辺に降雨した水は、東側と西側に分水して丘陵部を下り、東側に落ちた水は上新田や熊野田方面へ、一方西側に落ちた水は野畑・少路・内田方面へ流れ落ちる。山の稜線で降雨した水滴は集まって、高低差の低い方へ落ちて行くが、その雨水の一滴が収穫を左右する用水になると考えると、貴重であり、その確保に努めることとなる。北部のあちらこちらに雨水確保のためのため池が造られているのもそのためである。

古老の話1

平成七年（一九九五）一二月、少路地区（桜の町）の古老から聞いた話がある。

「島熊山の峰は村境になっており、水が東に流れると上新田、北に落ちると箕面の萱野や芝村に流れていきます。稜線を南にとると、熊野田の領分になります。雨水は落ち葉や腐葉土の上に落ちて、ゆっくりゆっくり土や木の葉をひたし、くぼみ（凹）に溜まり、そこから低い方に向けてだんだんに溝をつくって流れていきます。ですから、水を巡って峰の辺りでは各村々は少しでも自分の村に水が流れてくるようにしておくために、見回りをしました。分水のきわどい所にはいくつかの石を置いて、流れが東なら東に、西なら西に向いて落ちていくように密かに細工をして帰ったものだそうです。よその村の者と出会って、もし水争いにでもなったらたいへんですし、もし喧嘩になったとしても負けてはいられないということで、腕力のある腕っ節の強い者を選んで、峰々の見回りに行かせたものだったそうです」。①

河川になってから水は川に堰を造って引くことになるが、そこでは関係するいくつかの村々の間で決め事（きまり）をつくり、水は水利権をもつところに流されていく。山や丘陵地では、峰々に堰を造って分けることなどできようもなく、自然流下に任せることになる。だから山から下ってくる水を、それぞれの池に溜めて、そこから水路にまわしていくものと思っていた。ところが古老の話から水の取り合いは、川の堰をめぐって起こるだけでなく、山の上でも起こるがあることを知り驚いた。

右の話をしてくれた古老の住む少路地区は、住宅地として開かれていく前は島熊山西側にあり、深い谷や森に続いて赤松を主とした雑木の山林があり、山麓まで下がると水田・畑あるいは竹藪があったりしたところである。開発された住宅地に、昭和三七年（一九六二）一二月に創建された豊中不動尊（緑丘二―一四）がある。同寺は開発初期の造成地に住宅がぽつぽつ建ち始めたころ、豊中市街地から移転して、新しく「豊中不動尊」として建てられたものである。この寺の玄関には貴重な写真が掛けられていて、そこには建立されたばかりのお寺から見た景色が写っていた。西側には造成したばかりの土地が階段状に広がり、数軒の家が建ち、北の方の連峰は切り落されて、崖状になっている様子が記録されていた。

ため池

大地に降雨した水は、自然の摂理に従って地中に染み込むか、流下して低い窪地に溜まったり、水路を下って川に落ちて流れたりする。ため池はその雨水を用水確保のために溜めたもので、山間部では狭い谷を堰き止めた場合、一般に「谷池」と呼ばれる。正谷池・梨谷池のように谷名を冠にしているところがそれである。

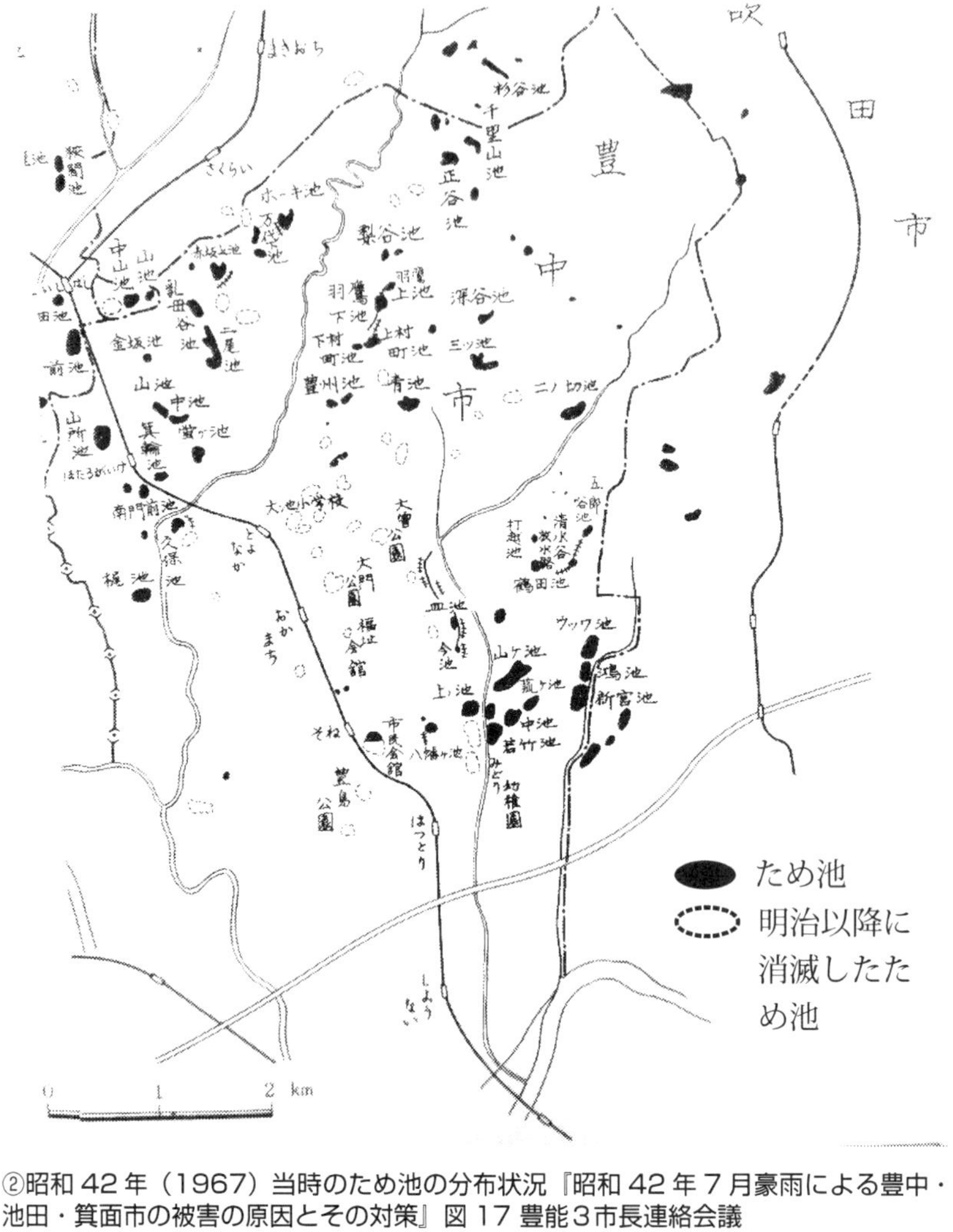

②昭和 42 年（1967）当時のため池の分布状況『昭和 42 年 7 月豪雨による豊中・池田・箕面市の被害の原因とその対策』図 17 豊能３市長連絡会議
＊注・同資料名は以下略称『昭和 42 年 7 月豪雨の原因と対策』と表記

二個三個と棚状に連なっていることもある。それらは「重ね池」と呼ばれる特有の景観を見せる。

平野部では、川のはん濫地域に逃げ水のための貯水池として造られたり、田を数枚分つぶして池にしたりして用水にしているところがある。

いずれも田畑への給水を兼ねて造られたもので、「皿池」又は「平池」と呼ばれる。

豊中の北部には「谷池」が多い。昭和三五年（一九六〇）豊中市調査による『ため池分布・面積（一反歩以上のもの）』では、旧桜井谷村二七ヵ所（以下ヵ所略）、旧熊野田村一一、旧麻田村（蛍池）一二、旧中豊島村一一、旧南豊島村（原田・穂積）三、旧小曽根村七と記されている。③ここには旧新田村、旧庄内村（町）の池数は入っていない。それは現在の上新田地区は昭和二八年（一九五三）の編入までは三島郡に属し、庄内地区は昭和三〇年（一九五五）に豊中市と合併、それまでは豊能郡に属していたためである。

地元で聞いてみると、上新田地区には樫ノ木池（旧柿軒谷池）・安場池・新池の他に深谷池・長谷池・源谷池などの大きな池や個人持ちの中・小の池があり、また庄内にも野田堤の両側に湿地帯があり、水の溜まった沼のようなところがあった。島江と二葉町周辺にも降った雨水や水田からの排水が溜まる水深二メートル程の池があった。島江の池では昭和九年（一九三四）ごろのことだが、釣池として利用されていたという。

昭和三五年調べのため池分布では、豊中市に編入された上新田地区・庄内地区を加えると、大きなため池（水面積一〇アール以上のもの）は、約八〇ヵ所はあったのではないかと推測している。さらに地図の上に池らしい表記を見たり、個人持ちの中・小のため池も含めたりすると、多く見積もって百二〇ヵ所程のため池が存在していたのではないかと考えられる。丘陵地・台地では、河川からの取水は困難であり、そうした村の歴史は、ため池を築くところからはじまったと言ってよい。用水は山や丘陵からの落水を溝（水路）をつくって集めたもので、その水をくぼ地にある田一枚・二枚をつぶしてため池にしたり、V字谷に築堤して土堤を造り、大きな谷池にした。では、そのようなため池は、どのような工程で築かれたのであろうか。

古老の話2

豊中市の北部少路地区の古老は、ため池の築堤や維持管理について、次の三点を指摘している。

（ア）池の築堤について

「築堤の際、堤防の真ん中に赤土に粘土を混ぜた土を「カケヤ」という木槌で叩き固めます。叩いて固められた土のことを「鋼《はがね》」と呼びました。その「鋼《はがね》」に漆喰《しっくい》のように赤土を被せて、側を固めて囲い堤防にしていきます」

ため池の堤防は「鋼《はがね》」と呼ぶ芯になるものを造り、その上にさらに土を盛り上げて叩き込み、絶対に水を漏《も》らさず、また決壊しないようにして築かれていたことが分かる。池は災害時の急な補修や、数十年に一度の池普請という大改造などがあり、その作業（工事）は池を利用する人たちの大仕事であった。

（イ）池までの引水

「池に水を溜めるには、自然の流れに頼るとはいうものの、「仕掛け溝堀《みぞほ》り」といって、少路地区では奥池の場合、池までの溝と奥池からその下の羽鷹池までの水路の溝掃除をしました。また溝や水路の周りの枝木や草を切り払って、水路の見回りの邪魔にならないようにしたものです」

（ウ）「余《よ》げ」

「ため池には雨が降って溜まるだけ溜まると、堤防いっぱいになります。そうすると、池の水面の中央が膨れ上がっているように見えます。堤防はそのままでは決壊の恐れがありますので、堤防の両端にある「余げ」と呼ぶ樋を開けます。このような満水状態を超す場合を想定して、雨量によって堰板《せきいた》を一枚抜き、二枚抜きして排水が調整できるようにしていました。池の水が溢れるとなると、夜も寝てはおれないほど心配したものので、特に年当番（その年の水利管理者）と呼ぶ水当番は、家のことは放っておいてでも池に行ったものです。このままでは決壊の危険となると、半鐘を叩いたり太鼓を打ち鳴らして、村人を池に集めました。そして水圧で動かせなくなった『余げ』の堰板を切りますと、半分程も切れば板は水圧でバリバリと破れて、どっと水が流れ出し、そのため池の下の田はむちゃくちゃになりました」（ア〜ウ④）。

ため池めぐり

兵庫県加古郡稲美町に「いなみ野ため池ミュージアム」がある。東播磨一帯には、天満大池・加古大池のような大きな池から小さな池まで数多くあり、水辺を活かした新しいふるさとづくりが行われている。以前同ミュージアムのホームページ（二〇一三・二）「サイトマップ―ため池王国・東播磨の挑戦」を開いたとき、その中の「ため池とは」に、次のような説明があった。

「ため池の歴史はとても古く、稲作が行われるようになった弥生時代（今からら約二〇〇〇年前）には、すでにため池のようなものがつくられていたといわれています。古墳時代（今から約一五〇〇年前）、大陸から鉄器と土木技術がもたらされると、古墳をつくる技術がため池にもいかされるようになり、大きなため池もつくられるようになりました。しかし、多くのため池がつくられたのは、新田開発が盛んに行われた江戸時代から明治時代にかけてで、今あるため池の多くは、この時代につくられたものです。（以下略）」。ため池の多くが江戸時代の新田開発に関係するとある。

また、磯田道史氏の著書『徳川がつくった先進国日本』の中の「幕府中興の祖、吉宗の行った改革」のところに、次のような記述がある。

「吉宗は財政再建のため、享保《きょうほう》の改革を主導します。（中略）吉宗は、緊縮財政を推し進めるために倹約の徹底を図ります。しかし、いくら財政支出を抑えても、税収を増やさないことには赤字財政を根本的に解決することはできません。そこで税収を増やすため、吉宗は二つの政策を断行しました。一つは新田開発であり。もう一つは年貢の増徴です。享保七年（一七二二）、幕府は新田開発令を発して各地に新田開発を促進します」⑤。

豊中市域でも生活圏や経済活動の広がりとともに土地の開墾やため池の築造が盛んに行われたものと思われる。

巻頭に付図を載せているが、その中の付図7（7頁）「摂津国豊嶋郡原田村絵図」〈文政七年（一八二四）〉を見ていただくと、右上のところに「郷ノ池」とある。この池は江戸時代後期の「村明細帳〈天保二年（一八三一）原田四株指出明細帳〉」⑥に記載されており、そこには、「（前略）池床平均　東西六拾七間南北五拾間・弐ケ村立会、南堤長延六拾七間・根台四間半・高サ壱間半……」とある。「郷ノ池」は現在の桜塚公園や地域共生センター（西館・東館）が建っているところに、昭和三〇年代前半ごろまであった「上池《かみいけ》」「下池《しもいけ》」（67・68頁参照）である。台地・段丘にある谷をせき止めて造られたもので、江戸時代初期か、あるいはそれ以前から存在していた池ではないかと推測される。

飯田池（現麻田公園 蛍池中町一）

ここに旧家の古文書から転載されたと思われる資料がある。それは昭和四七年（一九七二）に創立百周年を迎えた蛍池小学校の記念誌四部作（『蛍池の教育』『蛍池の伝承』『蛍池の同窓』『池の歴史』）である。その中の『池の歴史』には、同校区内の池についていつごろできたものか、次のように記されていた。略記すると、「蛍池中町一丁目一〇番にある飯田池は、公園になる予定で早くから埋め立てられてきたが、この度、蛍池の森本重一氏宅より『御領地の雑記事』と表書きした古文書に、麻田にある五つの池の一つ、井田池（飯田池）慶長一〇年（一六〇五）出来……（以下略）」続けて、「村高の増加」の欄に、「宮後池三か所　往古より在来年歴不相知、山所池《やまんじょいけ》（現第十八中学校敷地）文禄四年（一五九五）出来、さら池（南門前池）慶長六年（一六〇一）出来、新池（現在地不明）明和五年（一七六八）出来、……（以下略）」とあった。

麻田藩主初代青木一重は、元和元年（一六一五）に家康より一万石を与えられ麻田村に陣屋を設け、藩政の基礎を確立している。右記の『池の歴史』からすると、蛍池付近のため池、少なくとも二つの池は、青木氏が家康に仕官する以前から築造されていたようだ。蛍池西側一帯には「蛍池遺跡・蛍池東遺跡」が広がり、発掘調査では竪穴住居や掘立柱跡が多数見つかっている。少し南に行くと御神山古墳、丘陵部には待兼山古墳がある。この辺りは古代から開けていたところであろう。池が多いところである。山所池が出来たのは、文禄四年（一五九五）と記されていることから、秀吉が諸大名に命じて、淀川左岸に建設させた堤防道（文禄堤、文禄三年（一五九四））とほぼ同じころに造られており、江戸時代より前のことになる。

二ノ切池（東豊中町五）

この池畔に建てられている石碑「二ノ切池縁起」（東豊中町五―三七）には、池の縁起が縦四四文字・横五八行の長文と、「一九八七年一一月　豊中市（旧熊野田村）財産区財産管理者豊中市長下村輝雄　豊中市熊野田水利組合連合会会長小寺勝　撰文小寺勝」の文字が刻まれていた。文意は略記すると、前半には「七世紀ごろよ

上羽鷹池（少路１－15）

二ノ切池（北側は東豊中第二団地）

「二ノ切池縁起」碑

りこの辺りには郡郷里制・条里制が推進された（この項市史に拠ると付記あり）ものと推定され、その後由縁あって皇室領大和諸大寺の荘園になり、藤原氏の勢力伸長下にあったこと」。（中略）後半には「十二世紀には鎌倉期から室町期に至り、摂関家所領から氏長者の近衛基道より春日社領に寄進され、垂水西牧になる」とある。また、池の築造時期については触れられていないが、織豊時代を経て享保一一年（一七二六）に大普請工事が行われたとある。「年間稼働（延べ人数）千余人の苦行を以て、三年に亘る労資究極の犠牲に償われ、ほぼ現況に近い規模に改良せられたものと考定される……（後略）」。碑文から同池が灌漑用水のために築かれて利用されていたのは、鎌倉・室町時代よりもっと古い時代、荘園制より前の奈良時代まで遡るようである。水の及ぶ範囲もかなり広い範囲まで及んでいたのではないだろうか。

現在、二ノ切池公園横には二ノ切温水プールが建てられているが、その周辺は同池敷に当たるところであり、池の一部は今もそのまま残されている。

千里上新田の池

『新修豊中市史第九巻　集落・都市』（第2章明治以前の集落と町 第5節谷間の村 江戸の開発村・上新田）によると、上新田について、「寛永三年（一六二六）に山田下村（現吹田市）の三人のものが世話役になって、上新田八〇石、下新田（現吹田市）四〇石余、両村合わせて百二〇石余の村高で開発を請け負い、親村の山田村から分かれた上下の新村として出発したという。なお下新田は現在吹田市に属している」⑦とある。

江戸時代に開村した村・上新田村は昭和二八年（一九五三）に豊中市に分村編入し、豊中市大字上新田となる。それまでは島下郡上新田村から同郡新田村大字上新田になり明治二九年には島下郡と島上郡が合併、三島郡新田村となる。それも上新田（村）の成り立ちが山田村及びその周辺の村々（現吹田市）を親村（本村）にして出発したことにはじまるからである。その村域は現在の新千里北町・東町・西町・南町一帯であるが、千里ニュータウンとして開発（昭和三〇年代～昭和四五年ごろまでの間）されるまでは、大部分が深い山・谷、丘陵や崖、松林・竹林などの茂る後背地をなし、集落はその麓にあった。その村に人々がくらしはじめたのは、丘陵の谷間を堰き止めて池を造り、そこから水田に水を引いて、米が収穫出来るようにしてからである。「江戸時代初期に造られた池は、樫ノ木池（旧柿軒谷池）、安場池、下安場池（現千里体育館）、源谷池（桃山台三丁目辺り）などである」[8]。江戸時代初期とは三代将軍家光のころまでになろう。八代将軍吉宗が享保の改革（一七二二年）を行い、新田開発を奨励するより約百年も前のことになる。

千里川のはん濫

千里川は箕面市の外院・白島・石丸辺りのため池を源とし、西宿・萱野・稲を下り豊中市域に入る。右岸の春日町・桜の町三・四・五、左岸の西緑丘・向丘・桜の町六の間の谷底部を下り、千里園から走井・勝部を流れ原田南で猪名川に合流する。

外国の場合は、川は大陸をゆったりと流れて、大河をなし何日もかけて海に至るが、日本の場合は、山地に降った雨水は水路と小川を刻んで一気に急流をなし、数時間後には海に流れ出るという特徴がある。千里川もその特徴を有し、日照りが続くと川床が見えるほど干し上がってしまうが、大雨が続くと箕面山地や周辺の降雨を集めて急流となり、激しく流れ下る。そのためかつての千里川流域では、家屋・橋・田畑の流失などの大きな被害にあっている。

天保一一年（一八四〇）、大正七年（一九一八）の洪水

松井重太郎『桜井谷郷土史後編上巻』（第2章水利争論・第4節千里川出水録）のところに、次のような

史実が記録されている。

『一、（前略）子年天保十一年稀洪水ノ節、右新池（箕面市如意谷）上中下三ケ所とも一時堤切ニ相成、洪水ノ上池水一時流失仕、野畑村茂兵衛流失仕、家内モ五人牝牛壱疋水死仕候程之難義ニ相成、御田地所々江溢込候而、桜井谷六ケ村之内百貫目以上之普請所出来仕、（以下中略）。右茂兵衛方ノ旦那寺タル北刀根山村正安寺ノ過去帳ニ曰ク　茂兵衛年齢不明、妻おむ四十三、娘みや寿廿二、倅末吉十七、娘しか十二、娘おとく四　右五人天保十一年（一八四〇）六月廿七日夜大雨ニテ川堤崩、水車ノ家流シ溺死イタシ候者也』

『一、大正七年（一九一八）八月二十二日夜、大雨、加フルニ如意谷間ノ池堤破壊セシ為、少路村高橋北詰ニ於テ道路ヨリ水ノ高キコト三尺餘ニ達シ、諸所ニ堤防崩レ、桜井谷領域ノ橋梁ニシテ全キモノ一モナク、野畑村人々ガ千里山（島熊山）付近ノ諸池ヲ見廻リシニ、新免ノ西ハ阪神急行電車（現阪急電車）ノ鉄橋迄迂回セシニテモ、其模様ヲ察スヘシ。流水家屋数戸ニ及ブト』⑨

右の二つの記録には、千里川源流地（如意谷）付近にある三つのため池が洪水で決壊し、下手の川筋に被害が及んだことが記されている。天保一一年の場合は野畑村の茂兵衛一家が流されたこと。家族五人が溺死し、牛一頭も水死している。大正七年の場合は、同じく上流のため池が破損し、その洪水で千里川に架かる橋が全て流され、対岸側（島熊山西側）にある同村のため池の無事を確認するため、下手の千里園まで下り、流失を免れた（現阪急電車宝塚線の）鉄橋を渡ったことなどが書かれている。住んでいる土地よりも、ずっと北部（箕面市如意谷）にあるため池の破損や決壊により、下流域の人たちが死に至る被害を受けていたことが分かる。

昭和四二年（一九六七）七月豪雨

私の手元に『豊能3市長連絡会議』発行の冊子『昭和42年7月豪雨による豊中・池田・箕面市の被害の原

因とその対策』がある。ここには豊能3市の被害について報告されている。特に北部千里川のはん濫は、河川沿いに住む人々に大きな被害をもたらしている。豊中市全体のデータだが、全壊流失二五戸・半壊四一戸・床上浸水四三〇八戸・床下浸水一万九九三二戸・罹災世帯二万四三七二戸・田畑の被害五九一ヘクタール。[10] この中のかなりの割合がこの千里川沿いで発生したものである。

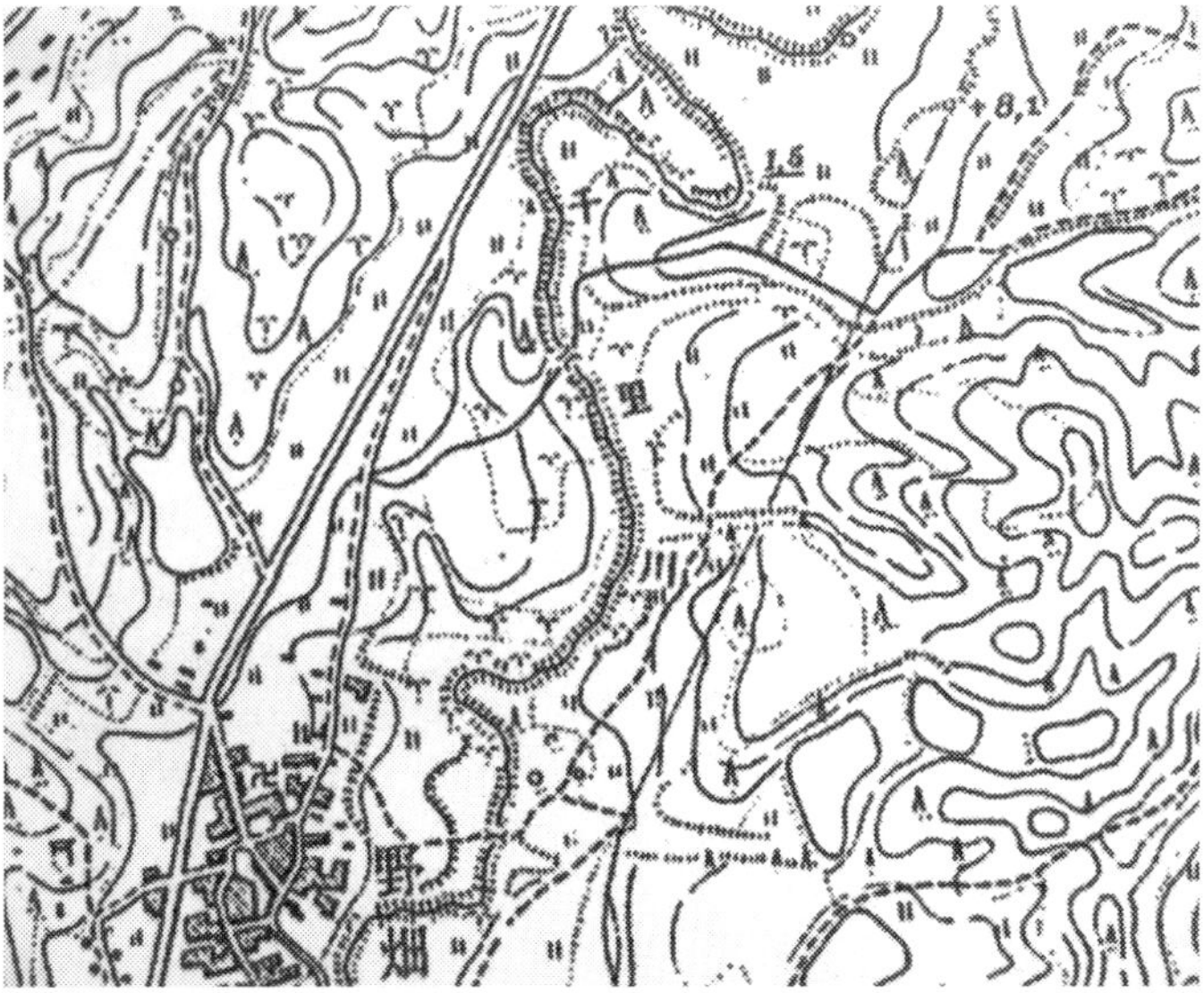
⑫ 蛇行する千里川 昭和28年（1953）当時の野畑付近（2.5万分の1）「伊丹」地理調査所

昭和三〇年代は市街地化がすすんだ時期であり、その過程で大規模開発を含む農地の転用がすすめられた。山林・原野・農地・ため池なども宅地開発の波に呑み込まれていく。千里丘陵の島熊山南側（東豊中地域）は、既に北大阪土地・阪急電鉄により住宅地として開かれてきた歴史があるが、今度は西側の旧野畑村・少路村（緑丘一帯）で大規模な宅地開発がすすめられた。この豪雨災害は右に記した同冊子に、数日前からの長雨に台風の余波が加わって北摂・阪神地方に大きな被害をもたらしたもので、「（前略）付近一帯の急激な都市化の影響と相まって、近来稀な被害を蒙ることになった」[11]とある。それまでは丘陵地に降った山嶺からの流水は、麓までの伏流水になったりため池に貯水されたりして、農業用水

現在の千里川（手前は「高橋」、橋から上流の風景　桜の町５付近）

として利用されていたが、一帯の開発がすすむにつれて、雨水は地表を流れる表流水になり、千里川を溢れさせ堤防を決壊させ家屋を流失させるなどの大きな被害に及んだのだ。その後、同水害を機に千里川では上流の野畑から南では蛇行部の直線化、下流域では河道を下げたり広げたりするなどの改修が行われた。

改めて昭和二八年（一九五三）当時の地形図（41頁⑫）を見ると、野畑辺りの谷筋は大きく蛇行しており、流れはおぼれ谷の間を水の勢いそのままに下るように見える。現在の千里園二と本町三辺りから川幅が広くなり、流れは緩くなるようである。豊中自動車教習所（豊中市玉井町四―一）の辺りは、上流から激しく流れる水の一部を滞留させる遊水池のようになっていたとの話がある。遊水池は勢いにまかせて流れ込む水を、一旦取り込んで溜めるが、池の下手からまた川下へ落とすようになっていた。水害を避けるための対策の一つであり、他の中小河川にも見受けられる。河川敷や堤防の外側には、水に浸かり易い「流作場《りゅうさくば》」と呼ばれる河原があった。そこは少しでも収穫を得たいと水田などに利用しているところが多く、出水の際には、そこに土砂が流れ込んだり、田そのものが流出したりしてしまうこともあった。そういうところの水田の年貢は、他の水田より低く抑えられていた。

農業を営むにあたって、田地の立地条件（地勢・気候・用水の確保など）ほど重要なものはない。山や谷の深いところや斜面、日陰になるところ、河川から離れているところなどは適地とはいえない。しかし、豊中の北部で高位なところでは、それらの問題と向き合い生産確保にさまざまな工夫と努力を重ねてきた。

水（農業用水）の確保は、「水の一滴は血の一滴」といわれるほどに大事なことで、水不足になると、水の取り合い（争い）になることがあった。

最も怖いのは、ため池が干し上がってしまうことである。日照りが続くと川も水位を下げ水路の流れが止まってしまう。田んぼの水が不足すると苗はたちまち枯れてしまう。最近でも温暖化による天候異変で高温の日が続き、水道水の使用が制限されたりすることもある。まさにその状態が半月も一ヵ月も続いたら……。今と違ってむかしは稲作中心のくらしである。その状態が続けばその地域の百パーセントの生命線が断たれることになり、一大事である。どんな手段をとってでもそれは避けなければならない。

用水の確保と管理

用水（農業用水）は、河川・ため池などから水路を通して配水され、それぞれの田を潤す。大雨や長雨によって水余りになると、冠水して苗や稲の根腐れが起こる。それよりも恐ろしいのは干ばつが続き何日も日照りが続いた場合、水稲の生育が止まり、作付けした全てが枯れてしまうことである。川やため池の水が干し上がり、水路にも水が流れてこなくなる。そのようなときの用水の確保や管理は、どのようになされていたのであろうか。

明治四一年（一九〇八）生まれの古老からの「聞き書き」に、当時の記録がある。
（ア）「千里川に水が無いとき（流れてこなくなったとき）は、川の中の溜《たまり》を集める『ゆのぼり』という溝が掘られました。鍬《くわ》で浚《さら》えて、川の中に小さな川を作って、一滴の水も逃さないようにして、そこに引っぱってくるのです」「明治のころに大変な干ばつになって、千里川に『ゆのぼり』を作ったのですが、その水も取り合いになり、村と村の喧嘩になったことがあるそうです」⑬という。川底に残っている水を集めて使おうと、川床にもう一本の川（溝）を掘り、残っている水を汲み上げて最後の一滴まで確保しようというのである。

（イ）同じく蛍池地区でのこと。郷土資料集『明治十六年大旱魃日記　大阪府麻田村小谷与三郎』〈豊中市立教育研究所（現市教育センター）〉の中に、次のように書かれている。

「（前略）当月中頃ヨリ所々ニ井戸ヲ掘リ、其数凡ソ四十五・六モ堀リ候得共（中略）其内北十弐町ハ如何程井戸掘リテモ水湧キ不出……」。水を確保するため凡そ四十五・六（ケ所）も井戸を掘ったが、その内北十二町歩は井戸から水が汲み出せず、如何ともし難いことになったというのである。そしてその続きに、「今後如何ナル旱魃が来夕迚モ　カミンダイニ井戸掘ルニハ、徳用不成故ニ、年末ニ伝へ置ク」と、後々のためにこのとき井戸を掘っても水が湧いてこなかったと、年末に言い伝えておかなければならない、と書き添えられている。『大旱魃日記』には、小谷与三郎が画いた「水搔《みずか》きの図」があり、「はねつるべ」で井戸から水を汲み上げる様子が画かれている。

他に「水の貰い受け」の話がある。水不足になり自分の村の水路が干し上がってきたら、近隣の村に余り水（排水）を回してもらうというものである。これは水系を同じくするところで可能であり、土地の高低差があまりない地続きのところで、上手から下手に向かって行われる場合が多い。それも相手側の水事情がよく、余り水がある場合であり、いつでもどこでも可能とは限らない。あくまでも上手の次第である。なお、「水の貰い受け」については、「第4章南部の地勢とくらし」（141頁）西部（島田から島江方面）のところでも記述している。

日照りが続き渇水になると、夜中にこっそり出かけて、上手の水田の水口《みなくち》（水の取り入れ口）を閉めて、自分の田の方へ流す。そういったことで揉め事になることがあった。このようなことが起こらないようにする水路の管理は、どのようになされていたのであろうか。
「農業を生産基盤とする豊中では、水の管理はむらの重要な仕事であった。むらは江戸時代からため池や水路の維持管理や新設、田への水の配分、他のむらとの水利用の調整、水論（水争い）の解決など、水に関するさまざまな仕事を受け持ってきた」。[14] 上新田では「アルキ（歩き）」と呼ばれる人がいて、池の樋を抜く日を触れて歩き、樋が抜かれると、それぞれの田への水入れはたいてい「アルキ」がやっていた。各家の田へ三～四日おきに水を入れる。むらを北側から三つに分け、一日一ヵ所というように水を入れて回ったので、仕事はほぼ毎日であった。水入れの賃料は、一反当りを米で計算し地主が支払っていた。反当り米三合から五合で、（むらでは）計一〇～一五俵が集まった、[15] とのこと。

このような「アルキ」は、一般的には「水番《みずばん》」と呼ぶところが多かったが、豊中市域の中・南部の村々にもいて、その土地ごとに呼び方があった。北部ではため池ごとに配置されたのに対し、中・南部では用水路を共有する水路筋ごとに「水守り」を雇っていたようだ。少路や島田では「樋守《ひもり》」と呼ばれていたようで、少路ではその樋守が水路や田を見回ることを「野《の》まわり」と言った。

また、ため池の樋だけを管理する人がいて、桜井谷の方では、その人のことを「樋抜き」と呼び、池からの出水を調節する係として存在し、水が無駄に流れて行かないようにしていた。

小曽根の浜では当番制で四人の「ミズイレモノ」と呼ばれる人がいて、水路が二系統（天竺川沿い、高川沿い）に分れており、それぞれ二人一組で担当していたとのこと。全部の田に水を入れるのに三～四日かかったそうである。[16]

このように調べてみると、普段の水の管理や水路の維持は、むら（共同体を形成する一定規模の集落）で申し合わせや決め事がつくられ、それにより村によって呼び方は異なるが、「水番」「アルキ」「水守り」「樋守」などと呼ばれる人たちによってなされていたことが分かる。仕事は田に水を必要とする期間中、猛暑の中でも水路を見回り、各樋門・水口《みなくち》の開け閉めをしたり、水路に穴が開いたり、溝が崩れて詰まったときには簡単な修理などがあったが、その日課は水の確保と公平な配水に努めるものであり、収穫を確保するためには欠くことのできない作業であった。

日照り続きの干ばつのため、用水の確保が不可能になったとき、どのようなことが起こったのだろうか。残されている記録（史料）や聞き取りなどから、そのあり様を探ってみることにした。

雨乞い１

蛍池『明治十六年（一八八三）大旱魃《かんばつ》日記』

この日記には、大阪府豊嶋郡麻田村の小谷与三郎氏（当時二〇歳）が、体験した未曽有の旱魃について、そのありさまや繰り返される雨乞い、村がとった対策などが書かれている。当時の他村の干害や租税、徴兵のことなど、社会の出来事を報じた新聞記事も添えられている。題名のことだが、郷土史資料として原本の復刻・編集をした高市光男氏（豊中市立教育研究所）は、まえがきに「『日記』とあるが、毎日かかれたものではなく、おそらく別に書かれていたであろう日記、あるいはメモをまとめた記録である」と記している。

日記は元日から大雪になったことを記し、「是当夏ノ旱ノ印ナリト世に噂アリ……」と、不吉な書き出しから始まり、一二月三〇日までのことが記されている。この年の旱魃（干ばつ）のはじまりは、五月ごろからであった。順を追ってその様子を見てみよう。（……は省略部分）

「当月（五月）ハ雨無キ快晴ノ天気ニ御座候故、……十分ニ麦実入ラズ不作ナリ。……抜出シ池水最早底水トナリ、人民ノ騒ギ一方ナラズ」「六月モ雨少シモ無ク……池田ハ雨乞ヲ致シ、最早隣村近国ニ至ル迄、雨乞而巳（のみ）致シ候得共、何ノ湿モ無ク。……折柄二十七日六角山エ火貰ヒニ行クヤラ、村人惣出ニテ、丹治神社ノ山桃ノ麓ヲ掃除シテ童聖様ヲ御祈リ申シ、七日ノ願ヲ掛ケ大権現様ト称シ奉リテ祈念スレドモ何ノ願雨モ無ク」

「七月五日ヨリ又七日追願申シ、弥々火ヲ出シ数百本ノ松明ヤ鐘ヤ太鼓デ、毎夜大混乱、此ノ様ニスルニ何ノ湿モ無ク。最早田ハ白田トナリ……当七月諸払ノ儀ハ、来ル十月三十日迄延期ノ事、……十三日亦六角山エ再ビ登リ、改メ火ヲ貰イ受ケ、童聖神社モ愈々丹治神社ノ大杉ノ根源エ奉納祭リ度由ニテ、村中人民不残惣出テ、愈々天王山ヨリ引取ノ事。……十七日昏暮ヨリ雲折ニ寄、峰ヲ作リ。俄ニ空中相曇リ、明ル十八日午前一時頃ヨリ雨降リ出シ、同五時頃ヨリ七時ころ迄、童聖神社（童聖様を祠った丹治神社）へ鐘ヤ太鼓デ奉祈候処、……是モ願雨故、今夕一般ノ御礼参リトナリ、一家ニ付一本ヅツ額ニ灯火ヲ上ケ、昏暮ヨリ童聖神社エ一同悦ビ参詣ノ事。（以下略）」（以上⑰）。

右の文中にある丹治神社については、同日記の中に、「青木公ノ臣タル者、今十家残リタリ。……元御築山ノ大杉山桃等ヲはじめトシテ、青木公ノ御先祖ヲ御祠リ度存心ノ起リタルニ、其御先祖丹治神社ト名ケ一社ヲ設ケンカ為大阪府ニ出願スルニ、知事太政官ニ至ル迄モ聞届キニ相成リ……」とある。日記からは村人たちが、家臣団の流れをくむ村人（士族）の有志によって建てられた神社にお参りし、先君の遺徳にすがり、何とかこの未曽有の危機（干ばつ）から脱し、慈雨を得たいという必死なあり様が伝わってくる。

一方丹治神社が麻田神社とか、青木神社ではなく、丹治神社と名付けられたのはなぜだろうか。調べてみると、青木氏は美濃国の出身といわれるが、ネットには「先祖は武蔵国丹治比氏の後裔を名乗る武士団丹党の末裔」と出ていた。このことについては確かなことは不明だが、青木氏は美濃国で名を挙げたが、丹党の流れをくむ丹治氏を先祖とする一族にいたことから丹治の名を守り神として祀っていたのでないかと推測している。

また、日記の中に「六角山エ火貰ヒニ……」とある。六角山とは、現在の六甲山のことである。むかしから豊中や池田・宝塚・西宮など阪神地域の山麓の村々では、日照りが続くと、六甲山の一軒茶屋の東南にある六甲山神社石宝殿（西宮市山口町船坂）にお参りして雨乞いをし、御灯明を火縄に移して持ち帰り、氏神さんの燈明にしたり、村人が提灯にその火をもらって帰り、家の神棚に灯して降雨を祈ったりしたという。また、蛍池に住む古老（取材当時六九歳）は、「六甲山からは灯火だけではなく自然水も竹筒に入れて持ち帰り、山所池・ど池（飯田池・現麻田公園）・皿池（現南門前池）などに撒《ま》いていたようだ」と、語っている。

蛍池で行われた「雨乞い」について、聞き取りを続けて行くと、『明治十六年大旱魃日記』が書かれてから二五年後、明治四一年生まれで取材当時八七歳の古老から、「雨乞い」踊りをしたという実体験について、次のような話を聞くことができた。

「大正一〇年（一九二一）ごろ、旱魃のひどい年があって、役員一〇人程（水利組合員）で地下足袋はいて、弁当もって、甲山（西宮市）の方から（石宝殿の方へ）登って行きました。そこで火縄をもらって帰って、それぞれに分けました。むかしは元蛍池公民館のところに童聖権現《どうしょうごんげん》の祠《ほこら》が高さ五尺位の台の上に祀られていて、雨乞いのときには、そこに集まったものだと聞いています。私は一五歳（大正一二年）のころに青年団に入りました。青年団はむかしから童聖権現の祭りの世話をしていました。その祭のことを『童聖祭』と呼んでいました」「祭りは毎年八月二四日に村の青年会場（祠のあった敷地内・後の蛍池公民館敷地、現解体整地中）で行いましたが、青年会場と呼ばれた建物の中には祭壇（七段程）を造って、その両側に天井から床まで、琵琶の木を切ってきて、丸ごと立てていました。その琵琶の木の枝に団子を串にさして括《くく》り付け、花が咲いたように飾っていました。祭壇にはスイカ・瓜・ナンキン・ラムネ・サイダー・そうめん・お菓子などを並べていました」「お祭りの日には会場で『みっちゃら踊り』がありました。踊りは、直径七～八センチの鼓《つづみ》の四隅に紐《ひも》を付け、四人がそれぞれの紐の端を片手で持ち、もう片方の手に撥《ばち》を持って、鼓を叩きながら跳ねて円形に踊るものでした。四人が激しく飛び跳ねながら鼓を叩いて踊るわけです。服装はステテコのようなものを履いていて、上着はまちまちでした。『よし、よいよいよい』と掛け声をかけて、鉦《かね》を叩く人の拍子と鼓の音の拍子が合わさって、ジャンジャンドンドンと踊っていました」「祭りは私が青年団（二七歳まで）の役を辞めても続いていました。日支事変（昭和一二年）のころからだんだん止めになって行きました」（以上⑱）。

後日、同古老の知人方から、著者が雨乞いのことなどを調べていると聞き、メモ書きした手紙が届いた。そこには「大正六年生まれの私が子どものころは、大杉の西側に童聖の祠があった。人の背の高さ位の四角の祠だった。元蛍池公民館（玄関前に麻田藩旧跡の碑あり）のところを「どうしょうさん」と呼んでいた。この祠をどこへ移したかは分からない。刀根山病院の西側の山腹にも小さな祠があった。あれは何だろう」と記されていた。さっそく刀根山病院の西側に行ってみると、確かに急坂な崖状の斜面に小さな木造の祠らしい建物が二つあった。石段などは無く、きつい斜面に木組みの柱を立て、その上に簡素な祠らしきものが置かれていた。何の表示もなくお参りされている気配もなく、祠の中まで見ることもなく引き返したが、当時なら探せばこの辺りのことについてご存知の方がおられたのではないかと思うと、悔やまれる。

この度もう一度調べてみようと思い、『豊中市大字小字図』⑲を開いてみると、現大阪刀根山医療センター（旧刀根山病院）の辺りに「天王山」（小字名）と書かれていた。現在の刀根山五丁目一辺りになるが、そこは小谷与三郎が日記の中に「（前略）村中人民不残惣出テ、愈々天王山ヨリ引取ノ事。扨又、十三日ヨリ十九日迄、一週間ノ願中ニ…（以下略）」とある中に出てくる「天王山」ではないか。村中総出で降雨を願ってお参りした場所のようである。改めて大阪刀根山医療センターに出かけ周辺を歩いてみたが、以前の急坂な崖状の斜面は、今でも坂道だが、刀根山小学校辺りとつながるアスファルト道路に改修されており、かつての面影はどこにもない程に姿を変えていた。あの祠は何だったのか、麻田村当時のくらしとどのような関係があったのか、今では確かめようもないが、また丹治神社（ご神体は童聖権現か）はどこに移されたのかも確認できないままである。

桜井谷　報恩寺の半鐘

松井重太郎『桜井谷郷土史』後編・下巻（第3章奇風陋習《ろうしゅう》）に、「雨乞い」について、明治前期に行われたそのあり様が、次のように記されている。

「（一四）請雨祭《しょううさい》（あまごいまつりの意）昔年大旱ノ歳ニハ各村ニ於テ、或ハ遠方霊社（江州竹生島ノ明神）ノ神火ヲ貰ヒ来タリ、或ハ古墳ヲ発掘シテ稲野降ニテ行ヒシ等ノ如キ、通俗的雨請ヒ祭リハ一般ニ行ハレシカ、特ニ南刀根山村 長塚ノ南（麻田切通シノ東南之新住宅地）ニ在ル『雨乞い石』ハ同村ハ勿論、岡町、箕輪等ノ者モ来リテ右ノ石ヲ祭リ効験アリシトカトテ、維新頃迄ハ粗製ノ鳥居モ立チ居リシ由ナリ。而シテ大村連合ノモノニ至リテハ、先ツ定メラレタル日ノ日没時ニ、柴原村ノ南ナル雨ガ森ノ地蔵堂ニ燈明ヲ点シ、千里川筋ノ橋々ニハ橋ノ下ニ細カナル祭壇ヲ設ケテ燈明ヲ点シ（但シ野畑村神鞍橋以上ハナシ）、内田村明治橋、少路村高橋ノ付近、及ビ野畑村鎮守カ本ニ龍吐水（当時ノ防火機）ニ水ヲ張リテ、非常ニ備へ春日神社ヲ装飾シテ、其準備ヲ完了スルナリ。次ニ各村ノ者ドモ思ヒ思ヒノ仕度ヲ為シテ、日没時ニ雨ケ森へ参集シ、各自持参ノ大松明ニ火ヲ点ジ、野畑、少路、内田、柴原、南刀根山、北刀根山（大抵ハ此順ニ由リ、時ニハ抽籤法ニヨルコトアリ）ノ順ニテ、新免村ノ北端ヨリ千里川ヲ遡行シ、野畑村ノ『どんど場』ヨリ鎮守ガ本ニ出テ『ふさくら』（春日神社ノ条参照）ヲ経テ春日神社ニ至リ、祭礼ハ終了スルナリ。右道中ノ間、鉦ヲ鳴ラシ、太鼓ヲ叩キ、其ニギハヒ非常ノ物ナリトカ、而シテ明治十六年ノ時ニハ、報恩寺ノ半鐘ヲ担ギ出シテ、遂ニ破損セシムルニ至リ、大村人民ノ連謡曰ク。龍宮ごい（リュウゴイ）の リュウゴイノー 百ニ米壱斗五升 大雨給ひ（オオアメタマヒ）の オオアメタマイノー 百ニ米壱斗五升 明治十六年ノモノガ 此種祭礼ノ最終ナリキ」（以上⑳）

長い引用になったが、雨乞いは先の蛍池（旧麻田村）と同時期に桜井谷でも村々の連合により行われていた。各村の者が参集した「雨ケ森」は、『豊中市大字小字図』（『新修豊中市史第一巻通史一』付図Ⅰ）に字名で表記されており、地元の方の話でも現在の第十三中学校（柴原町二）付近ではないかとのことであった。「稲野」・「地蔵堂」・「ふさくさ」についてはよく分からないが、「どんど場」は、地元生まれの年配の方から教えてもらった。現在の桜の町五丁目一〇にあり、そこは崖になっていて高台から斜面を流れ落ちる水路があり、むかしは、田んぼからの悪水や家庭からの排水もいっしょになって流れ落ちて、「ドンドン」と響く音がしていたところだったそうである。その響きからその場所を「どんど場」と呼んでいたようだ。取材当時、その辺りのことを「どんど場」と呼ぶ人がまだいるとのことであった。

右記した請雨祭の書き出しのところに、意訳すると「昔年大旱魃になると、各村に於いて、一般には江州（滋賀県）竹生島《ちくぶじま》の神火貰い、或いは古墳を掘るような振る舞いをする」との記述があるが、特に後者の古墳を暴くような異様な振舞いには驚かされる。ここでも、連合の村々からの参加者が一同に「雨ケ森」に参集し、新免村北端の出発点から千里川を遡行していくが、そこにも普段では見かけられない切羽詰まった異様な雰囲気がある。

先の（一四）請雨祭（50頁参照）から、そのときの様子を再現してみよう。

新免村の北端とは多分現在の千里川橋になろう。その日は橋の下（橋の親柱の根元か）には小さい祭壇が設けられており、燈明が灯される。興味深いのは行列が唱える連謡のことばである。水の神様といわれる龍神と、その居所龍宮まで訴えが届くようにと、鐘や太鼓ではやし立て大声で叫ぶ。「龍宮いの」「大雨給ひの」「百ニ米壱斗五升」を繰り返す。それを何回も何回も繰り返し、空に向かって叫ぶ。報恩寺（春日町二―六）まで上ってくると、寺の半鐘《はんしょう》（釣鐘）を降ろし、転がしたり倒したりするという罰あたりな振る舞いをする。

　普通では許されない行為だが、もとはと云えば地元住民（氏子）から奉納されたもの。いうなれば村々の浄財の賜物。非常時の荒事に持ち出されてもしようがなかったのだろうか、だれも止める者はいなかったようだ。半鐘にひびが入るほどの狼藉、龍神のいる異界を揺るがす荒事《あらごと》は頂点に達する。最後は春日神社に至り終了するのだが……。そのまま旱魃（干ばつ）が続けば同じことが繰り返されたであろう。行列はさらに長くなり、絶唱する声も一段と大きくなって、村中から空へと高く大きく響いたに違いない。

「百二米壱斗五升」と唱え続けたのは、何を訴えようとしたのだろうか。雨乞いの習俗について、著名な研究家であった元府立池田高校校長高谷重夫氏（一九一五～一九九四）が、『大阪春秋第21号特集北摂・後編』（北摂の水と民俗）の中に、次のように書かれている。同氏は自分が子どものころに、富田（高槻市）の氏神の境内で行われた雨乞いを見たかすかな記憶があると記し、その続きに疑問形ながらあの唱え言の意味するところについて綴られている。そこには「その時唱える文句は『テントのおかげ、ひゃくに米一斗五升』といっていた」「『テントのおかげ……』という唱《とな》え言《ごと》の文句は、不思議に北摂地方に共通していた」「この唱え言の意味はもう一つ明らかではないが、『銭百文で米が一斗五升買えるほどの豊作になって欲しい』と

麻田藩旧跡（阪急蛍池駅西出口前）

報恩寺釣鐘堂（春日町2）

いう意味だとする説もあるが、いかがであろうか」（以上㉑）とあった。

私は雨乞いに興味をもち、大阪府内や滋賀県・奈良県に伝わる「雨乞い」の行事（祭事）を探し訪ねて行ったことがある。もう三〇年程も前のことになる。そのときに聞いた話で憶えているのは、「百ニ米壱斗五升」は、「百は一と日に分けて一日のことで、一日に米が壱斗五升収穫できますように」と云うところや、また別のところでも「百」とは「杓《しゃく》」のことで、「杓に米一斗舛《ます》」と唱えるところがあった。その場合は、「杓」は「柄杓《ひしゃく》」のことで、「柄杓に一杯に雨を降らしてくれたら、米を（舛に）一斗差し上げます」の意味だというところもあった。降雨を願ってひたすら唱えられる願文《がんもん》、思いは一つなのだが、よく聞いてみると地域によってことばの意味するところは微妙に違っているようだ。同じ豊中でも長興寺村の「鍋かつぎ雨乞い」（116頁）は、祈祷師による秘儀とされており、村に生まれた男の青年成人のみによって行われたとのことである。

千里上新田　天神社境内に響く太鼓の音

同じく北部の東側・上新田地区（旧新田村）にも、断片的だが「雨乞い」について伝えた資料がある。それは高谷氏が平成六年（一九九四）に『近畿民俗』（第四十九号）に寄稿された「豊中市上新田地区年中行事聞書」の中にあった。「七月雨よろこび　日照りの続いたおり雨が降ると、雨よろこびをした。一日休むか半日かは地区の惣代がとりきめた。触れ（広く知らせること）は小使いがした」「同月雨乞い、長谷《ながたに》の中奥（N氏所有の奥山）で大火を燃やした。この谷も今は住宅地である」。長谷の小字名の地は、現在の千里阪急ホテルの北側に当たる。付近に「長谷池」があり、その南側すぐのところが千里中央駅になる（28頁⑤参照）。

また、明治三四年（一九〇一）生まれの古老は、石井俊子『千里ニュータウンむかしのはなし―おじいさんおばあさんらから聞いたはなし』（一九七七年一一月）の中でも、次のように語っている。

「夏日照りが続くと雨乞いをしました。お宮さん（上新田天神社）の一番高い松の木に、提灯を三つぶらさげて、その下で大きい太鼓をどんどん叩きました。火は焚きません。大きい太鼓のぐるりに八人ほどが取り巻き、『天とさまのおかげ……』と言いながらどんどん叩きました。太鼓の響きが天の神に聞こえるようにと祈りながら、昼夜交替で（百姓の戸主が）叩き続けました。雨が降ると、夕立でも丁度当番に当たっていた人たちが、その太鼓を担いで、得意顔で村中をまわりました」。同じ上新田の村内でも、先の長谷の中奥で大火を燃やす雨乞いと、お宮さん（上新田天神社）の境内で行われた雨乞いとではその展開に違いがみられる。その違いは何だろうか。上新田には「殿《との》池」（領主の命令で築造された池、「樫ノ木池」「安場池」のような村全体にかかわる大きな池、28頁参照）と中規模の池（用水を共同利用する農家が寄り合って維持・管理する池）、その他（個人持ち）とあった。[22]おそらくその違いではなかろうか。天神社境内では殿池に

上新田天神社（上新田１－17）

千里中央駅　西側に残る竹林

かかわっては村全体が出て太鼓を打ち鳴らすなどしたのに対して、中谷の中奥ではその池にかかわる関係者たちで集まり、大火を焚き上げて降雨を願った、という違いではないだろうか。

「雨乞い」の継承

「雨乞い」は、口承されたり、記録に残されたりしているところもあり、それをもとに保存会を立ち上げている地域もある。神社の境内などで竜神（竹に藁《わら》を巻き付ける）を作り、当時の身なりになり、残されていた願文を口上したり、笛・太鼓・鉦などを鳴らして踊ったりして、いつまでも水に苦しんだ先人の営みを忘れないようにしているところがある。私は滋賀・奈良・大阪の北部・南部で伝えられてきた「雨乞い」について、数年間現地に出かけてその催しに参加したことがあるが、行った先々でその展開について聞いていくと、「雨乞い」には大きく分けて二通りの展開があることが分かった。

一つは用水が完全に枯渇し、苗が枯れ果てて行く惨状の中で行われる文字通りの「雨乞い」であり、もう一つは、雨乞いをした後に雨が降り、水が水田を潤す悦《よろこ》びを表わすときに行われる「雨悦び」として行われるものがある。「雨乞い」のときは、鐘や笛・太鼓の音も強く、激しく跳ね回るような動きであったが、休憩後からは流れが変わり、緩やかな踊りになり、降雨の歓びを表すかのように大きな団扇や御幣などをもった行列が町内へ繰り出す場面のあったことを思い出す。こうした「雨乞い」の催しは、保存会によっては祭事の日とは別の日に「雨乞い祭」として行われているところがあり、そこでは毎年ではなく、三年ごとや五年ごとに行うとのことであった。また、古老の話では盆踊りや秋祭りの中に地元の踊りとして残されているところもあるとのことであった。

蛍池では、童聖祭が愛宕祭と呼ばれていたとの話があったが、この古老からの聞き取りを思い出すと、それも雨乞い本来の祭事が、八月の同じころに行われる「愛宕祭《あたごまつり》」と一つになり、青年団などが中心になって、暑い最中の行事として地域ぐるみで行われるようになっていたようだ。そうした催しも蛍池では昭和一〇年代までは続けられたが、太平洋戦争の戦時体制の世になると、若者たちが戦地に送られて演じる者がいなくなり、途絶えてしまったという。

（注）「雨乞い」について、詳しくは高谷重夫『雨乞習俗の研究』や、拙著『郷土のくらし―豊中の水利と各地の雨乞い・桜井谷の花卉栽培の歩み』をご案内したい。前著には全国各地の雨乞いについて、その歴史的変遷、雨乞儀礼の性格・類型とその諸相などが詳しく記されている。後著は著者が大阪府内・奈良（大和盆地）・福井・長野など数県の「雨乞い」について紹介したものである。

「なもで踊り」―雨が降ったときの感謝の踊り　奈良県生駒郡安堵町　飽波（あくなみ）神社境内（毎年 10 月第４土曜日）

「井之口豊年太鼓踊り」―雨乞いと豊年を願う踊り　滋賀県米原市井之口　若宮八幡神社境内（毎年８月 15 日）

水論（水争い）1

用水の問題は、給水と給水した田からの排水や長雨や大雨による冠水、洪水・浸水によるはん濫などの際の余り水の処理の問題にかかわることがある。田を潤して隅々まで回った水は、一定時間が経過して、不要となれば悪水《あくすい》と呼ばれる水として流すことになる。水は高い方から低い方へと傾斜のある方へと流れる。使い終わった水、長雨や大雨の余り水は、さっさと下へ流したい上流域に対して、下流域では用水としては上流域から回ってくる水を頼りにする一方、大量の水が流れてくるとなると、その排水処理に苦慮することになる。押し寄せる水で田畑は水没し、場所によっては家屋浸水まで発生し、上手と下手の間で「流す」「流すな」という争いに発展することがあった。

池でも河川でも水の問題は、村内や村々の連合体にかかわることであり、普段は水利慣行にかかわる厳重な申し合わせにより対処されていくが、ときとして慣行が破られて紛争に発展した。上流の堰を壊す、別に新堰を築く、取水口を広げる、溝を深くするなど。

近世の豊中市域の村々では数多くの水争いが起こっている。北部の千里川筋で起こった争いについては、『豊中市史 第二巻』（第3章近世の豊中 第3節農業生産の発達 2桜井谷の水論）に記述がある。内容は江戸時代、一七世紀後半から一九世紀中ごろまでのもので、その内の四件について取り上げてみる。

（ア）「寛文一二年（一六七二）夏の争い　桜井谷六ヵ村・箕輪村・麻田村と新免村との間に新田開発に伴って新樋を設置した問題が、桜井谷と新免村との境にある竹成井関（堰）のことにからんで起こった事件で、新免村の敗訴となった。この判決には絵図面が添えられ、末長く守られた」（＊裁いたのは京都町奉行所）

（イ）「元禄六年（一六九三）夏の争い　内田村・少路村と南刀根山村との瀬掘り（上流から土砂が流れて、

川の浅くなったところを掘り、水の流れをよくすること）が、慣行を破って行われたか否かの争いで、寛文三年の判決通りとされ、南刀根山村の敗訴となった」

（ウ）「年代は未詳であるが、東箕輪村・西箕輪村・麻田村三ケ村と南刀根山村・芝原村・新免村・轟木村四ケ村とが用水慣行の不履行に始まった争いの記録があり、六〇日間のうちに内済（もめごとなどを表沙汰にしないで解決すること、和解）が命じられている」（ア〜ウ中川衛文書）

（エ）嘉永六年（一八五三）夏の争い　桜井谷六ヵ村（安部領）と、その上流東稲村（一ツ橋領・現箕面市稲）との争いで、領主関係がからんで解決は長期を要した。「東稲村側は庄屋が村民を動員して、千里川筋に大規模な井関などを構築。その水を稲田池・山ノ池へ引いた。桜井谷側は上流からの水が少なくなったり、流れて来なくなったりすることを恐れて、止めるよう交渉したが、聞き入れられず、ついに一ツ橋役所（川口役所）と桜井谷役所の問題に持ち込まれ、公儀訴訟に及ぼうとしたが、結局領主側の命令で、一ツ橋領芝村・如意谷村と安部領半丁村・服部村の四人の庄屋が調停に立ち、用水施設の無断新設・旱魃時の用水無断引き取りの禁止などを決めた。桜井谷村側は東稲村に対して乱暴した『詫一札』を入れさせられている」（エ浅井経夫文書）（ア〜エ㉓）。

なお、（エ）の原文は『豊中市史 史料編三』（417頁）に収録されている。また、松井重太郎『桜井谷郷土史後編上巻』第2章水利争論の中にも再録されており、（ア）に出てくる絵図の写しも掲載されている。

北部千里川筋の水論（水争い）は明治期にも起こっており、『新修豊中市史第二巻通史二』（第1章近代行政村への歩み 第4節農業構造の変革と勧業行政）には、当時の新聞記事などの資料を紹介しながら、争いに至った経緯と犠牲者が出た顛末などが詳しく記されている。

第3章　中部の地勢とくらし

刀根山丘陵は丘陵に沿って待兼山（七七・三メートル）などの小高い丘になっており、周囲に猪名川・千里川・箕面川が流れている。標高六〇メートル付近から五〇メートル辺りには台地の平坦地（段丘面）があり、周囲は緩斜面や急な崖地形になっている。台地から標高四〇メートル辺りまで降りると豊中台地（付図1参照）が広がっている。

豊中台地は、猪名川・千里川・天竺川などの河川の堆積作用によって形成された段丘地形であり、千里川、天竺川に挟まれた標高一〇メートルから四〇メートルのほぼ平坦な台地である。①集落遺跡も数多くあり、古い時代から開けていたところである。

町場のはじまり

豊中台地は、現在の豊中市が村から町へ、即ち明治末期から住宅地域へと変化し、今日の豊中市域の中心地になっていく。豊中駅西側の玉井町から東側の本町周辺には弥生時代の集落跡があり、岡町・中桜塚周辺も明治期に描かれた絵図にあるように、三六基もの古墳（桜塚古墳群）があったところである。そして、豊中から岡町周辺には、かつては大きなため池が一〇数か所もあった。江戸時代には用水を確保することで農地が広がり集落も栄えていったところである。丘の上に位置した岡町は、寛文年間（江戸時代初期）、原田神社の門前に、現在の曽根東町一丁目辺りにあった岡山村から移住した人たちが商売をはじめて町場に発展、岡山村の岡の字をとって町名にしたのだという。②

豊中台地には五本もの街道が通っており、岡町には南北に能勢街道、原田神社表門から尼崎につながる桜塚街道、同神社東門前からは西へ伊丹街道、岡町の南（長興寺南一）からは箕面街道、岡上の町からは能勢街道から分岐する勝尾寺街道がある。町場は近隣の城下町などから人・物が行き交う交通の要衝であった。このように岡町は江戸時代の中ごろから豪商のいる商いの中心地であり、周辺の農村地帯から日用雑貨・生活用品、盆暮れ正月の用品、家具・建具・農具・刃物などを求める人たちでにぎわった。古老の話では、「岡（町）へ行けば何でも揃う」と言われていたという。

豊中台地の宅地開発

この台地のくらしの様相が、それまでと大きく変わっていくのは、明治四三年（一九一〇）の箕面有馬電気軌道開通（現阪急電鉄宝塚線）である。現在の阪急電鉄による宝塚沿線の住宅地開発は、池田市室町経営地にはじまる。豊中市域での同社による宅地開発も駅周辺からはじまり、後にその外へと広がる。明治四五年（一九一二）服部経営地、大正三年（一九一四）豊中経営地（玉井町辺り）、大正九年（一九二〇）北屋敷、昭和六年（一九三一）曽根経営地、同八年（一九三三）東豊中経営地、同八年（一九三三）豊中経営地、同九年（一九三四）蛍ケ池経営地、同九年（一九三四）東豊中経営地などである。この後、同社は昭和一八・九年（一九四三・四）、東豊中・蛍ケ池で宅地開発を続けている。③

阪急電鉄以外の住宅会社が開発した住宅地もある。それらの住宅地が住宅地となる前はどんなところであったのであろうか。続けてその辺りについて見てみよう（開発企業名省略）。明治四五年（一九一二）の岡町住宅地は、もと岡町駅西方の松林であったところで、一部は原田神社の境内地であった。当時は境内といえども中には綿畑があった。なお、大正九年（一九二〇）に阪急によって開発された豊中北屋敷（本町）住宅地は、豊中駅の東北に位置するが、野菜畑・トガ・マキなどの植木畑があったところ。大正一〇年（一九二一）の新豊中住宅地は、現府立豊中高校の辺りで、周辺には果樹畑・綿畑などがあったところである。また、昭和四年（一九二九）の千里園住宅地は、豊中駅から北屋敷を通り千里川橋を渡った北側の水田を住宅地に開発したところであり、昭和五年（一九三〇）には、清風荘住宅地が待兼山の山麓に開かれる。[4]

大正初年ごろから昭和一〇年ごろ（一九一二〜一九三五）にかけて、豊中台地は大阪市郊外の良好な住宅地として知られ、移住人口を増やしていく。そして、戦後の復興から十数年経た昭和三〇年（一九五五）代後半からは高度経済成長期に入り、住宅地の開発は豊中台地周縁部へと広がり、さらに半世紀を経て都市化の波は市の全域に及ぶ。うるわしき田園都市と云われたころの面影を探すのは、今では難しい（2・3頁、付図2・付図3参照）。

台地のへり（縁）を歩く

A図[5] 昭和二八年（一九五三）当時の豊中台地、桜塚・曽根・岡山・福井にかけて台地をなし、ゆるやかに南斜している。突き出した先には段差があり「へり（縁）」になり、西南部にかけて勾配のある傾斜地となり、下がったところは低地（水田）になっている。

B図[6] 平成一九年（二〇〇七）当時の豊中台地、豊中台地の南から西南部にかけて、一帯が住宅地を含む市街地として表されている。「へり（縁）」のあるような地形には見えない。等高線もなく高低差は読み取れない。そこで台地の末端部・「へり（縁）」にこだわって探訪してみることにした。

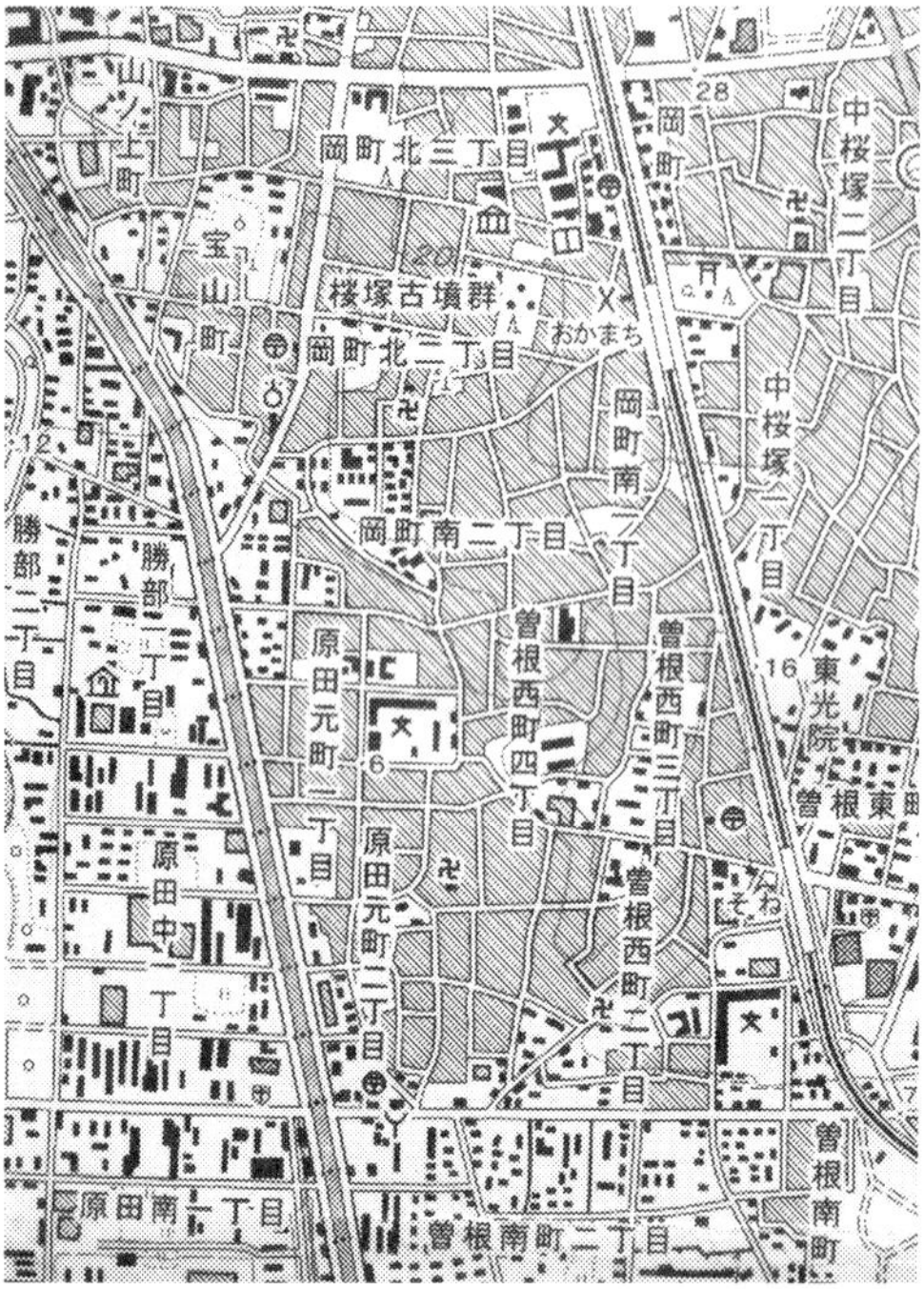

⑥Ｂ図平成 19 年（2007）当時の豊中台地（2.5 万分の１）「伊丹」国土地理院、⑤左下拡大図

⑤Ａ図昭和 28 年（1953）当時の豊中台地（2.5 万分の１）「伊丹」地理調査所　著者加筆

コース案内（各コース地図・原図⑦）

コースI　曽根駅西側　商店街～原田小東側～岡町南三～岡町北二～同北一～岡町駅西側

阪急曽根駅改札口西側（標高一五メートル以下標高略）に出る。商店街のある通称曽根坂通り（曽根駅原田線）を西へ向かう。坂を上った先の右手に谷野医院（一三・九メートル）がある。その先で道は突き当たり二つに分かれており、直進しクリーニング店前の狭い道を下る。天理教豊島分教会前をすすみ三叉路に出たら、左折して原田しろあと館から下ってくる道を西にすすむ。左手に地蔵を祀った祠（六メートル）がある。そこで右折し、北向きすすむ（道の両側に住宅が並んでいる）。左手に原田小学校の校舎（六メートル）の一部が見える。そのまま道なりに行き坂を上ると、電柱（岡町南三―二）とその横に

地蔵を祀った祠（一二メートル）が見えてくる。祠の場所は岡町南三―二と同南三―七との角地になる。その祠を左折し、左手（西側）の道にすすむ。真横に崖が迫っており、見上げると宅地が階段状に造られており、その斜面地に住宅やマンションが建てられている（64頁写真参照）。高低差は七メートル以上になるのではないだろうか。東西に続く崖下をしばらく行くと、左手が開けて、轟木公園通りに出る。付近の信号には、「岡町南3」と表示されている。この辺りの標高は一〇メートル。コースは、信号から東側へ、今度は低いところから台地の上（岡町駅方面）へ向かう。岡町北一と岡町南二の間の道を行く。急坂である。やがて緩やかな丘に出る。その先に豊中商工会議所（岡町北一―一）、豊中警察署岡町駅前交番があり、その前が阪急岡町駅（標高約二〇メートル）になる（行程約三キロメートル）。

岡町には原田神社（二三メートル）があるが、その北門前から西へ向かう道は、伊丹街道と呼ばれ、むかしから人の往来や産物を運ぶ荷車や馬車が行き来する交易路であった。

『グラフとよなか１９８３ＮＯ19・とよなかの道、いま昔』（「伊丹街道・桜塚街道」）の記事に、「（前略）

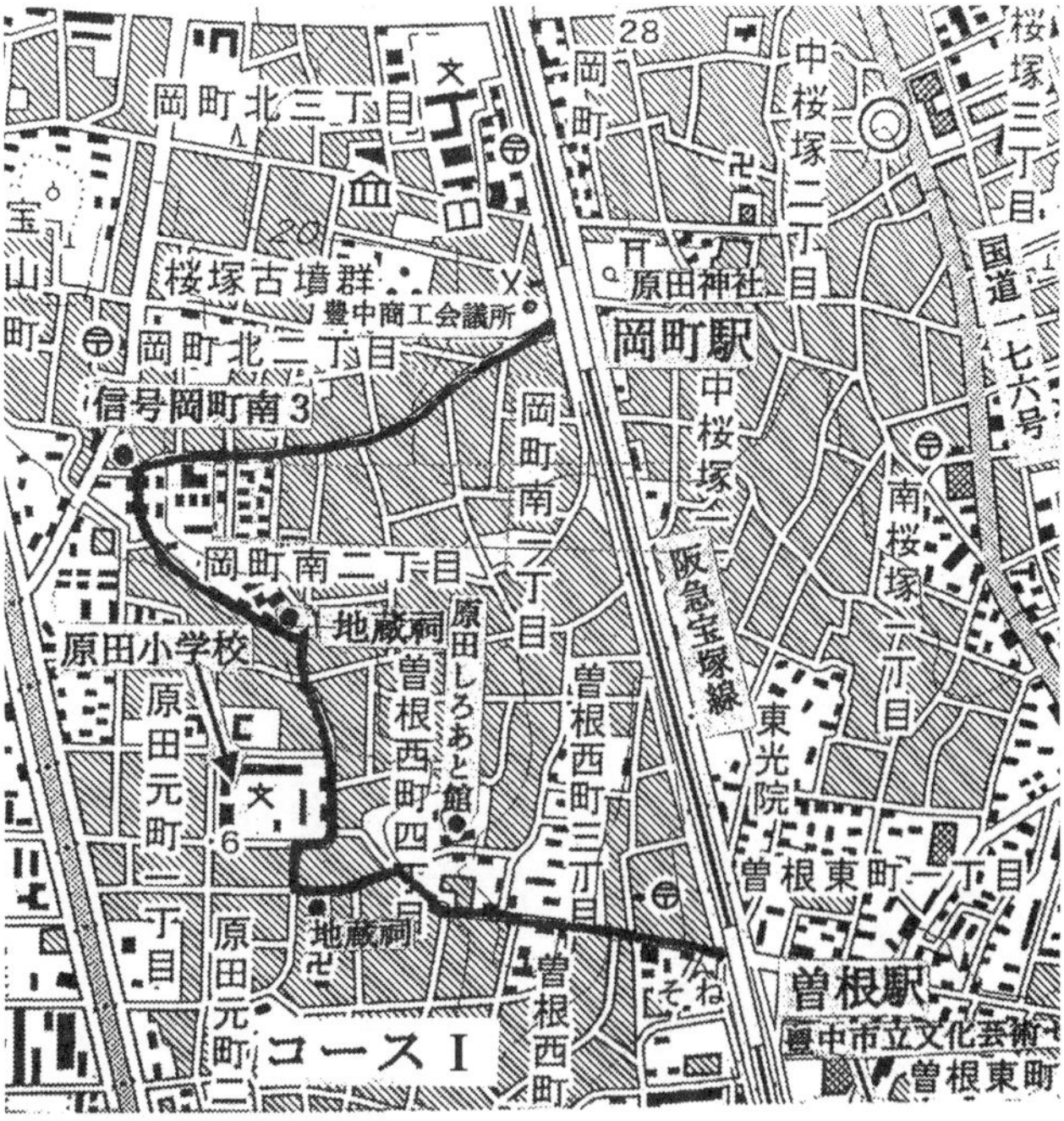

コースⅠの案内地図

右上（岡町南３ 北側）は高低差のある斜面地になっており、小道を挟んだ左下（同町 南側）まで落ち込んでいる

伊丹街道の道幅は、狭いところで六尺（二メートル弱）、広いところで九尺（三メートル弱）。むかしはその道を伊丹の酒を酒樽に詰めて運ぶ大八車が絶えず往来していたと言われます」⑧とある。

伊丹から豊中・吹田方面へ行くには、街道・支線とも丘の上にある岡町や曽根に向かって段丘崖を上らねばならず、荷を負うたり，荷駄を馬や牛に運ばせたりする人たちにとっては、難儀なルートであった。

・コースII　曽根駅東側　豊中市立文化芸術センタ南側～西琳寺～城山町一・二～西願寺橋

曽根駅改札口を東側（標高一五メートル）に出る。豊中市立文化芸術センター・アクア文化ホール（曽根東町三―七）の裏側（南側）に向かう。そこに旧芦田池の土手道がある。道の右側（南側）は急落する崖になっている。台地の南端に当たる。道なりに行くと、すぐのところで分かれ道になる、直進せず左側の道を行く。西琳寺（曽根東町五丁目四、一四・八メートル）の塀に沿ってすすむと、角地に天保二年（一八三一）・「岡山村」「おかげ」などと刻された「おかげ燈籠《とうろう》」が見えてくる。その灯籠と西琳寺の間の道を南へ下る。急坂な崖を勝部寺内線まで下る。その辺りで標高約六メートル。近くに大阪信用金庫豊中支店がある。西琳寺付近から約九メートル程の高低差になるであろうか。

国道一七六号に出て、同道を東に渡り、少し直進すると、左側に藤井寺《とうせいじ》（城山町二―二）の真下に行く道がある。突き当りを左に行くと、上に向かってのぼる階段がある。上は高台（一五メートル程）になっており、台地には旧三ケ村（福井・岡山・長興寺）の共同墓地がある。台地の南側には、市の中部から南部方面の景色が広がる。

共同墓地と寺の間の細い道を東に下る。急坂を降り切ったところに「さわ病院」（城山町一）がある。その辺りで標高は七・八メートル。交差点側に出て、東側（天竺川側）に向かう。マンション（OPH服部緑地）前を勝部寺内線が通っており、道なりに東に向かうと、天竺川に架かる西願寺橋《さいがんじ》（一三メートル）に至る（行程約二キロメートル）。川向こうに大阪府営服部緑地が見える。服部緑地の丘陵地から下がった南側は、小曽根地区の低平地になる。

「曲《まが》り川」

この川は名前に川が付いているが、下水道（雨水）の水路である。豊中市立地域共生センター「まるぷらっと」東館（中桜塚二―二九―三一）の南側から、台地を南西に下り、阪急宝塚線の線路付近に流れ、線路を越えて曽根西町三から同二、原田元町三、利倉東辺りまで流れる水路である（67頁⑨・69頁⑪参照）。下水道が整備されるまでは汚水も混じる用排水路であった。この水路が「曲り川」と呼ばれていたことを知っ

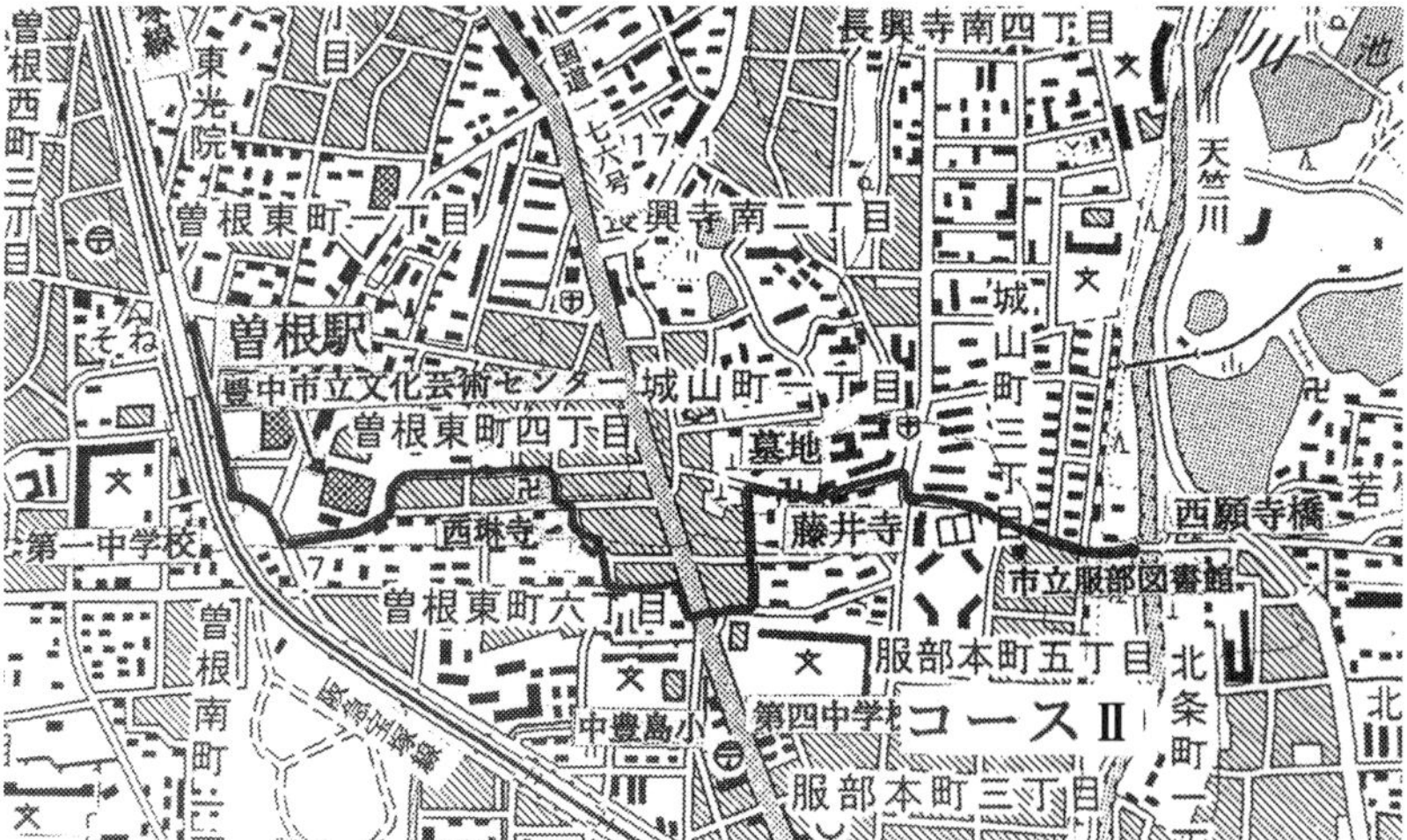

コースⅡの案内地図

たのは、市立岡町図書館主催「地域情報アーカイブス化事業」の講演会のときだった。話が終わったところで参加していた知人から、「曲り川を知っていますか。どこからどこへ流れていたのでしょうか」と尋ねられ、はじめてその川の存在を知った。知人の手には、八〇頁程の冊子「昭和四三年（１９６８）三月　豊能3市長連絡会議」発行、『昭和四二年七月豪雨による豊中・池田・箕面市の被害の原因とその対策』からコピーした同豪雨による「豊中市の被災状況」（同冊子掲載図12）が用意されていて、そこに「曲り川」の文字が記されていたのだ。

　同冊子は、当時の水害発生の原因と経過・被災状況・豊中の都市化と用排水路網・下水道整備状況など、関連するさまざまな事項のデータ及び図・写真が添えられており、豪雨災害の貴重な報告書になっている。私はそれまでも豊中の水問題を考える際には度々開いて目を通していたので、同冊子の存在は知っていたが、「曲り川」のことには気付いていなかった。

　帰宅してさっそく同冊子の図12を見ると、「おかまち」と「そね」の間から利倉川、豊能南部排水幹線と書かれた辺りにかけて、斜めに細い線がのびており、標高二〇メートル辺りから標高三・七メートル辺りにかけて「曲り川」の文字が記されていることが分かった。それにしても岡町付近の台地から南西の原田・利倉に下る水路に「川」の名が付けられているのも不思議だ。周辺の雨水やため池の余り水が、季節によっては川のように流れ落ちていたからであろうか。

　現地に出かけてみると、水路がはじまる辺りに以前は二つのため池、上池《かみいけ》と下池《しもいけ》があったこと、下池の南端には堤防があり、その堤防道は岡町に続く道（能勢街道）として今も使われていることが分かった。曲り川に当たる水路は、能勢街道沿いの元K畳店があったところ（中桜塚二―二九辺り）の横から、崖下に向かって地中を暗渠で流れ下るようになっていた。

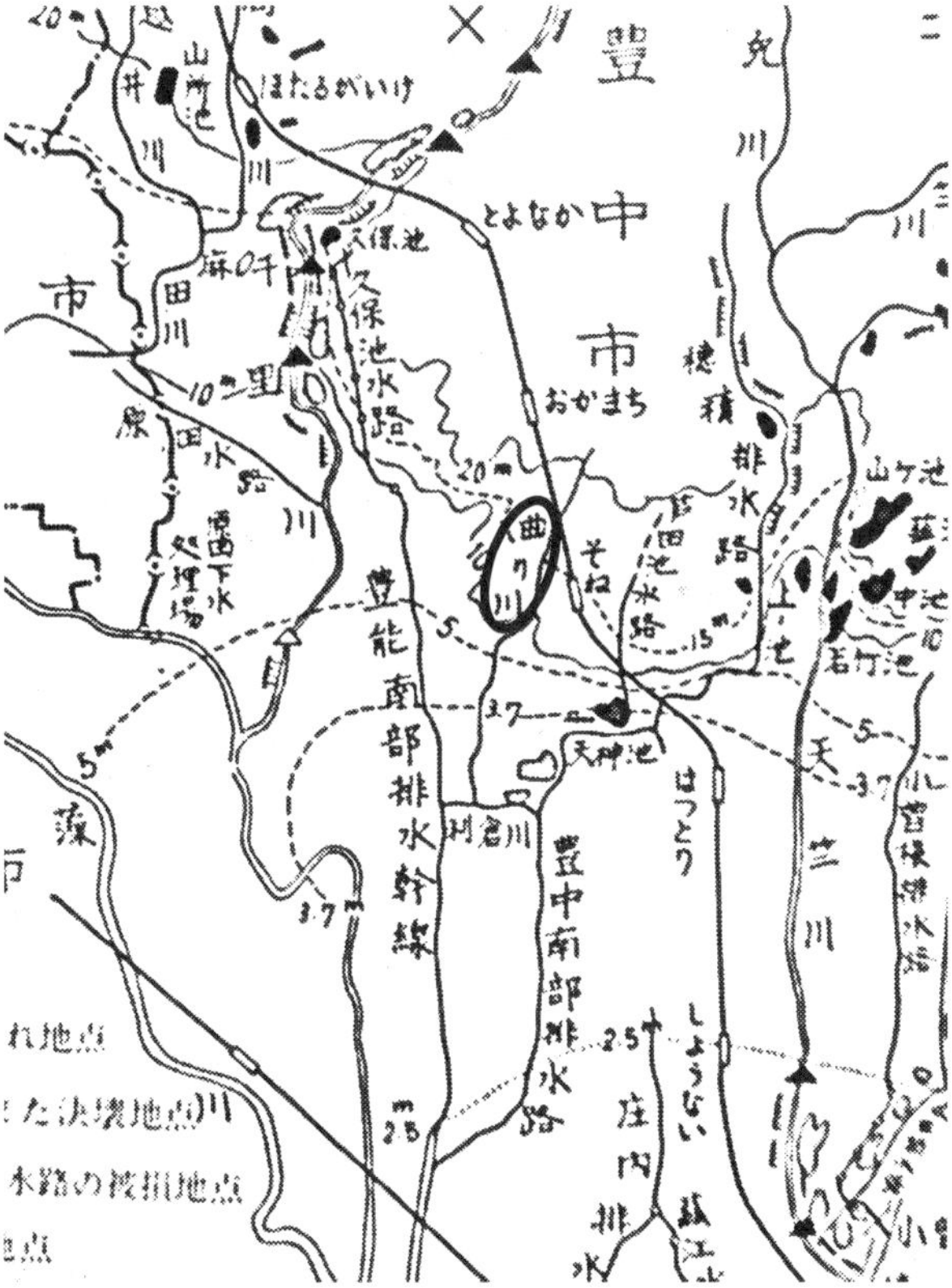

⑨昭和 42 年（1967）7 月豪雨による豊中市の被災状況　『昭和 42 年 7 月豪雨の原因と対策』図 12 豊能３市長連絡会議

令和二年（二〇二〇）四月、同水路の調査中、岡町に住む七〇歳代の知人と出会った。曲り川について尋ねてみると、「一家は昭和八年（一九三三）に大阪からここ（岡町）へ転居して来た。私はまだ子どもだったが、そのころ父親が水路と言わず、ここの溝のことを川と呼んでいた」とのこと。その話からすると、当時は周辺住宅の下水もこれらの水路につながっていて、雨水・汚水は一つになって流れており、水路（溝）には蓋もなく、小川のような流れになっていたのではないか。大雨や長雨のころには上池・下池に溜まった水が、溢れ出るように「どどっ」と音をたてて崖下に流れて下っていたように思えてきた。

上池・下池

岡町・桜塚商店街を出て市役所の方に向かうと、右手に豊中市立地域共生センター「まるぷらっと」（西館・東館）がある。この場所にはもと「下池」というため池があった。「上池」も横の道路を挟んで北側にあり桜塚公園になっている。手元に昭和二八年（一九五三）八月に発行された地理調査所発行の地図がある。そこに岡町駅東側の原田神社近くに二つの池が記されていた。また、昭和三四年（一九五九）四月、下池のところに市立福祉会館が建てられ、昭和四五年（一九七〇）八月に市立福祉会館に付属して桜塚会館が建てられたことも分かった。このことから「下池」が埋められたのは、昭和三三年前後ではないかと考えられる。商店街の高齢者の方に聞くと、「小さいころそこで魚を釣ったり、ザリガニを捕ったりした。池はそれぞれウワ池ともシモ池とも呼んでいた」とのことであった。『グラフとよなか NO19とよなかの道、いま昔』の中では、「下池」の「下」文字の横に小さい「と」の字が見える。蛍池に「ど池」と呼ぶ池があったので、ここでも「ど池」と呼ばれていたのかもしれない。

能勢街道については、原田村絵図（文政七年（一八二四））（7頁付図7）には、図右上に「桜塚村」と「郷ノ池」の文字があり、岡町から「郷ノ池」の端を通る道に「池田道」（能勢街道の旧称）と記されている。「郷ノ池」については、「天保十四年（一八四三）摂津国豊嶋郡原田梨井村明細帳[⑩]」の中に「字郷之池　池床平均東西六拾七間・南北五拾間……（以下略）」とあり、「水掛かり高」のところに「原田村（梨井・中倉・南町）・桜塚村」の村名があるところから、池は両村が持ち合いで利用し維持管理していたことが分かる。

「曲り川」を歩く

曲り川は、図⑪を見ると、中桜塚から南西方向へ曽根から原田までは曲りながら下り、そのまま南下して利倉方面へ流れている。地元の古老（曽根西町二、昭和一八年生まれ）の話では、「悪水や余り水は、豊能南部排水路〈現大阪池田線沿いを流れる排水路〉に落とされ、下手では旧猪名川から神崎川に流れていた」、

法華寺（曽根西町１－２）西側崖の下辺り。曲り川は遊歩道下（暗渠）

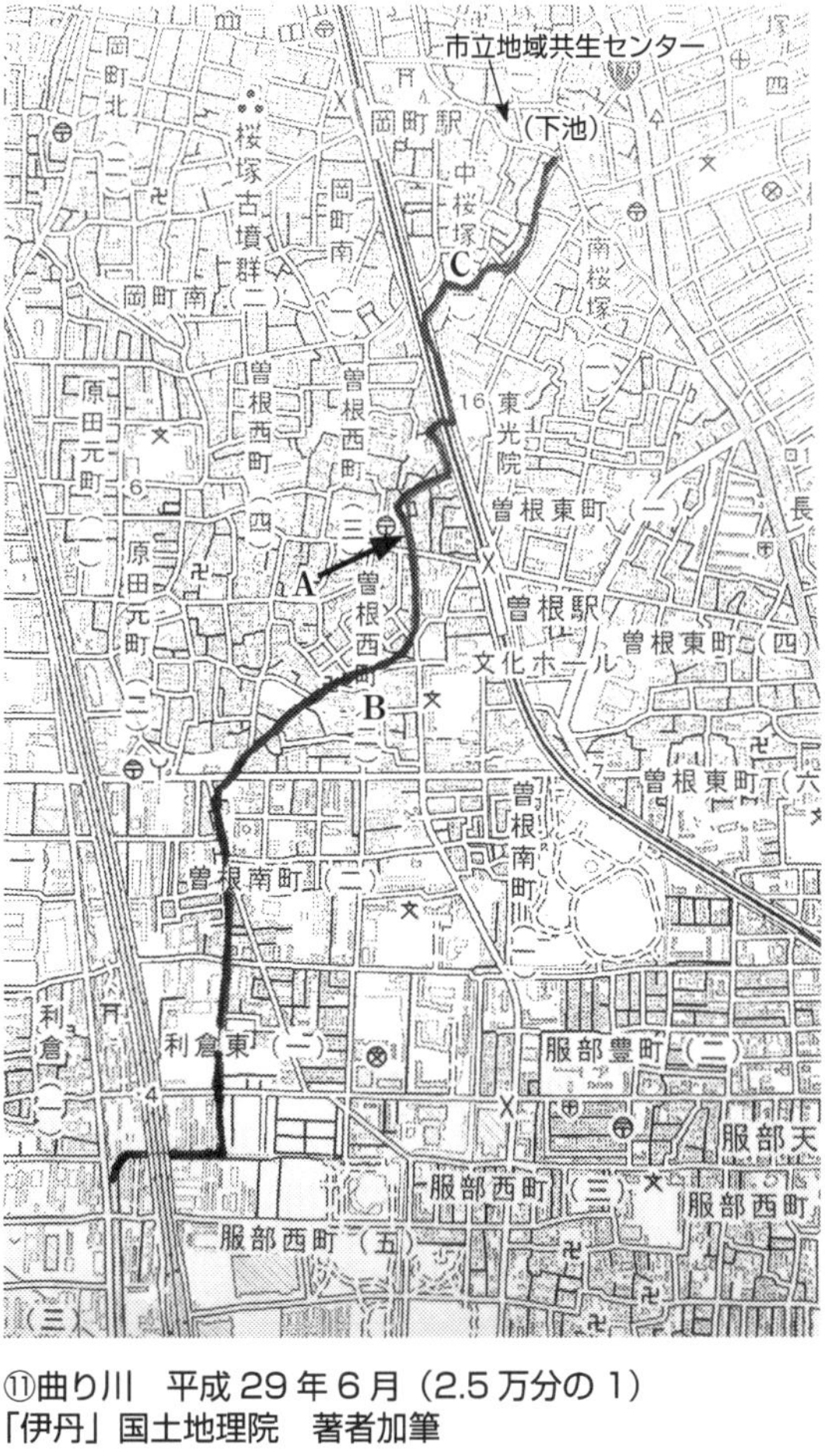

⑪曲り川　平成29年6月（2.5万分の1）「伊丹」国土地理院　著者加筆

とのことであった。

実際にどこをどのように流れていたのか、「曲り川」と思われる溝を探して歩いてみることにした。

桜塚の下池（現豊中市立地域共生センター）付近は、標高二二メートル程。その東方にある段丘の急な崖を下がると、谷はやや広がりを見せる。暗渠となっている水路（曲り川）はその谷あいを西南方向へ流れる。中桜塚一－一六辺り（⑪C地点）は、『新修豊中市史第一巻　通史一』付図一「大字小字図5」を見ると、字名は「菰池」と記されている。また、『南豊嶋地方の水利図』（『豊中市史 第二巻第3章近世の豊中』第23図）には、桜塚村のところに「コモイケ」とある。今は住宅地になっており、それらしいものは見あたらないが、かつてはこの辺りに水路から落ちた水や、周辺に降った雨水などが溜まる池が存在していたことを示している。

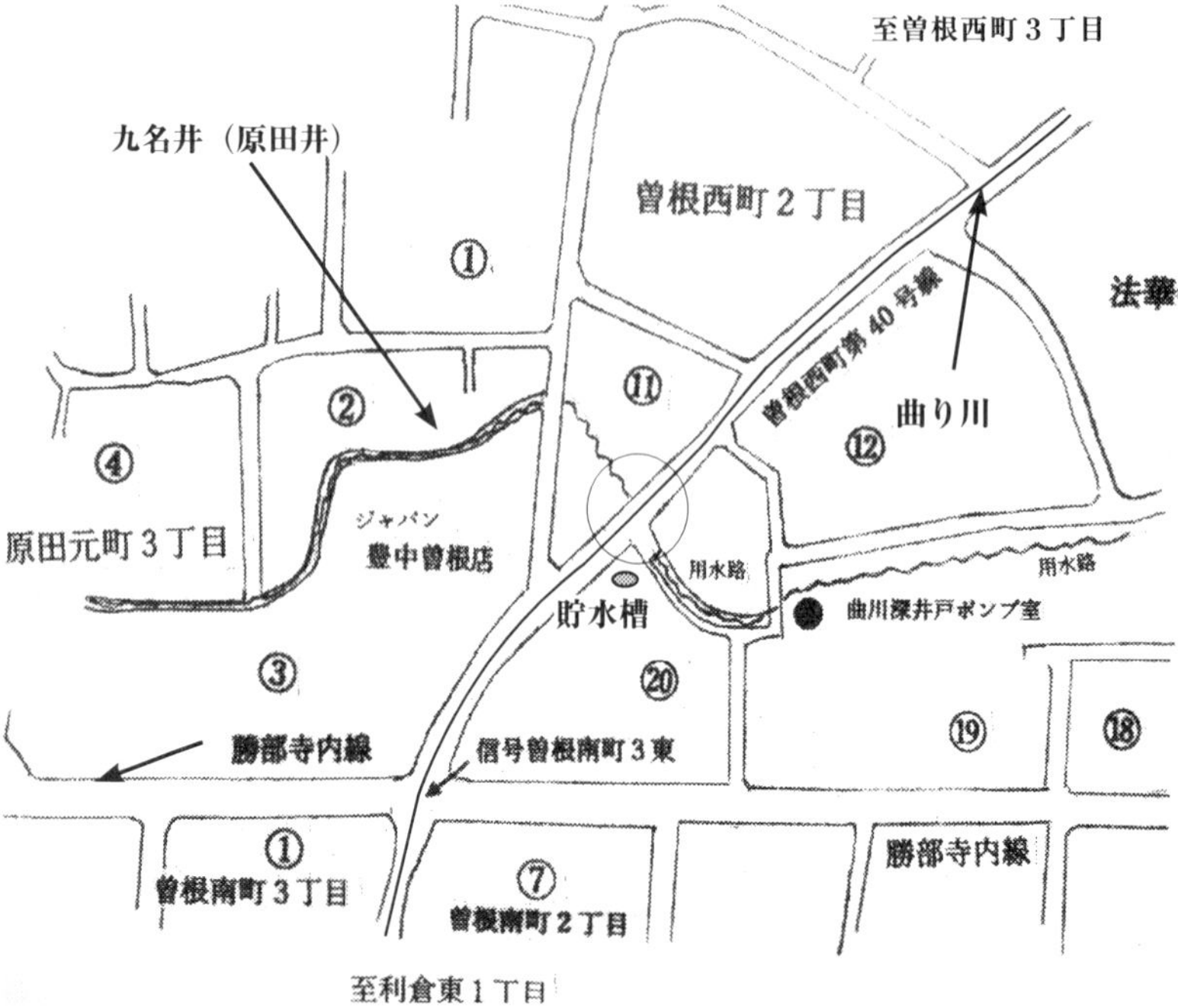

⑫曲川深井戸ポンプ室（曽根西町２－19－26）、◯で囲んだところで九名井（原田井）と曲り川が交差する　●はポンプ室

曲り川はそこから現阪急電鉄宝塚線岡町～曽根間沿いの府道一三一号（中桜塚一―二〇辺り）に落ちる。水は道路の路肩（東側）を流れて、以前東光院萩の寺の前にあった蛇喰池《じゃはみがいけ》（現萩の寺公園）の手前で右折し、宝塚線の線路下を通り線路の西側・曽根西町三―一一に出る。線路沿いに南へ流れて変電所と線路敷きの間を通り、変電所の先で西へ右折する。その先で曽根駅から西側へ下る道（曽根坂通り）と交差する。交差する手前にあるファミリーマート曽根西町店（69頁⑪A地点）の辺りは、標高八《メートル》と低い。下池から約一二《メートル》程の高低差になる。交差した先の水路は暗渠のまま遊歩道になっており、曽根西町一と二の間を抜ける。左側は崖になっており、頭を上げると法華寺（同⑪B地点）が見える。法華寺の下を回り込むようにすすむ。西南へゆるやかに曲がり、曽根西町二―一一と一二の間を通り、同二

水路が交差していたところ（曽根西町２－11・同２－20の境)、下の水路が九名井（原田井）

一二〇のところまで行くと、猪名川から取水して原田地区の西側を流れてきた九名井《くめい》（原田井《はらだい》）と交差する（71頁写真）。上の道路敷を南下するのが曲り川、その下を九名井（原田井）の水路が潜って東向きに流れていく。曲り川は道路敷を真っすぐ南下し勝部寺内線に出る。その先は利倉東や服部西町になる。一帯の標高は五《メートル》以下。岡町の「下池」からは高低差が約一七《メートル》程になる。曲り川が中位の段丘から下がって低地へと流れ落ちていることが分かる。

曲川深井戸ポンプ室　右写真の水路（九名井）は、上の写真の左端の水路に続いている

今でも「曲り川」と表記されている場所はないだろうか、探してみたが、その場所はどこか、なかなか見つけられなかった。ところが、原田井の水路を巡っていたときであった。曽根西町二—二〇辺りから法華寺南側の真下を歩き、その先の曽根西町二—一九のところで、水路の傍らに建つ小さな小屋を見つけた。そこに「曲川深井戸ポンプ通信装置盤」と表示されており、メーターのようなものが見えた。その「曲川……」と書かれた表示板を見たときは、「え～」と思わず「あった」と声をあげてしまった。今でも「曲り川」の名が使われているではないか。

しかし、この「曲川深井戸ポンプ通信装置」は何なのか、どんな役目をしているのか、ポンプは水を汲み上げるためのものなのだが、どこを見ても近くに水槽もなければ、流し込む池も見当たらない。横を流れる水路へ流す水捌《みずは》けの口も見当たらない。水路脇の小道は、道幅が狭く通路にしか見えない、ポンプ小屋は隣の畑に突き出して建てられている。表示板に通信装置と書かれているのを見ると、遠隔操作で動かされているようにも見えるが、果たして何のためのものかよく分からなかった。

古老の話1

ある日、曽根西町の知人から、もしかしたらあの方がご存じではないかとの情報を得て、同西町二の古老宅を訪ねた。お歳は昭和一八年生まれの七八歳、丁度庭木の剪定中であったが、「近くなのでそこまで行きましょう」と言ってくださり現場に向かった。途中「祖父の代までは専業農家だったが、自分は会社員として働いてきた」などの話があり、子どものころからよく家の手伝いをされていたようで、昭和三〇年前後から四〇年代の農作業のことや周辺の水路などについてご存知だった。そこで伺った内容を略記してみると、

(ア)「曲り川のことを地元では、「まりか」と呼んでいた。「曲り川」を略してそう呼んでいたのかもしれない。深井戸の水は、水が出るところまでボーリングし汲み上げている。小屋の内部にはモーターで動かす汲み上げ用のポンプがあり、動かすと水が上がってくる。水は鉄管のパイプで外へ送り出されて、パイプから水路沿いの小道の下に敷設されている鉄管に入り、水路沿いの道の下を暗渠で西側に送られる。送水された水は曽根西町二―二〇―六に設けられている貯水槽に落ちる。水槽に溜められた水は、南向きに信号(曽根南町3東)の方へ流れて、勝部・寺内線の道路下を潜り、さらに南下して曽根南町三や利倉東一に流れる」というものであった。このことから「曲川深井戸ポンプ通信装置」は、農業用水汲み上げのためのポンプ室であり、用途は曲り川水路筋の下手(利倉東町方面)の用水確保のため、設けられたものであることが分かった。

続けて、なぜ以前は流れていた曲り川の水が、途中から消えてポンプによる揚水に頼ることになったのか尋ねると、

(イ)「曲り川の水路の水には汚水も流れ込んでいた。原田下水処理場ができてからは同処理場で汚水処理

が行われるようになり、曲り川は下水道対策により全ての水ではないかもしれないが、従来のように流せなくなり、水路筋は原田下水処理場の方へ向けられようになる。そうすると曽根西町以南の利倉方面の用水は不足することとなり、それを補うために設けられたのが同ポンプ室（曲川深井戸ポンプ通信装置）。そこで汲み上げられた水を道路筋に設けられた水槽まで送り、いったん溜めてから下手の田の農業用水として送水しているということではないか」とのことであった。

豊中市に尋ねると、曲川深井戸ポンプ室は、曽根西町二にあり、下水道工事の水路整備に伴って、農業用水を確保するために設けられた施設であること。設置されたのは昭和四二年（一九六七）七月、年間運転時間は、現在は短く一〇〇時間程度とのことであった。その用途や汲み上げられた水の行方などを知ると、古老からの聞き取りに重なるものがあった。なお、市内には現時点で深井戸ポンプが十ケ所程度あるとのことである。

「曲り川」は用排水路に付された名であるのだが、一般には大川から分流する細長い水路でも〇〇川と呼ばれたり、また、川沿いの地区に〇〇川地区と川の字が付されたりするところもある。この「曲り川」もやはり台地の斜面をカーブしながら低平地へと流れており、その様子からいつしか「曲り川」と呼ばれるようになったのではないだろうか。そしてそのまま現在の用排水路の名に付されて残ったものと考える。地名がその土地の歴史を伝える事例の一つとして、これからも水路名を「曲り川」のままにしておいてほしいものである。

九名井《くめい》（原田井）

この水路はむかしからの水路で、九名井とも原田井とも呼ばれていた。「井《い》」とは、ここでは「用水」のこと。『とよなか歴史・文化財ガイドブック』（二〇〇八年三月初版）には、「大和国（奈良県）興福寺の僧尋尊が記した『大乗院寺社雑事記』には、寛正二年（一四六一）に六車《むぐるま》庄（原田庄）と田能《たのう》村（尼崎市）との間で水争いが起きたことが記され、すでに室町時代後半には九名井が存在していたことが確認できます」、とある。原田井と呼ばれるのは、原田村が水路の中心地にあり、こ

石碑
表・猪名川土地改良区連合之碑
裏・豊中市原田井土地改良区
伊丹市九名井土地改良区
伊丹市森本井土地改良区
三ケ井戸統合三十周年記念
平成2年5月30日

九名井（原田井）の堰《せき》（猪名川からの取水場所　伊丹市中村）

猪名川堤防東側―取水関連施設
水門を上下させるコントロール室（堰の中央付近にある水門の上下を、ここでコントロールする）

九名井（原田井）取水出口（豊中側）
右側は猪名川左岸の堤防（水路が堤防下を通って東側に出ところ。手前沈砂池）

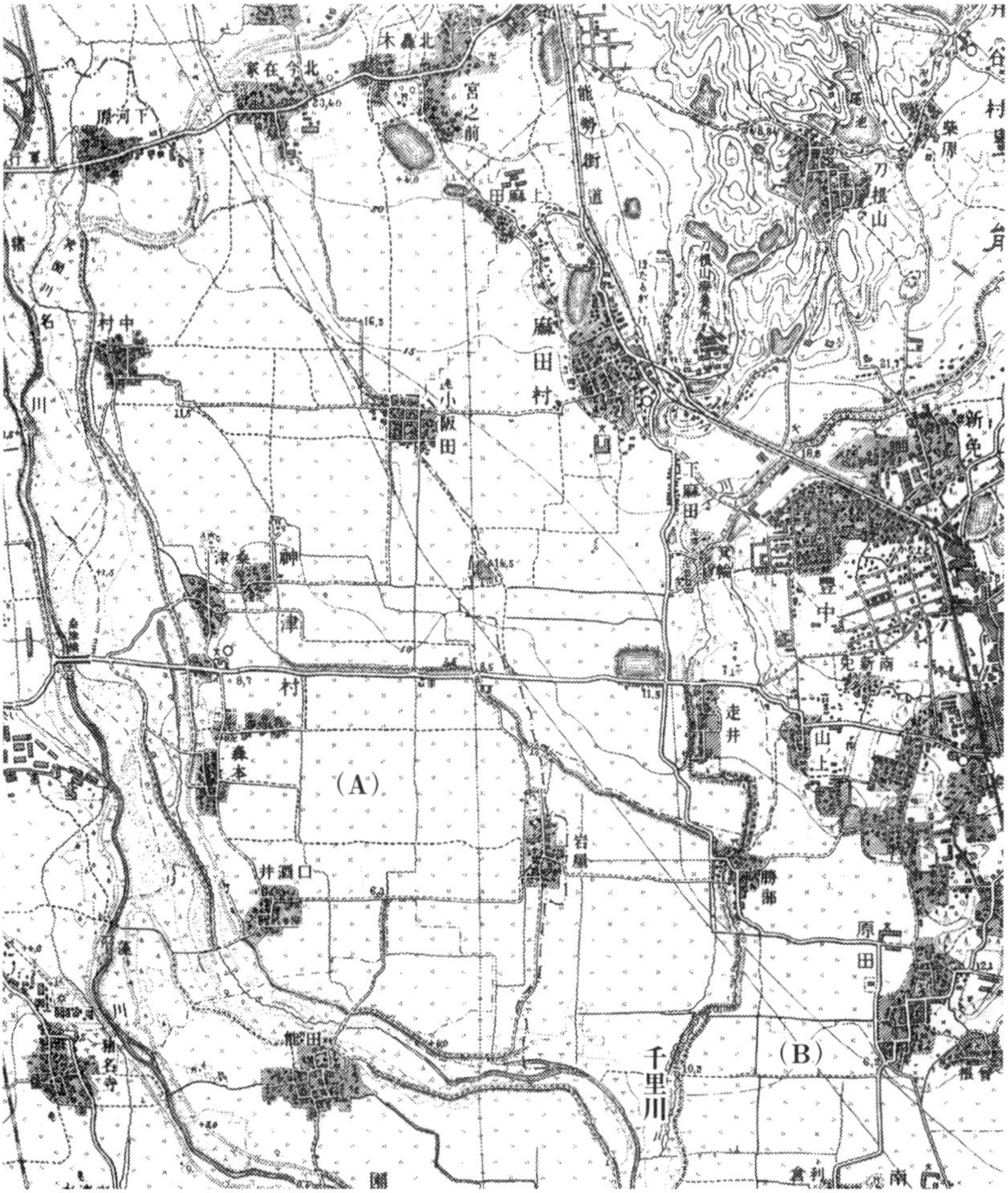

⑭「昭和４年（1929）当時の豊中市西部」（2.5万分の１）「伊丹」陸地測量部

の水路が原田一帯の水田を最も多く潤していたことだけでなく、水路の維持管理全般を指揮する村でもあったからである。

　また、九名井と呼ばれるのは、この用水路が九ヵ村の村々の田畑を潤していたことから生まれた井路名である。『豊中市文書館史料集2　原田郷中倉村文書1　原田郷とその支配』に収録されている史料「三　原田郷の水利」の中に、安永九年（一七八〇）「猪名川表原田井堰用水掛高

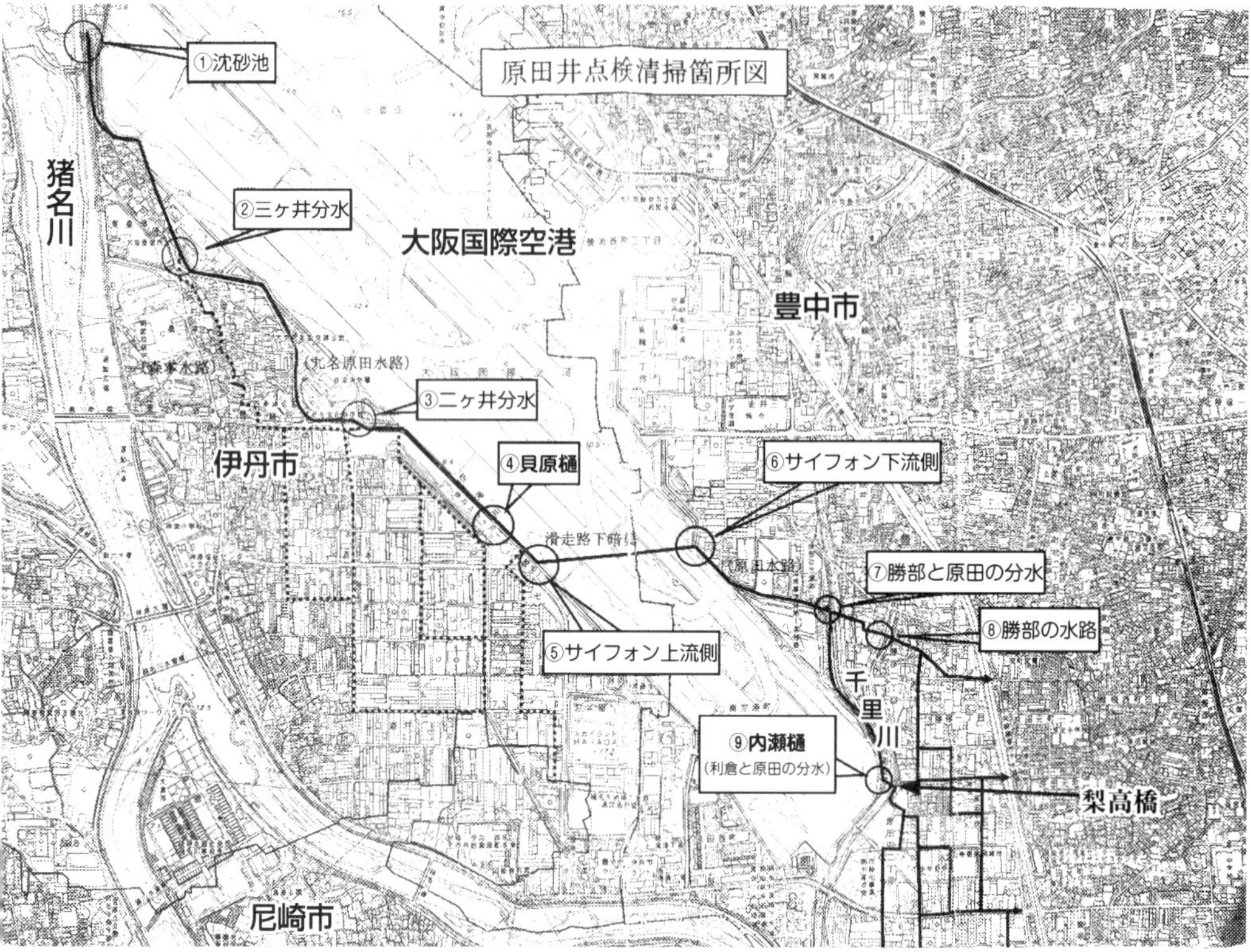

⑮ 原田井水路図 〈「原田井点検清掃箇所図」令和４年（2022）３月〉
原田井土地改良区理事長渡邉稔氏提供 著者加筆

覚」がある。そこに「九名井」については、豊中市の原田・勝部・桜塚・曽根・岡山、伊丹市の森本・酒井（口酒井のこと）・岩屋、尼崎市の田能の各村々であることが記されている。[13]

猪名川からの取水

猪名川を挟んで、伊丹市が川の東側（池田市側）にも市域を有しており、そこに橋が架けられている。その橋は明治四四年（一九一一）、陸軍大演習が開かれた際、演習用として架けられたもので、橋の名も文字通り「軍行橋」。場所は現在の伊丹市下河原。九名井（原田井）の取水口は、軍行橋より少し下流の箕面川の河口を過ぎた辺りである。詳しくは先の地図（75頁⑭）の左上西端のところに小さく「中村」と記されたところがあるが、その西側になる。

現在もそこに堰があり使われているが、現在の堰の付近には、平たいコンクリートの基底部が間隔をあけてそのままあり、川の流れを止めるように築かれている。平成七年（一九九五）九月、地元の古老から、堰の場所について聞いた際、「原田の用水は、伊丹の軍行橋の南五百メートル位の所にある堰から（猪名川の水を）分水している」⑯とあったが、その地点に当たるところになる。対岸に見えるのは松谷化学の工場（伊丹市北伊丹五―三）。現地で「九名井（原田井）」を探す際の目印になる。

古老の話2

平成七年（一九九五）九月に遡るが、このとき取材した古老は、明治四四年（一九一一）生まれ、原田元町に居住し水田を持ち水利組合の役員として長年務められた方であった。他に地元から二人（お二人とも昭和六年生まれ）の方に参加してもらい、お話をうかがうことが出来た。内容は大正から昭和（戦後も含む）にかけての水利であったが、その貴重な証言の中からいくつかを再掲してみたいと思う。

先ず猪名川からの取水については

（ア）「その堰（以下洗堰と呼ぶ）からの水が潤す田の面積、一番多かったのが原田でした。原田は全体面積の五割五歩を有しており、百五十町歩。残りの四割五歩は他の村々でした。残りの内、森本地区には五十町歩程ありました。（中略）この洗堰の保守・掃除はこれらの村々（九ヵ村）で毎年行われました。戦前は人夫賃や堰に置く蛇篭《じゃかご》代、その他の費用は、九つの村の反別に応じて負担することになっていました」

（イ）「洗堰の保守と掃除の日は四月末になっていて、その日は水利組合員全部の百姓が、それぞれ鋤簾《じょれん》・竹掻《たけぞう》器《き》・鍬《くわ》などを持って集まりました。この日は農家から男頭《おとこかしら》らの大勢の人が集まるので「百人普請」と言っていました。原田から五〇人程が出かけました。普請の全体指揮は、水利組合員の人数・反別とも最も多い原田の区長が執っていました。谷村晃一さんとか野口安太郎さんが当時の区長でした。それぞれの水利の実行組合のまとめ役でもあったわけです」

「洗堰は猪名川を幅二百メートル程の長さで築かれています。蛇篭はあらかじめ神津村口酒井の竹屋が頼まれて編んでいました。もともと猪名川の両岸に竹藪が多かったので、材料の竹は簡単に手に入ったものです。蛇篭は一つの長さが約二間（三・六四メートル）で、横に長い大きな籠の筒の中に河原の小石を詰めると、それを打ち込んである松の木の杭の間に積んで、水の流れを堰き止めるように並べて置きます。だいたい一ケ所に蛇篭四段位積みます」（ア・イ⑰）。こうして猪名川に長くて高い堰が出来ると、水はそこから取水され幹線となる水路に引かれて、さらに幾本もの水路に枝分かれして田に注がれた。

岩屋・原田方面と森本方面に分水（桑津３付近）

勝部２付近で原田元町１に分流

水路を行く

幹線に当たる水路は、大阪第二飛行場開設〈昭和一四年（一九三九）一月一七日〉までは大きく二つに分かれて流れていた。一つは猪名川と千里川の間の地域Ⓐをいく流れである。旧村名では中村・桑津村・森本村・口酒井村・岩屋村などの村々を通る流れであり、もう一つはその流れが千里川を渡って広がる地域Ⓑを行く水路である（75頁⑭参照）。勝部村・原田村・曽根村方面の流れになる。利倉はⒶ地域に属し、用水は飛行場ができる前までは岩屋の北から八ノ坪という溜池に入り、そこからの水路を通って利倉の田に回っていた。なお、走井もⒶ地域に属し、八ノ坪からの水を利用していたとのこと。原田方面のⒷ地域は、広域で水路は広範囲に伸びており分岐する個所も多いところであった。取材した当時（平成七年九月）は、次のようになっていた。「聞き書き」からその概略を記してみると、

（ア）水路を流れる水は、梨高橋（76頁⑮参照）の北側にある長蓮寺樋（同⑮右下⑦付近）で勝部と原田に分かれる。この辺りは以前大きく蛇行していたところで、飛行場拡張に際して、そのままでは大水が出たときに空港が水浸かりになるおそれがあり、そのためショートカットする工事が行われたところである。今の長蓮寺樋はそのとき造られたもの。そこで分水された水は千里川に沿う西側の水路にも流されるようになる。

（イ）長蓮寺樋で分水した水は、千里川の川床を暗渠で越し、東側（原田側）に流れると、そこで勝部一・同二に流れる水路と原田元町一の方に流れる水路に分かれる。

（ウ）勝部二を周る水路はさらに原田南二方面へ、また元豊中市立少年野球場の方へも流れ、原田の墓地があるところからまた向きを変えて東側に流れる。そして、林病院（現豊中平成病院）から南の丸全昭和運輸辺りに流れて行き、余り水は西に向いて流れて豊能南部排水路や南下して利倉一の方に流れる。丸全昭和運輸（原田南一―二）の西側横をまっすぐ南下する水路は「梅川」と呼んでいた。

（エ）勝部一から原田元町一の流れは、原田小学校の東側を周って、原田元町二、原田元町三を通り、余り水は豊中市立原田こども園南側の水門から、豊能南部排水路（現一部「新豊島川」親水水路）へ落とす。また、原田元町三からの水は原田児童遊園の辺りで二つに分かれ、一方は南に曲り北消防署辺りへ流れ、北消防署辺りからはずっと南の利倉東一の方へ流れている。勝部から真っすぐ南下した水路は、原田中・原田南・

利倉の方に流れる。

（オ）原田に流れる水のもとになる大事な水路は、もう一本ある。それは長蓮寺樋からさらに六百メートル南の千里川西側沿いに行ったところにある内瀬ノ樋からの分水路である。ちょうど空港の滑走路の東端になる。飛行機が滑走路に着陸する際（原田大橋と梨高橋の中間辺り、千里川右岸側）になる。対岸に豊中市の「緑と食品のリサイクルプラザ・樹木見本園」（原田中二—六八）の樹木が見える。ここで利倉と原田に用水を分けている。飛行場が拡張されたことにより、昭和四四年（一九六九）五月には、利倉方面の水を確保するための契約が交わされ分水されるようになる（ア〜オ⑱）。

なお、この他にため池からの流れもある。唐古《からこ》池（宝山町一六・現児童養護施設『翼』）、谷田池（岡町南一・現谷田公園）からの用水は、原田方面の田に、現在の豊中市立文化芸術センター・アクア文化ホールが建っているところに当たる芦田ケ池からの用水は、豊中ローズ球場の辺りにあった天神池に流れ込み、曽根南町・服部豊町方面の田に回り南下して広池（現豊島体育館・81頁⑲中央部参照）に流れ込んでいた。このように台地上のため池は、原田・曽根・服部方面の低地一帯の水田を潤す用水源になっていた。

今はかつて農地であったところに住宅や諸々の建物が建ち並んでいるが、水路は今もその間を縫うように通っている。そのような水路は、昨今の大雨・豪雨を受けとめて流す大事な排水路の役割も果たしている。

ここまで九名井（原田井）の水路網について概略を記してきたが、いずれも先人からの聞き取りに依拠したものである。広域にわたる水路筋の一部であり、お話いただいた平成七年（一九九五）当時と今とでは変わっているところもあろう。記録に不十分なところもある。関係者の方々あるいは読者の方からの情報やご指摘が得られればありがたい。

今では水田はどこにあるのか、なかなか気付けないほどに激減している。水路に流れてくる水は、田植え

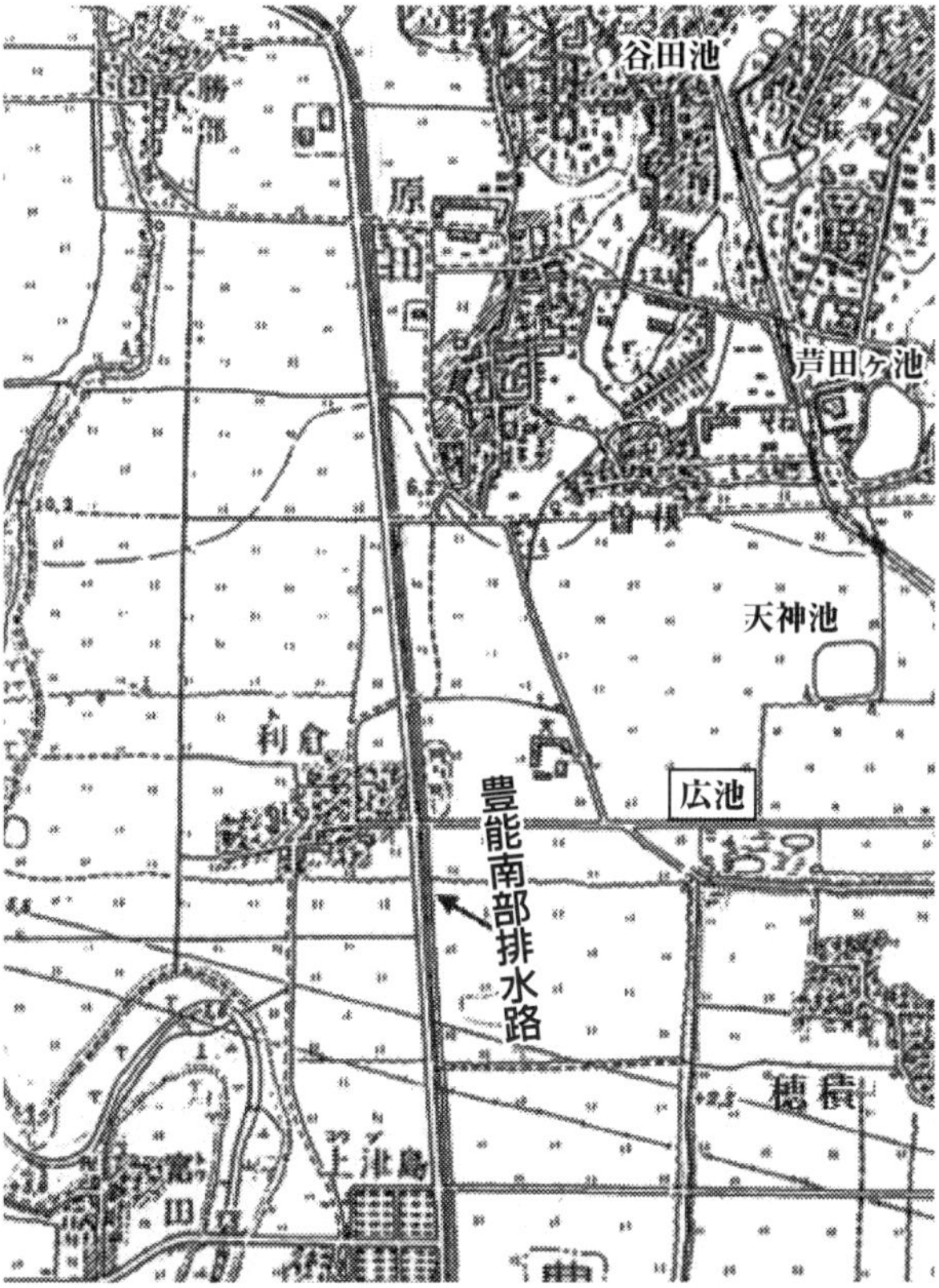

⑲昭和 28 年（1953）当時の原田・利倉・上津島付近（2.5 万分の 1）［伊丹］地理調査所　著者加筆

との関係で水量の多いシーズンとそうでないときがある。ほとんど流れていない時期もあるが、今もここ原田地区及び周辺一帯では、工場や業務用施設、公共用施設、住宅地などの中を水路がめぐっている。水路の見える景観は市内ではめずらしく、他には小曽根地区、桜井谷地区辺りであろうか。以前から水路の暗渠化がすすみ、開渠の水路は安全面から蓋をされてきたこともあって、流れのある水路に出会うことなど少なくなっている。

九名井（原田井）の水が流れる一帯は、郷土豊中の人たちの水とくらしの歴史を今に伝える地域なのである。

豊能南部排水路（現豊能南部雨水幹線・新豊島川親水緑道）

豊中市中部の西側、府道大阪池田線に沿って水路がある。原田元町一・二では町内西側を流れているが、原田デイサービスセンター「ねいろ」（原田元町三―一三―一）のところで、同府道を横断し西側に振り、府道沿いに原田南一から南へ上津島・名神口に向かってそのまま真っ直ぐ南下している。岡町南三―一六に関西電力岡町変電所がある。西側に府道大阪池田線がある。その手前にコンクリート壁の深くて幅のある溝が見えてくる。実はその辺りが水路の上流部に当たる。近くに信号ポイント「勝部」がある。

水路は原田元町・原田南・利倉・上津島・今在家を下り、水門のある寸賀尻《すがじり》（名神口三）まで続く。全長約三キロメートルの人工の水路である。この水路の水は岡町南・曽根西町の標高一〇㍍《メートル》辺りから南西方向に傾斜する低位段丘から落ちてきた水や、勝部・原田・利倉一帯、服部西町・同寿町・上津島・今在家一帯をめぐった用水・雨水の排水路である。

梅雨や大雨が長く続くと、一帯の水田は冠水してしまい、この排水路ができる前までは長雨のひどいときなど、子どもの膝上まで水が溜まることもあったと聞く。豊中台地から下がったこの辺りは猪名川からも天竺川からも離れており、溢れた水はすぐには引かず、庄内の方へ流して、神崎川に落ちるのを待つしかなかった。生育盛んな時期の稲は、水浸かりが続くと根腐れしてしまう。そんな年は不作になり、減収になる辛さがあった。そこで旧南豊島村（原田・勝部・利倉・上津島・南今在家・穂積を区域とする村。昭和二二年豊中市に編入）では、昭和八年（一九三三）、村長小畑喜一郎氏が、南北用排水路の開削について村議会に諮り承認を得る。そして昭和一三年に工事が開始され排水路に沿って道路〈後の半町歌島線〉をつくることや、農地の区画整理事業（複数の農地を一つにまとめて農地を拡げたり、農道・水路を整備したりする）がすすめられた。

また、昭和一六年（一九四一）ごろから、水路開削の際に掘り上げられた土を、近くの田に盛土して、

豊能南部雨水幹線（上津島２－１付近 高田橋から見た上流）

府営上津島住宅地にすることも行われた。太平洋戦争が続く厳しい状況の中、昭和一八年（一九四三）、排水路・道路・府営住宅二百戸が完成する。農地の区画整理事業は、戦争のため工事が中断したこともあって、昭和二五年までかかっている。排水路ができてから、大雨の度に浸かりやすかった約千二百ヘクタール程の土地が、実りをもたらす田や畑になり、より収穫を上げる土地として有効利用されるようになった。[20]

雨水幹線を暗渠にして、その上部に造られた「新豊島川」の散策路

しかし、昭和五〇年（一九七五）ごろから西側の水路沿いが、名神口に近いことから流通の利を生かした工場や倉庫・大型店などの拠点になり、また、宅地開発により住宅地になるところもあり、昭和四二年に創立された豊島西小学校の児童数は、創立時二九九人、昭和五一年四九九人、昭和六一年七七九人と急増する。こうした背景からそれまであった耕作地は減り続け、水路の汚濁化がすすんでいった。

そして、豊中市は昭和五八年度（一九八三）から昭和六一年度（一九八六）にかけて、同河川の環境の改善に取り組み、水路を「利水」「治水」の機能と「親水」機能をもつ水辺の空間としてよみがえらせる事業に取り組んだ。原田・利倉地区の雨水幹線を整備したり、原田下水処理場から処理水を高度処理して流したりするなど、親水水路創造に向けた全面的な改修整備をすすめた。現在この水路に「新豊島川」

の名が付されているところがある。途中に人工のせせらぎ、散策路や休憩所がある。初夏になると「ほたるの夕べ」を開催、平成二二年（二〇一〇）には「蛍ドーム」を新しくしたりするなど、多くの市民に親しまれ、子ども達には水辺で遊べる楽しい場所になっている。㉑

水論2（江戸時代の水争い）

豊中の中部には、台地につながる低地の広がる一帯があり、その低地を流れる九名井（原田井）は九ケ村に分配水されていた。そのため争いは主に川辺郡と接する猪名川の取水口辺り、取水した水を枝分かれさせて分水する堰の辺り、さらに悪水抜きとも呼ばれる下流域へ排水するところなどで起こった。千里川筋については、左岸の豊中台地よりの地域は「内野」、右岸の猪名川側にかけての地域は「外野」といわれていた。この外野がしばしば洪水に見舞われ、水論が多発したところであった。㉒田地がどちら側にあるかによって、水利問題は数か村にまたがることであったり、村内の問題であったりして、水の安定供給のための苦労は絶えなかった。加えて北部でも取り上げた厳しい干ばつの際に行われた「雨乞い」は、中部でも行われており、展開は異なるが、請雨する必死なあり様がここにもあった。

『豊中市史 第二巻』（第3章近世の豊中 第3節農業生産の発達）の中に、豊中市域中部で起こった水論（水争い）の一端が記録されている。いくつかある中からその一部について、争いの概略を記してみよう。

（ア）寛永一三年（一六三六）の争い＝能勢地方や川辺郡北部から南流する猪名川（江戸時代の絵図や文書にもあるが、古くは池田川とも呼称される）、伊丹の東で藻川を分流する。藻川は川辺郡、猪名川は豊嶋郡を流れる。争いはこの分岐点で川辺郡の村々が操作し、水を多量に猪名川筋豊嶋郡に流そうとしたことから起こったもの。何をどう操作したか、同資料には書かれていないので分からないが、結果は川辺郡村々の非行と決まり、その設備は除去。絵図面は両方の村々に保管され、後の証拠となった。

（イ）元禄三年（一六九〇）～同七年の争い＝利倉村を除く原田郷八ケ村と岩屋村との争い　発端は元禄三年（一六九〇）、原田井溝の上手の岩屋村が溝を掘り返したため、下手の原田郷の用水がなくなったというもの。示談は容易に成立せず、原田郷が報復手段として岩屋村の枝溝二ヵ所の溝口を堰き止めるなどして争いは激しさを加える。京都町奉行所の仲裁もあり、話し合いをすることもあったが、争いは続き、五年後の同七年になり、ようやく施設（溝）の詳しい取り決めがなされて解決に至った、というもの。

（ウ）嘉永三年（一八五〇）～同四年の争い＝下手の穂積・利倉二ヵ村と上手の原田村の間で起きた争いである。原田村が新開（荒地を新しく開くこと）をしたため新溝を造り、岩屋他二ヵ村の余り水を引き込むようにした。下手の二ヵ村では用水に支障が生じ、新溝を破壊しようという暴動の起こる気配があり、そのことで五人が入牢させられたという。結末の詳細は不明（ア～ウ㉓）。

明治以後のことになるが、著者が原田元町に住む古老（八四歳）から聞き取りした話がある。詳しいものではないが、当時の用水を確保する厳しさを伝える話なので加えておきたい。

「洗堰の分水をめぐっては、明治三〇年から大正五年までかかって争い、裁判で和解した歴史があります。原田と九名井に属する他の村との間で争いがありました。大審院（旧憲法に設置されていた最上級審の裁判所）まで至ったもので、二〇年も裁判してきたものです。原田はむかしは一橋家の所領になっていました。だからこの時の争いは、原田としてはそのころの慣行を主張することとなり、一方、他の九名井の村々は、水利は上流が優先するという主張に立ち、先に水を引くのはこっち、いやこっちからということで争ったということです。このときの裁判は和解になったのですが、九名井の一つ岩屋村は、裁判費用に困り、草鞋《わらじ》を作って売り、その費用を捻出していた家もあったと聞いています」。[24] 手元にこの話を裏付ける史料はないが、おそらく地元では水利権を左右する大きな出来事として、長年言い伝えられてきたものと思われる。

『新修豊中市史 第一巻通史一』（第7章地域社会の諸相 第1節用水・悪水の管理と水論）に、次のような記述がある。

「近世の豊中市域の人びとは、数えきれないほど多くの水論をしてきた。いくら水の問題がみずからの生活を左右する問題であったとはいえ、人びとが水論で経験してきた精神的・肉体的苦難は計り知れないものであろう。しかし、一方で、水論を何度も経験し、そのたびに了解事項を相互に確認し、明文化してきたからこそ水利慣行がより強固なものになり、結果、水利用をめぐる地域間対立が回避されてきた側面も忘れてはならない」[25]

この解説からも、利水に関係する地域では、水の一滴は血の一滴といわれるほど、水の確保は重要なことであり、時には命がけで向かい合う厳しい局面もあったが、最後は歩み寄り知恵を出し合い、お互いのくらしを破壊しないようする共存共栄にこころがけていたことが分かる。その都度みんなで難局を乗り切ってきたのである。

雨乞い2（桜塚・利倉）

干ばつ（旱魃《かんばつ》）とは、夏季に入り雨が降らず、日照り（水が涸《か》れること）が、続くことで起こる長期間の水不足状態のことである。「旱」は日照り、「魃」には日照りを起こす神の意がある。現代では「旱ばつ」と表記される場合があるが、その意味から「干害《かんがい》」と書き換えられることもある。
豊中市域中部で行われた雨乞い二例を取り上げてみよう。
（ア）桜塚村では、文化三年（一八〇六）六月に氏神社の原田神社で雨乞いがなされている。ここでは、六月一五日の夜から一八日の昼にかけて、昼夜兼行で村民が交代しながら原田神社に籠り、雨乞いの祈祷が行われた。㉖同神社での雨乞いは「出雲大社から黒い蛇の竜蛇神（御札）を請けて帰り、水桶《おけ》に水を張って、その中にお札を入れ祝詞《のりと》をあげる。水桶に泡がたつと雨が降ると言われてきた」㉗とのことである。
桜塚村では天保二年（一八三一）にも七月二一日から二七日にかけて行われている。山岳修験の霊場として著名な「箕面山」の瀧安寺《りゅうあんじ》で「雨乞い」がなされている。村民が三人一組になり、交代しながら昼夜を通して雨乞い祈祷《きとう》が実施されたという。㉘
（イ）桜塚村と岡町が、明治六年（一八七三）七月二三日「祈雨御届ケ」（桜塚村奥野家文書）を大阪府参事に提出している。そこには、「桜塚村と岡町は水不足になりがちな土地ですが、今年は例年になく日照りが続きました。田植えは溜池の水を使ってどうにかすませることができましたが、今はもう溜池の水も無くなってしまいました。そこで明日二四日から七日間、原田神社に祈雨のため参籠したいと思っております」㉙とある。同文書は桜塚村奥野家に残されていたものだが、前述した箕面山瀧安寺で行われた雨乞い（天保二年）から四〇年程後のことになる。同家には明治六年（一八七三）七月、大阪府参事に「祈雨御届ケ」を提出し、実際に行ったときの「雨乞諸事買物帳」も残されており、そこには原田神社で行う「雨乞い」に備えて用意した品々が記されている。「手桶、丸桶、かいけ杓《しゃく》、なべふた、半紙、炭などの物品を買い、高野豆腐、ナスビ、シロウリ（白瓜）、ナンキン（カボチャ）などの食材を買いそろえている」㉚。これらは雨乞いに使う祈祷用、その他祭壇を飾る品々である。雨乞いを前にした諸々の準備物から、降雨を祈る神事への強い期待のようなものが伝わってくる。

（ウ）利倉村では、「旱魃見分願」（余田貞雄所蔵 利倉村文書）が、「乍恐書付以御願奉申上候」の書き出しで書かれた文書として残されている。[31] 差出先は、「寛政八丙辰年九月七日」の日付で、武蔵国岡部藩安部氏の桜井谷陣屋であった。そこには次のようなことが書かれていた。「（前略）この年、旱魃が続き、川水が入らなくなった。（中略）いつも水貰いする隣村岩屋村（伊丹市）から水を分けて貰《もら》おうとしたが、同村にも水がなく、雨乞いまでしている」。

この他にも長興寺北二の住吉神社境内でも行われている。同地区の雨乞いについては、「移り住んだ集落（長興寺村）」の中で「鍋かつぎ雨乞い」（116頁）と題して詳述している。

用水樋

ため池から落とす水、原田井のような猪名川の水を引いて流すところでも、いずれのところでも水路から流域にある田に等しく流れるように配慮され、各水路の分岐ヵ所には水を堰き止めて分水するための樋（水門）が設けられていた。そこからそれぞれの水路を通って各人の田の水口《みなくち》に流される。

『豊中市史 第二巻』（第3章近世の豊中 第3節農業生産の発達）の「水論」では、むかしの水路には「〇〇溝」と「溝」の文字が当てられており、特に九名井（原田井）では、「猪名川から東に五十町余り（約六キロ）も流れる原田井は、酒井溝（酒井村）・森本溝（森本村）・尻なし溝（岩屋村）・石うそ溝（田能村・岩屋村）・横長溝・梶カ本溝（共に岩屋村）・貝原溝（原田郷・岩屋村）・うそ田溝・油田溝・長田溝・内瀬溝・長円寺溝（以上いずれも原田郷）の十二枝溝をもち……（以下略）[32]」、とあるように、それぞれに名前を付した枝溝

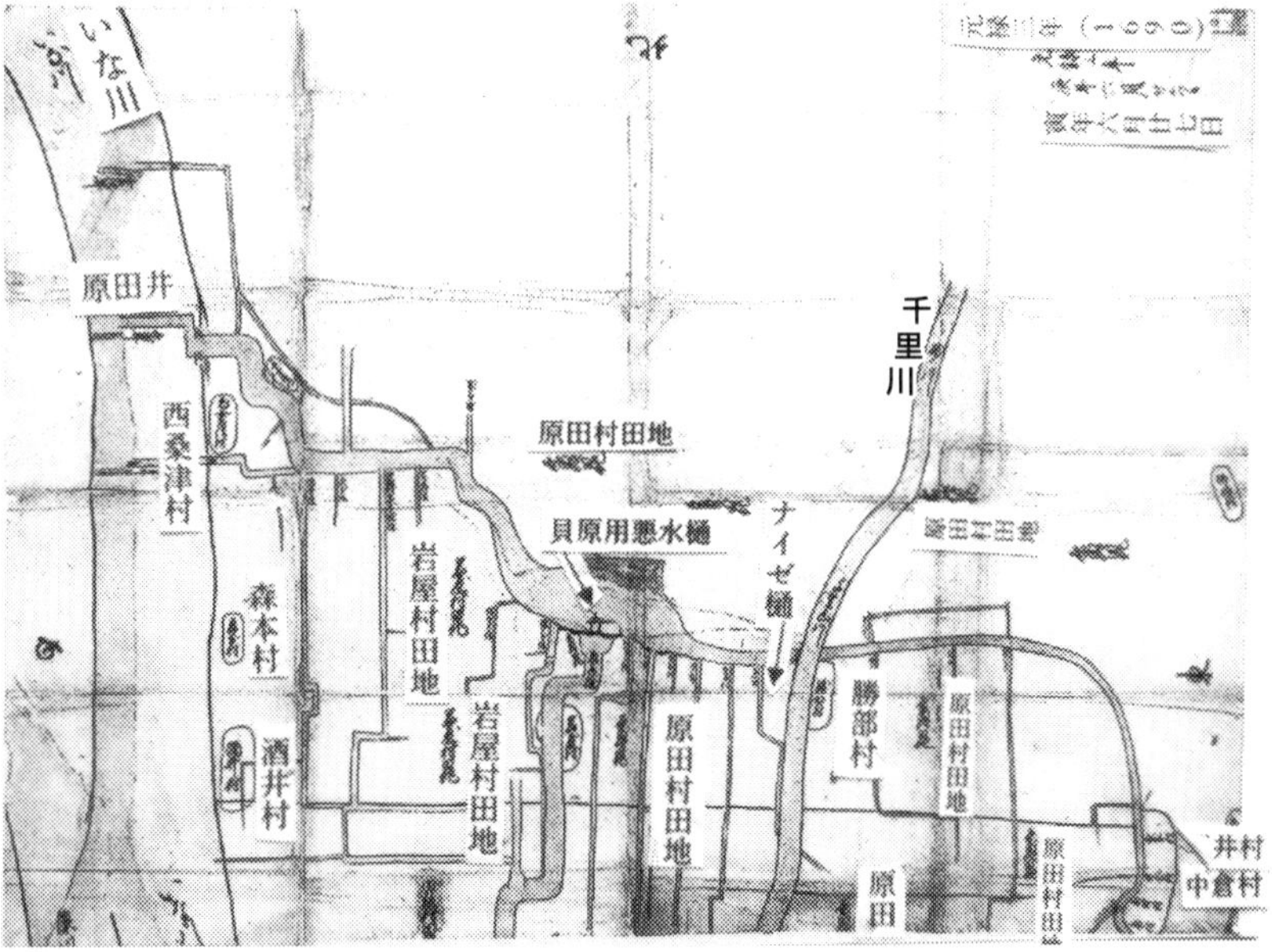

㉞元禄３年（1690）原田井筋絵図　岡町図書館蔵　『新修豊中市史第一巻通史一』写真７－１ 村名・田地・川・用水樋名など 著者加筆

があり、そこで堰き止められた水が、各水路に分かれてそれぞれの耕地（田）を潤していた。

実際、樋ではどのような工夫がなされていたのであろうか。平成七年（一九九五）九月、原田地区で聞き取りをした際、次のような説明を受けた。

「堰から引いた水を各用水路に落とすわけですが、それぞれの用水路によって流量が決まっていました。その流量は、『喉首《のどくび》』と呼ばれる取水口のかかりのところに、同水路の川床の横幅いっぱいに置かれていた分水石（定石）によって決められていました。この石の川床での高さが下手にある田全部に水を回し、それぞれの田を養うわけですから、下流域にある田の面積によってその高さは異なります。この石の川床での高さは川（水路）の深さと水門の幅（水路幅）によって決められており、（定石は）その方面に流す水の水量の基準になっていました」[33]。これらの施設の維持管理には規定があり、関係する村の者が立ち合って慎重に行われたという。先の十二枝溝の中にあった内

16世紀後半の原田城北城推定復元図（原田しろあと館展示室）豊中市教育委員会提供　左上北城　右上南城　手前の水路は九名井（原田井）

瀬ノ溝について、同地区の方は続けて「内瀬ノ樋《ないぜのひ》は、空港滑走路の東端に当たるちょうど飛行機が着陸する際《きわ》にあります。以前は利倉には、岩屋から分水する水路から流れていましたが、飛行場ができて拡張されてからは、内瀬ノ樋のところから利倉と原田の二つに分かれるようになりました」、と語っている。「内瀬ノ樋（溝）」の名は今もそのまま残されており、空港の滑走路延長により現在では流路と流域が変わり、同樋から利倉方面にも流されるようになったことが分かる。

なお、「原田井筋絵図」（元禄三年・一六九〇）〈89頁㉞〉の中央部に「貝原用悪水樋」の文字がある。また、「原田井水路図」（令和四年・二〇二二）（76頁⑮）の中央部滑走路左側にも「④貝原樋」の文字がある。その辺りには三百年以上経っても同名の樋門が設けられており、九名井（原田井）の歴史を今に伝える場所なのである。

番水時割帳

次に気になるのが、水田に配水する順やとき（配水時間）についてである。水の取り合いにならないようにするにはどうしていたのか。そこには「番水制」という仕組みがあった。一つの井堰（水を引くために川に造られた堰）やため池を、数か村で共同利用する場合、その村々は「井組」「井郷」と呼ばれていた。原田井組にも、「番水時割帳」（寛政四年・一七九二）なるものがあった。（複数の井組のなかでは）どの村が何番目にどのくらいの時間水を引けるのかが決められていく。そのような配水時間の設定は、『番水』と呼ばれていた。「番水時割帳」㉟（92頁）について、その一部を『新修豊中市史 第一巻通史一』「第7章地域社会の諸相第1節用水・悪水の管理と水論 2水の共同管理」（配水時間の設定）から略記すると、

「番水時割帳」には、幕領部分、旗本舟越氏領部分、旗本鈴木氏領部分などの表記があり、原田井の場合、原田村など一〇ヵ村の村々がその井堰を利用していた。取水は、曽根村・角株（原田村）・岡山村・南町株（原田村）・中倉株（原田村）・「御蔵」（幕僚部分・中倉株の一部）・梨井株（原田村）・舟越株（原田村）・北株（原田村）・桜塚村・勝部村という順番で行われた。取水できる時間〈注 一時（とき）は現在の二時間に当たる〉は、各村が用水を利用する耕地面積に基づいて、あらかじめ決められていた。曽根村九時（とき、以下同じ）・角株五時・岡山村三時・南町株七時・中倉株九時・「御蔵」三時・梨井株八時・舟越株六時・北株九時・桜塚村六時・勝部村九時と、そこには昼夜通しての日（省略）と時が記されている。原田村がないのは、広域のため角株・中倉株・梨井株・南町株・北株に分けて集落ごとに記されている。配水の順については、普通に考えて上流の方からとすると、原田郷では猪名川に近い勝部村からスタートし、最下流域は曽根村になると思われるが、同時割帳をみると、そこには六月八日九時、曽根村から九日〜一二日までの村名と取水時間が順に読み取れるので、下流域に当たる曽根村から配水し、勝部村は最後になっていたと考えてよいようである。

（ア）解説には「取水する村の順番は、原田井の下流にあたる村から上流の村に向かう形で設定されていたようである」とあり、また、そのことについて「取水するうえで相対的に不利な立場に立つ下流の村々から、順に用水を引かせているところをみると、井組の中心となる五ヵ村のなかで、なるべく公平な水利慣行を敷こうと努力していたことが想定される」とある。このような大きな決め事は、原田村では「井年番」と呼ばれる人々が中心になってその世話をしていた。

そのことについて、先の「番水時割帳」が解説されている『新修豊中市史第一巻通史一』には、(イ)「原田村が『井親』として原田井管理の中心を担い(『豊中市史資料集3 村明細帳(上)』)、原田村のなかの『井年番』と呼ばれる人々が井堰管理を差配していた」(ア・イ㊱)とある。このことからも「井年番」は、九名井九ケ村の中心としての役割を担うとともに、原田井を管理し差配することも担う大役であったことが分かる。

　このような仕組みがあったところは、日常的には井年番を通して雇われる「水守り」(「水番」とも言う)と呼ばれる人たちがいて、水守りは樋門の管理や水路から田に水を出し入れする堰板《せきいた》の開閉などを専任にしていた。暑い日でも大雨の日でも、それが毎日の仕事であった。水守りを雇う費用は、その人が見回りをする水路の範囲内にある農家が、米やお金でその賃金を負担していた。時代が新しくなると米に替わりお金で渡すようになっていく。

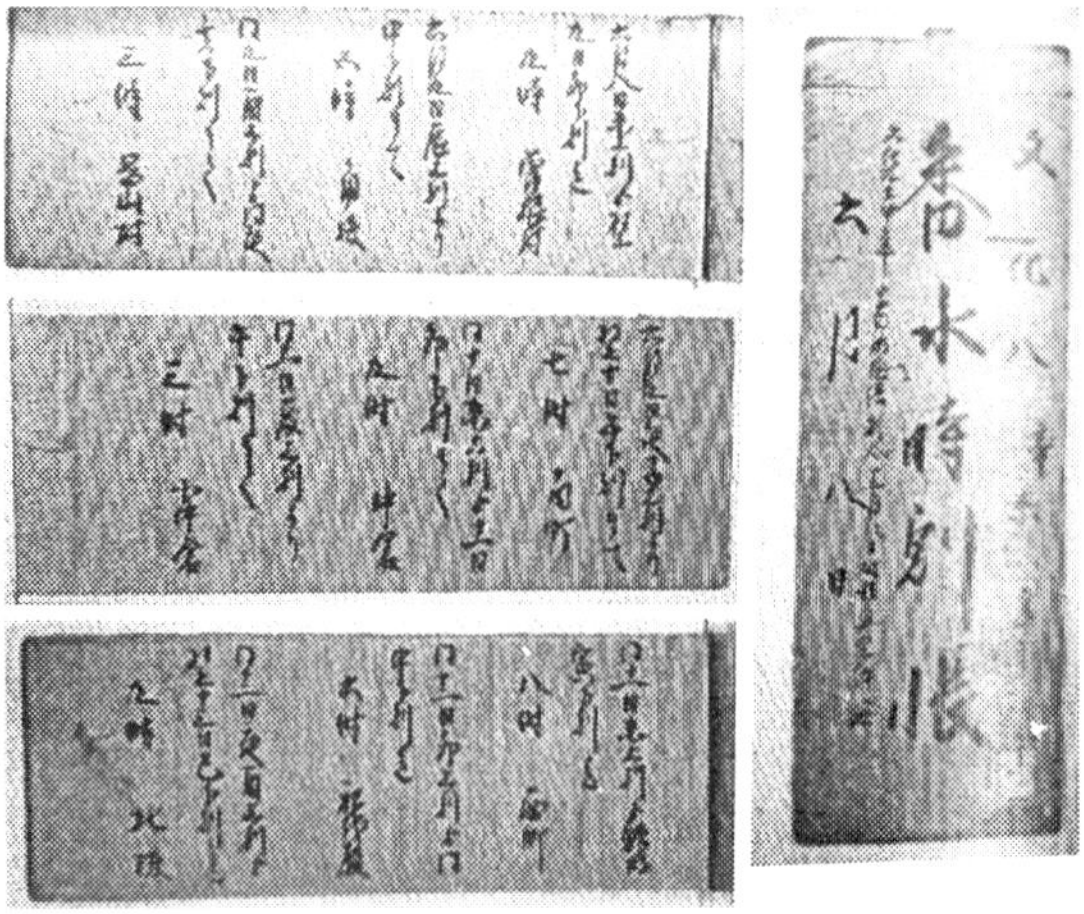

㉟番水時割帳（文化８年・1811）（原田郷中倉村文書）
岡町図書館蔵　『新修豊中市史第一巻通史一』写真７－２

南町（旧原田村）樋門跡（原田南町１）

　なお、「水守り」については、本書の「第2章　北部の地勢とくらし」「用水の確保と管理」(43頁)のところでも触れている。

古老の話3

こうして「番水時割帳」などの決め事をもとに、用水は村から次の村の田へと配分されて、それぞれの田に送られる。田植えがすんだ田んぼは一面に水が張られたままになる。水の入れ替え時になると、上手の田から悪水が流され、それは次の田の用水となる。このように水は上手から順に次の田へと回されていくのだが、実際に水路を通って流れる水は、用水路内での漏水、それぞれの田で消費される水量を見込むと、下流域では流れくる水の水位が下がってくることになる。流域の上手から遠い下手になるほど、どうしてもその差が生ずることになる。実際には取水口に近い上手が有利であり、下手は上手から分けてもらう関係になる。そのことを物語る古老の話がある。

「水利権を持っている方は下流に対して強く、下は上に頼んで分水してもらうというのが普通ですが、日照りになり水不足が続くと、慣行通りにならないことが起こる。そうなると助け合いが行われ、お互いの田を守ったわけです」

「特にむかしは米作りが主な所得でしたから、用水は飲み水とは比べものにならないほど重要で、生まれてきても、水下《みずしも》には生まれるな、というほど生死を決めるものであり、嫁にやるのも水下には行かさないと言われたものです」㊲

古老が言われた「水下《みずしも》には生まれるな」「嫁にやるのも水下には行かさない」という言い伝えは、水の確保が各家の存続にかかわることであり、人の幸不幸をも左右するほどの重大事であったことを物語っている。辛い体験を重ねてきた人たちの厳しい思いが伝わってくる。先に記した江戸時代寛政年間の記録の中にあった下手から先に水入れをするという話からは、共存共生していこうとする村人の心根が伝わってくる。

穂積《ほずみ》村の囲い堤

阪急宝塚線服部天神駅の西出口を出てすぐに左折し、駅舎ホームに沿って西側を南へ百メートル程行く。右へ曲がると道路幅約五メートル、歩道約三メートルの道路に出る。そのまま直進すると市立豊島体育館へ続く。この道路部分が旧穂積村を水害から守るために造られた堤防のあったところになる。場所は旧穂積村域の西側に当たり、東西約一キロメートル、南北約〇・八キロメートルの範囲を方形に取り囲むように築かれた「囲い堤」の北側になる。

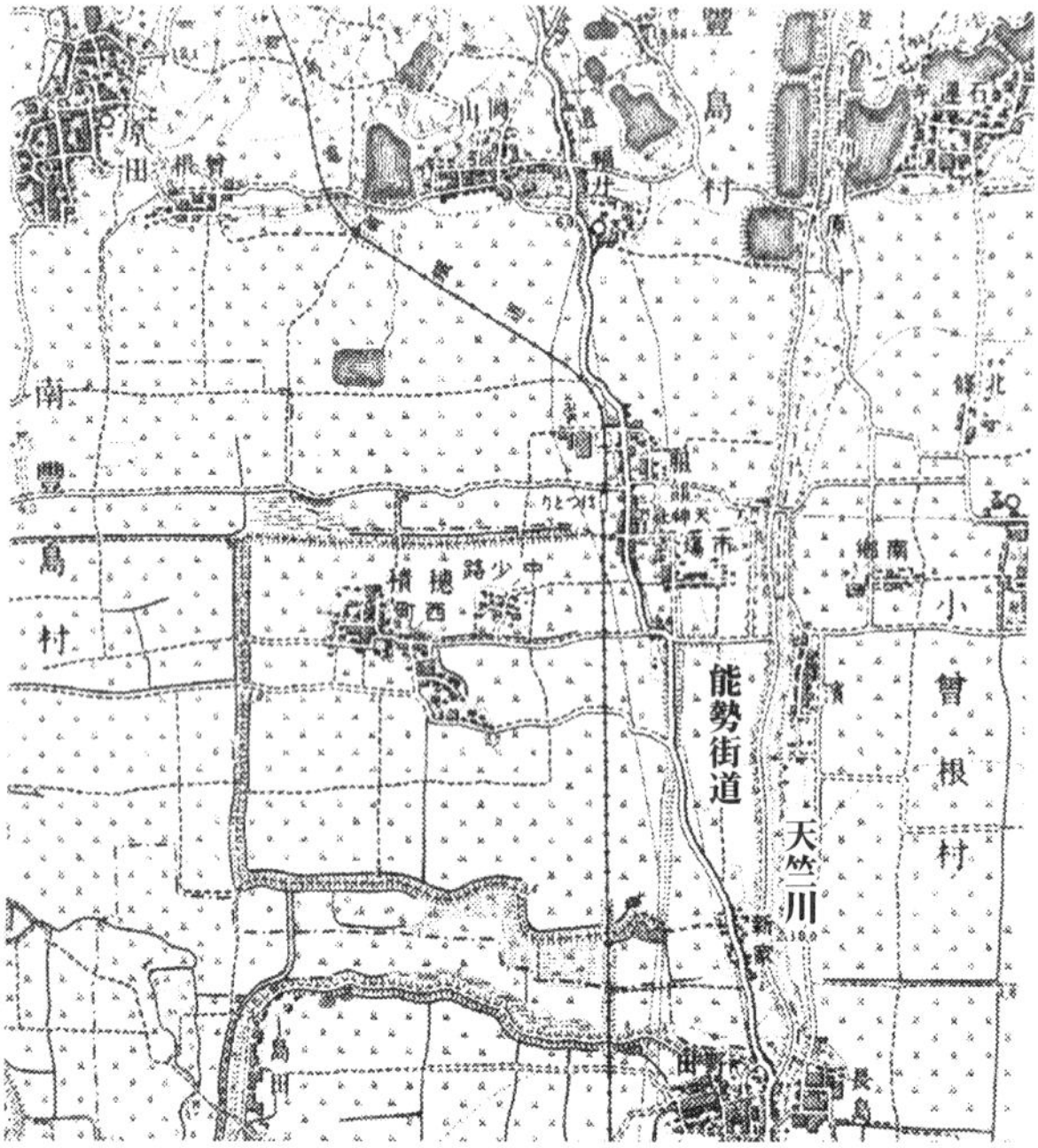

㊳明治 42（1909）年当時の穂積村囲い堤（2万分の1）「伊丹」陸地測量部　著者加筆

堤防はこの辺り一帯が水田地帯の低地であったころ、北側や東側・西側からの浸水・洪水を防ぐために造られたもので、南側も大阪湾の上げ潮に押されてくる水や付近の湿地帯からの水の侵入を防ぐためのものと推定される。堤防上はむかしから農道としても利用されてきているが、現在、北側にあった堤防道は、服部天神駅側と市立豊島体育館方面をつなぐ二車線の道路になっている。

古い地図に方形の囲い堤を見ることが出来る。明治四二年（一九〇九）の地図（㊳）を見ると、中部から南部に広がる低平地の中央部に堤防で囲まれたところがあり、北側の集落の横に「穂積」「西町」「中少路」と記されている。

穂積村の村域は「囲い堤」の範囲だけではない。外側にも広がっており、北部は堤防の北側まで、東部は天竺川手前の服部南町まで、西部は服部西町～服部寿町まで、南部は穂積二までの範囲であった。明治四二年当時は、東側には池田・能勢方面と大阪を結ぶ能勢街道が通っており、同街道の一部が堤防道になっている。街道の東側には天竺川が流れている。集落付近に天神社（現服部天神宮）、市場の文字が見える。南側を見ると、堤防は曲線のところもあるが、湿地帯を挟んでその南には野田村・島田村（庄内方面）が見える。そこにも堤防（野田堤）が築かれている。囲い堤の西側は地図からは離れるが、利倉村・上津島村・南今在家村になり、その先が猪名川になる。

『豊中市の地域計画とその問題点（その9 治水、内水排除の問題について）豊中市』の冊子・別図2「等高線図」[39]を開いてみると、標高差は「囲い堤」の内側では、北寄りのところは標高四メートル位。南側の一部では三メートル以下になっている。一方、「囲い堤」の外側は、東側の天竺川に近い服部南町辺り、西側の服部西町五・六、利倉辺りは標高五メートル程ある。内側より外側の方が一～二メートル高く、微高地になっている。大雨や長雨、猪名川のはん濫に遭遇した場合、囲い堤がなければ水は周りの微高地から低い方へと流れるので、囲い堤内の中央部から南側標高三メートル以下の辺りは水浸かりになる。さらに南側の野田堤まで間は、滞留する水の溜まり場になっていたと推測される。

手元に『豊中市浸水ハザードマップ』保存版〈改訂令和二年（二〇二〇）八月（4頁 付図4参照）〉がある。浸水想定区域図（洪水・内水はん濫）を見ると、想定に用いる降雨条件（洪水・内水はん濫）は、各河川に次の量の大雨が降った場合が想定されている。「猪名川は、昭和二八年九月大雨・台風一三号の二倍（一日で二七九㎜）、神崎川は、二百年に一度の大雨（一日で二七三㎜）、千里川・天竺川・高川・兎川・旧猪名川は、二百年に一度の大雨（一日で三五五㎜）とし、豊中市内の内水はん濫は、二百年に一度の大雨（一日で三五五㎜）」と想定されている。浸水状態はどの辺りがどのようになるか、色分けして表されている。全市を俯瞰したマップになっているので、市域全体の浸水想定を把握するには便利で分かり易い。

例えば服部西町・服部寿町・南町の一部では人の胸の辺りまで、穂積では屋根の庇《ひさし》辺りまで、庄内地域南部では屋根の中程までというように想定されている。このように見ていくと、旧穂積村からさらに南部の庄内方面にかけては、むかしから同じような浸水想定区域内にあり、内水はん濫発生に至る率の高いところであったことが分かる。

なお、「豊中市総合ハザードマップ（高潮・浸水・土砂災害）」保存版〈令和三年（二〇二一）一一月〉は、河川別・校区別の洪水浸水想定区域図に再構成されており、より身近な詳しいマップに改訂されている。

全国に「輪中」と呼ぶところがある。「輪中」とは、集落を水害から守るために周囲を囲んだ堤防と、その堤防で囲まれた集落を指すが、全国的に有名なのが愛知県西部の木曽川・長良川・揖斐川の三川に囲まれる地域である。改めて豊中市の中南部を見渡すと、西に猪名川、東に天竺川、南に神崎川が流れている。南部方面は広くこの三川に囲まれており、それらの川にはどの川にも長い堤防が続く。天竺川にいたっては、上流からの土砂で川底が高くなり、天井川になっている。服部・穂積地区から南は標高四メートルから標高三メートルまでの低平地が続く。庄内地区はさらに低地になり、二メートル以下になるところもある。北側に野田堤、南側も神崎川のはん濫を防ぐようにして堤防が築かれている。このように見ると、穂積の「囲い堤」の場合にしても、野田・島田の場合にしても猪名川や天竺川・神崎川のはん濫や大雨・長雨による水害に備えた形をなしており、それぞれが四方を堤防で囲む「輪中」のようになっている。

穂積周辺の遺跡

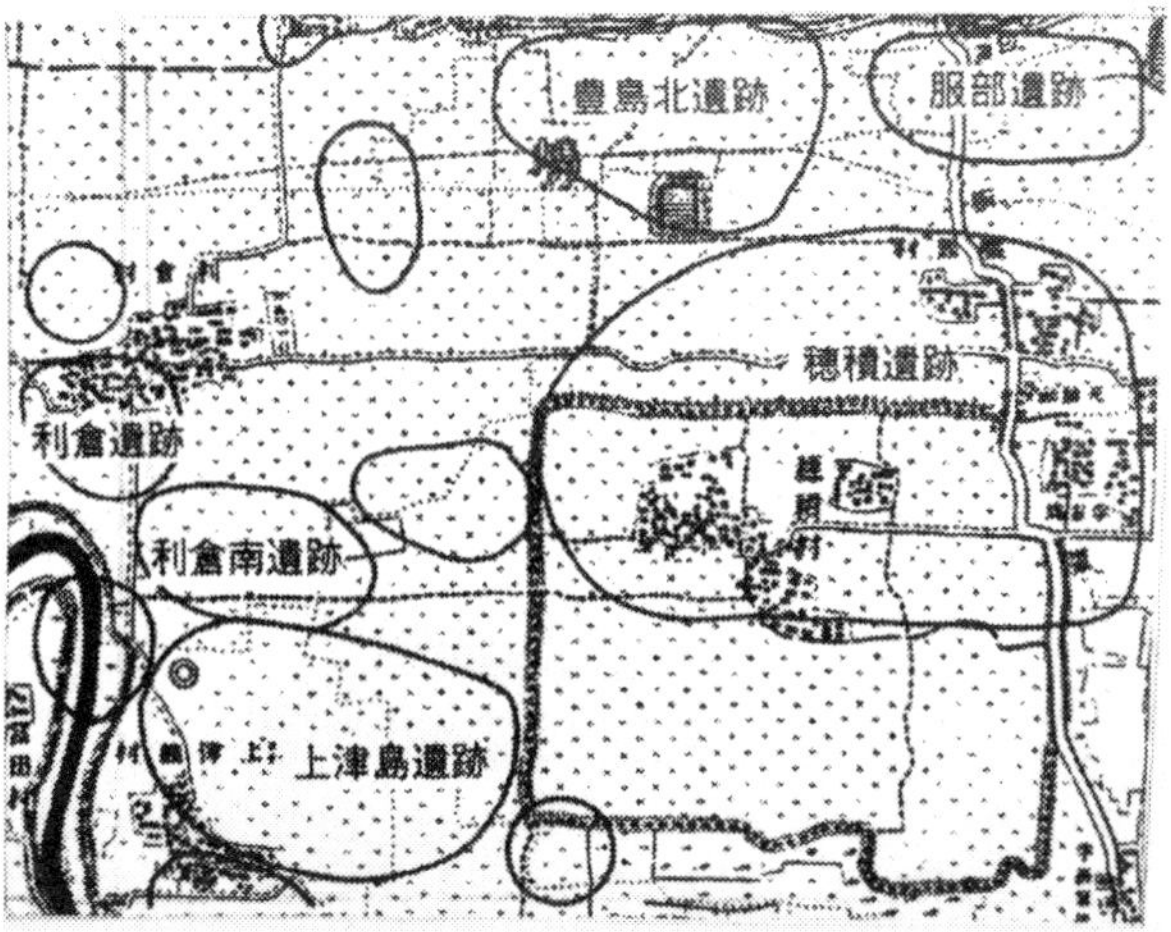

㊵囲い堤周辺の穂積遺跡『穂積遺跡第 43 次発掘調査報告書』第４図

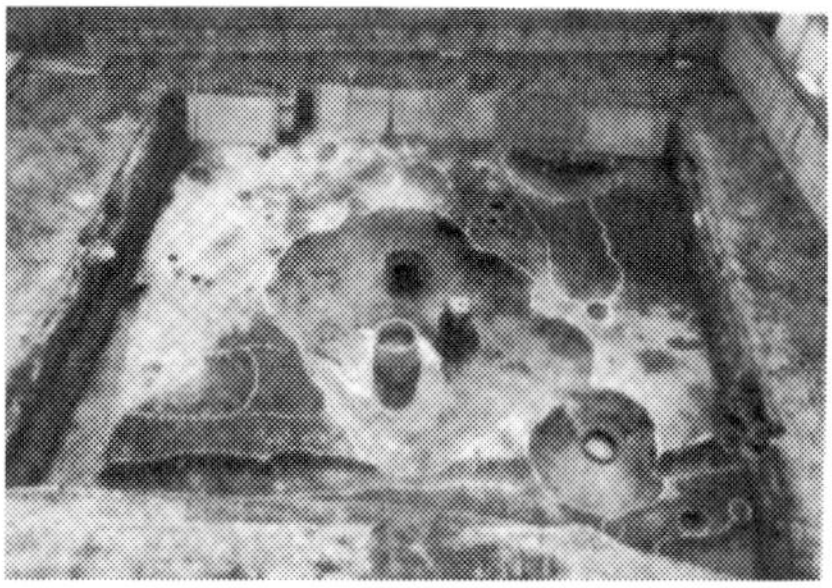

文化財ニュース NO39（穂積遺跡第 41 次発掘調査地一部）豊中市教育委員会提供

服部天神駅西側の服部西町から服部寿町にかけて、「穂積遺跡」のある場所になるが、弥生時代終末期の地層からは、造りかけの銅鏃（銅製の矢じり）が鋳型から取り出されたままの姿で四～五個連なったままの状態で見つかっている。その他に大型土坑二基などが確認されている。平安時代中期の溝跡、鎌倉時代から戦国時代にかけての遺物も多数出土している。井戸跡（計九基）からは多数の土器などの日常雑器、中国の宋銭（三八枚）が出土。水田跡も確認されている。

囲い堤の役割

囲い堤はいつごろ造られたのであろうか。『新修豊中市史 第九巻 集落・都市』その中の「第8章豊中の将来に向けて」には、第九巻を執筆された五名の方々による座談会がまとめられている。会のはじめに司会の紙野桂人氏（帝塚山大学）から、「（九巻の）最終章となる第8章では、形を変えたまとめとして、（中略）

書き残した事柄や、ぜひ押さえておきたい視点などを、自由にお話しいただくことを考えました」とのことばがあり、その後、六つのテーマで話し合われている。最初のテーマ「古代そして歴史時代の豊中」の中で寺内信氏（大阪工業大学）から、「（豊中の）平地部分はいつの時期に、今の形で農耕に使えるようになったかというあたりがポイントになります」との話題提起があり、このことについて永井規男氏（関西大学）から、「（前略）史料を見ると猪名川沿いでも集落を覆いつくすぐらいの洪水に何回か襲われている」「記録上、どこまで信用できるか分かりませんが、原田郷に関していえば、原田郷に属する村々は沖積地に本体があって、中世末から近世の初頭にかけて丘陵地の方に上がってきて、そこに村を営むというような変化があったようなところがあります」との解説がある。また、「〈穂積の土手（堤）について〉詳しいことはまだ分からないのですが、調査範囲のものに限っていえば、堤は室町時代の水田の上につくられているということで、築造年代は、室町時代をさかのぼることはないようです」「あれは防御施設であるという説と、水難・洪水を防ぐという施設という説がありますが、もし洪水を防ぐためだったら、なぜ穂積だけにつくるのかという疑問がありましてね。ただ、防御施設としては広すぎると思います」と続けられている。[41]

穂積の囲い堤跡（手前と向こう側に見える黒い土盛り）『ふるさとの想い出 写真集 明治・大正・昭和 豊中』鹿島友治 1980　国書刊行会

なお、原田郷に関しては、猪名川のはん濫や低地一帯を襲う洪水のため、集落ごと低地を離れてくらすような変化があったのではないか、と推測されている。明確には言えないが、原田郷に属する村々のくらしは、もともと河川のはたらきによってできた平地（沖積地）を開いて営まれていた歴史があり、そこへ繰り返される水害に耐えかねて逃れるようにして、丘の方に移動してくらすようになったのではないかとのことである。

江戸時代の穂積村

村支配はどのようなものであったのだろうか。江戸時代になると、強固な幕藩体制が敷かれ、豊中の村々は天領（幕府領）と、幕府が所領配置した領主（大名・旗本など）の支配地となる。しかも一つの村が複数の領主によって分割支配されるという相給《あいきゅう》の村も多かったが、幕末期には天領支配村落数比率は三〇%程に達していた。㊷その中にあって、旧穂積村はその全域が天領（幕府領）で徳川幕府の直轄地であった。『新修豊中市史 第一巻 通史一』（第5章近世秩序の形成 第2節十七世紀の所領構成）には、「大坂周辺幕領は、大坂城代領の供給地として確保されていたという一面もあった」『大坂城代は、大坂城の守衛と西国大名の監視、また大坂奉行その他大坂在勤幕府諸役人の統括を任とするもので、極めて重職であった。十七世紀段階では、城代職を拝命した大名は、職務遂行に伴う諸経費を賄うための所領として、摂津・河内や和泉のうちで一〜三万石を加増されるのが通例であった」㊸とあり、「正保二・三年（一六四五・四六）ごろにおける豊中所領構成」では、穂積村（但し市場村・中小路村を含む）に、二代目城代・阿部備中守（正次）の領主名があり、村高一三一七石となっている。㊹

また、右記の『同市史 第一巻 通史一』（第5章近世的秩序の形成 第2節十七世紀の所領構成）には、「大坂定番就任者一覧表（十八世紀初頭まで）」がある。そこに米津出羽守田盛〈就任期間寛文六年（一六六六）二月〜貞享元年（一六八四）正月〉の名がある。加えて米津氏領について、「市域では、桜塚村（一部）のほか穂積村が米津氏領であった。延宝五年作成の『摂州豊嶋郡椋橋庄御料・私領入組村々絵図』（洲到止村中井達夫家文書）には、穂積村の位置に『米津出羽守領地』の文字が記されている」[45]とある。

このように江戸時代の穂積は、歴代の大坂城代や大坂定番のための役知《やくち》の一つとして充てられたところであった。役知とは京都所司代・大坂城代など、重要な遠国役人の在職中に支給される土地であり、近くでは尼崎市域にも阿部氏・保科氏・安部氏・松平氏など、大坂城代や大坂定番に任ぜられて加封された大名が、役知を当てがわれている。[46]

穂積村の用水

穂積村は用水をどこから引いていたのだろうか。服部西町と同南町に住む古老からの聞き取りがある。

（ア）「穂積村はむかしより利倉と一緒に猪名川を堰止めて、利倉内に引水して利倉の田を潤し、その先は現市立豊島体育館や青年の家「いぶき」が建っているところにあった広池に流れていました。そこから分水して穂積の方へ引いていていました」

（イ）「服部方面の用水は、緑地公園の手前にある緑地小学校（城山町四―一）のところにあった上池、その隣にあった中ノ池、その南にあった升池《ます》から引いていました。その水は（長興寺から城山町二と現服部本町四・五の境を流れて）市立第四中学校の北側にある溝（現暗渠）を通って、中豊島小学校の校舎の南側に沿って広池に入り、百日堰のところにつながっていました」

（ウ）「今も豊島保育所（現社会福祉法人アンデルセンてしま保育園）の南側の下に歩道がありますが、それはむかしの用水路です。むかしの用水路がそのまま歩道になって残っているところです」「江口橋（現武

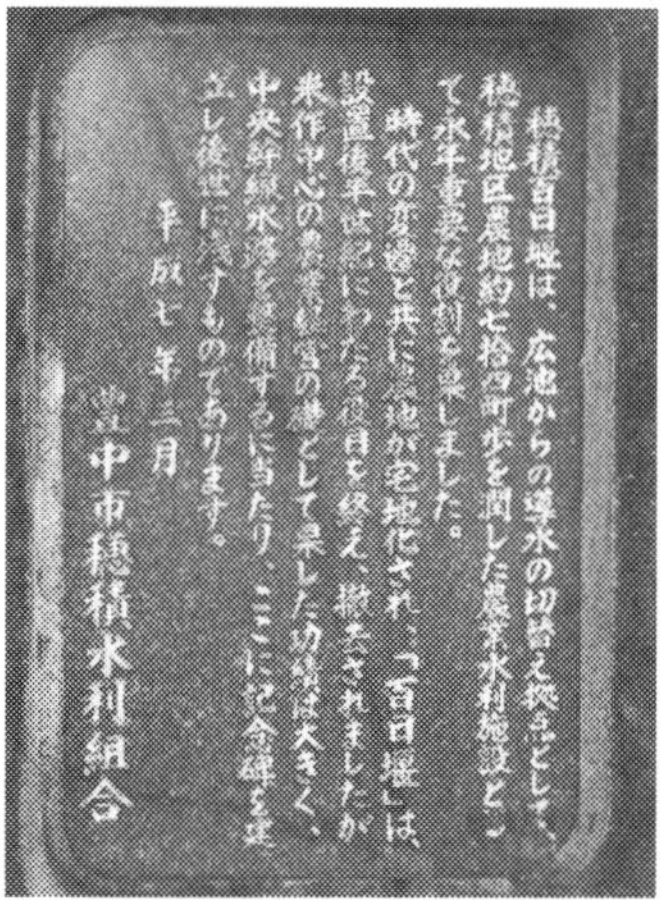

（上）百日堰石碑　（下）裏面・碑文

道館ひびき南側）のところには、百日堰《ひゃくにちせき》（石碑・写真）といって広池の水を堰き止めたところがあり、そこは今は大きな水の溜まり場になっていて渦が巻いていました。堰の内側には二つの樋門があり、一つは囲い堤の内側（穂積村内）の田に入れる樋、もう一つは堤防の外側（囲い堤の外にある田）に水を入れる樋になっていました」（ア～ウ㊼）。

今も百日堰のところは、水の溜め場になっており、西に向けて豊能南部排水幹線水路や、真っすぐ南に中央幹線景観水路などへ分水する場所になっている。

なお、広池は、先の古老の話では長興寺・城山町にあるため池の水や、原田・曽根から天神池（現豊島公園）を周ってきた水、猪名川・利倉から引いた水などが集まって溜まった湿地帯（沼池）のようなところだったようで、百日堰はその池の西南端にあったとのこと。また、「百日堰」の百日とは、田植え前から稲穂が実るころまでの期間を指し、その間は水門の開け閉めが行われたことに由来している。

（エ）穂積村が、西側の猪名川から引いた水のことで『新修豊中市史第二巻通史二』（第3章都市化の進展第4節大正デモクラシーと民衆）の中に、大正一二年（一九二三）、南豊島村と川辺郡園田村との間で起こった水争いのことが記されている。略記すると、「南豊島村大字利倉と大字穂積の地域は、猪名川から水を引いて樋を設け、灌漑用水としていた。同年の夏は干ばつが相前後して訪れる不順な気候で、干ばつに困った対岸の椎堂《しどう》（尼崎市）の農民は、猪名川の樋を引き込もうとしており、利倉の農民も番人を樋門に派遣して、警戒する緊張状態となった。（以下略）」[48]というものである。同年八月十日から十二日ごろにかけての水争いである。この記録からすると、穂積村は猪名川からも利倉と共同で取水していた。穂積村の中には、「囲い堤」の外の西側にも地元の人たちから、ニシンダイ（西側にある田地・小字名）と呼ばれたところがあり、そこにも田んぼを持っており、利倉と共同して猪名川から用水を引いていた。紛争は、両地域のにらみ合いが続き、大阪府警察部岡町分署長らの説得で一旦解散するが、椎堂村と水路を同じくする園田村の農民が押しかけたことから、再び緊張状態になる。今度は岡町分署に伊丹警察署も加わり斡旋の結果、代表による話し合いがもたれて和解にこぎ着けて、合意（内容略）に至ったという。

村を襲う洪水・浸水

昭和二年（一九二七）生まれの古老から聞いた話がある。場所は現在の服部西町三（旧穂積村時代には本郷と呼ばれた地区、穂積で最も古くから集落があったところ）、聞き取りをしたのは平成七年（一九九五）七月のことである。今から二九年前になる。「研究紀要第一〇〇号聞き書き『水とくらし』」に、次のように記録している。

（ア）「母から聞いた話では、今から六〇年か七〇年前になりますが、雨が降り続いて大水になり、四〇日くらい水に浸かったことがあると言っていました。なんでも堤防から舟で行って、家の軒先辺りに着くところもあったと言っていました」と。今から百年程前に洪水がこの村を襲っていたのだ。また、低地のようすについては、

（イ）「南の名神高速道路の辺りに（囲い堤の南側）堤防がありました。そこから内環状線の辺りを『下《しも》

田《だ》』と言っていましたが、(家は)現豊島小学校のところの堤防からは、五～六メートル位低いところであったと思います」「大阪湾が高潮になりますと、水位が高くなります。むかしは堤防内の悪水を堤防の外へ出す樋があったところ(現穂積ポンプ場北側)に「十七間樋」があって、そのようなときは十七間樋を閉めたものです。大阪湾が満潮になると潮水がその樋を逆流して堤防内に入り、稲の根を赤くするからです。樋門を閉めてしまうと穂積の中は水に浸かるので、樋門を開けたり閉めたりしたということです」(ア・イ㊾)。

また、天文六年(一五三七)に開基されたと伝わる忍法寺(服部西町三)で「聞き取り」された資料の中に水害にあった体験が語られている。それは岡町図書館主催「とよ散歩ウィキペディアタウン・in豊中」(平成三〇年一〇月開催)で提供されたものだが、次のように書かれていた。

「昭和三四、五年(一九五九・六〇)のころまでは水害が多く、十二代住職(忍法寺)のときの猪名川の水害では、水が天井まで来たといいます。私(大正一一年生まれ)が一二・三歳のころまでは、天竺川が切れて、梅雨時になると、半鐘が鳴りっぱなしだったことを覚えています。大水のとき、お寺の門を開けると、前の道を舟が行き来して見舞いの重箱が運ばれてきました。『囲い堤』は荷車が通る程度の幅で、西の堤防は上津島方面への近道でした」。この話は昭和三四・五年ごろの話ではじまっているが、囲い堤の中の集落で体験された話は、水害のあり様と怖さを実感させるものがある。昨今の豪雨や大雨による内水はん濫や堤防の決壊・川のはん濫などに対する警鐘でもある。

「輪中」の跡をたずねて

穂積村を訪ねて水田を囲んだ堤防跡を探してみることにした。

北側　服部天神駅南側から西方向へ、市立豊島体育館方面に向かう道沿いにその面影を見ることができる。この道のことは既に「穂積村の囲い堤」（94頁）のところでも触れているが、現在は堤防の上が道路、市立豊島小学校がその道に接して建っており、学校の玄関口は道路から三㍍弱程下がったところにある。店舗や駐車場も並びにあるが、道路（堤防）から南側のかつて低地であったところには住宅が密集して建っている。服部西町三の辺りは「本郷」と呼ばれた古くからの集落があったところで、忍法寺・徳用寺といったお寺や旧家があり、石垣とコンクリートで屋敷地を一、二段高くしているところがある。服部西町四、穂積二では開渠（水路のことで、蓋《ふた》などで覆われていない状態）のままの水路が目に付いた。むかしから宅地を高くしたり、水路に水が落ちやすくしたりして水害に備えていたことが分かる。

南側　堤の南端に当たる穂積二～七の辺りに東西に五〇㍍程の盛土された堤防がある。その堤防の東端に「昭和三九年三月竣工」と刻んだ高さが腰高程のコンクリートの碑があった。碑文から周辺で土地改修工事が行われた際に、旧堤防の一部を築き直したものと思われる。ここが旧堤防跡と分かったのは、その堤防の南側の斜面に「十七間樋跡」と刻まれた石碑があり、裏面には「一九八十年穂積水利組合之建」と記されていたからである。この「十七間樋跡」は、囲い堤の内側にある穂積村の水田に溜まった水を使用後、堤防の外へ排出した場所に当たる。碑にはその二列の文字しか刻まれていないが、碑の建立は水利組合の人たちがいかにその樋を重視していたかを物語るものであり、長年水と向き合いくらしてきたことを忘れないよう後世に伝えて残そうとされたものである。訪れたとき、盛土は草に覆われていた。側道沿いに樹木も植えられており、フェンスの向こう側にあるので、気づかずに通り過ぎてしまいそうになったが、南側斜面から草むらを分け行くと、そこに石碑らしいものが見えた。ぽつんと立っていた。見付けたときはまるで当時の人に出会えたような気持ちになった。すぐ南側に「豊中市穂積ポンプ場」（穂積二―一六―三〇）がある。そのポン

浸水に備えて高くされている屋敷地（服部西町３）

旧穂積村囲い堤・南端部に残る旧堤防（穂積２－７辺り）

十七間樋につながる水路（穂積２－６辺り）

十七間樋（石碑は写真上の堤防右下に立っている）

プ場の北側にある小高い盛土になっているところが旧堤防である。

この堤防跡でもう一つ目にするものがある。それは「十七間樋跡」の裏側に当たるところの堤防の半ば辺りのところに立ち、北側を向くと目にすることができるもので、堤防の北側にある工場のような建物の間を流れてくる巾二メートル程の水路である。それは堤防下の十七間樋につながっている。水路の上手には間隔をあけて横木が並べてあり、その水路の先をさらに北へ辿って行くと、服部寿町四―九（テニスコートあり）辺りまで、開渠の水路でつながっていた。田園地帯が広がっていた当時の水路は、現在、ほとんどが暗渠になり、新しい下水道との区別がつかなくなっているが、この水路だけはむかしからの水路筋として残っているように見えた。そこで帰宅してから、手持ちの地図〈豊中市全図 昭和三五年（一九六〇）八月測図〉を広げて見ると、囲い堤の中に当時の水路が数本引かれており、その西端部にちょうど十七間樋につながる水路が記されていた。真っ直ぐ南に流れる水路が波線で表されており、その水路こそ今も開渠の状態で水路の上に横木を置いたまま残っている水路であることが分かった。このように囲い堤の南側部分は、かつての旧堤防や樋門跡、旧水路の一部が残っている貴重な場所である。

西側　囲い堤の西側（服部西町五・大阪池田線側）は、今は中央幹線水路がほぼ真南にまっすぐ通っており、旧堤らしい痕跡はどこにも見当らない。

東側　阪急電鉄宝塚線が通る東側はどうだろうか、明治四二年（一九〇九）当時の地図（94頁㊳）を見ると、囲い堤付近に「能勢街道」が通っており、「市場」「天神社」、「はっとり」（現服部天神駅）の文字が見える。堤防は天神社より南に下がった辺りの現服部南町四の北側からはじまり、南に向けて築かれている。明治四三年（一九一〇）三月には現在の阪急宝塚線が開設し、また、昭和八年（一九三三）ごろから府県道大阪池田線（現国道一七六号）の工事がすすめられる。そのことにより囲い堤東側堤防の周辺は相当変化したものと思われる。その辺りのことについて、地元の方からの聞き取りや他の資料から探ってみると、『研究紀要第一〇〇号第二集聞き書き　水とくらし』の中で、古老（服部南町二）は、次のように語っている。

「阪急タクシー本社（服部南町三―五、令和五年池田市空港町一へ移転）の北側から西向きに入る道がありますが、堤防は社屋の西端の北角の際から南に真っすぐ稲津町の松下電器（現パナソニック）のスクール（現さくら広場）のあった辺りまで続いていました。昭和の初期に広池（現豊島体育館）が浅くなったので、（中略）池の底の土を掘ってトラックに積んで、その堤防まで運んで盛土したように思います。工事は昭和七年ごろに竣工したように思います」㊿とある。この話では細部は不明だが、服部南町三辺りから南（庄内方面）にかけて、東側の堤防が存在していたこと、当時はまだ堤防は低地にある水田を守る役割を果たしており、盛り土（嵩《かさ》上げ工事）などの修築作業が行われていたことがうかがえる。

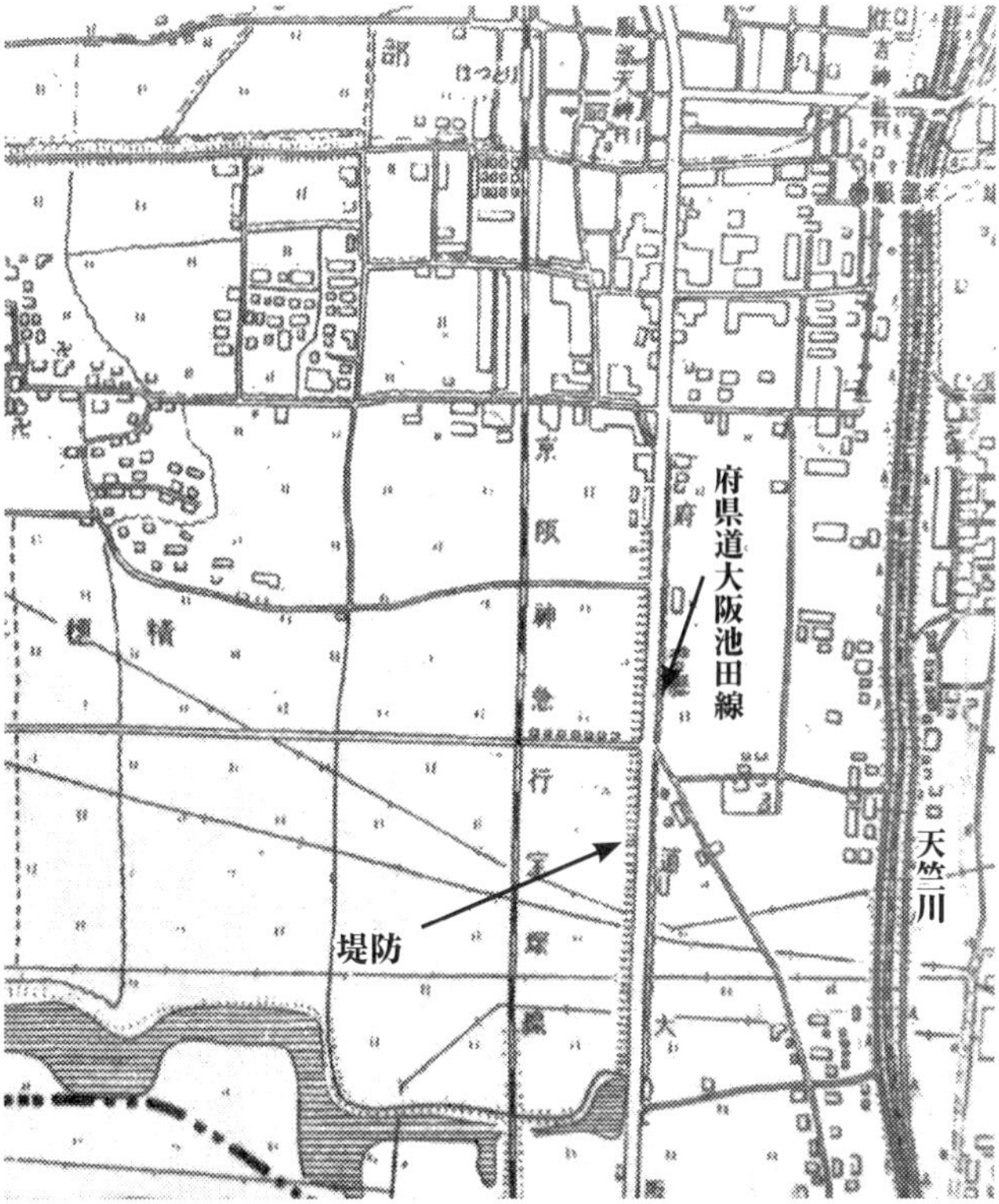

[51]昭和 26 年（1951）当時の服部南町周辺―穂積の囲い堤東側（1.2 万分の 1）「最新豊中市地圖」部分図 豊中市 著者加筆

堤防のその後については、「最新豊中市地圖 一万二千分の一発行昭和二十六年（一九五一）八月 豊中市」[51]で見ると、府県道大阪池田線（現国道一七六号）沿いの路肩の部分に┃┃┃┃の堤防と思われる印が記されている。「聞き書き」の話にあった服部南町三の北側から稲津町一（現さくら公園）までの間である。確かなことは分からないが、堤防は盛り土を重ねながらも維持されており、近くには水田が広がっており、戦後も二〇年代後半までは稲作が続けられていたことが分かる。同時期に府県道大阪池田線（現国道一七六号）沿いの服部南三―五―一二に阪急タクシー（株）が営業を開始する。同社発行（２０２１・10 秋Ｖｏｌ87）の小冊『令和三年創立七十周年フロントガラスの向こう側』によると、はじまりは昭和二六年（一九五一）一〇月からである。このような動きから、囲い堤東側堤防は、昭和二六年以後にその後に姿を消していったのではないかと考える。

移り住んだ集落（長興寺村）

豊中市の東部には天竺川が流れている〈「市域の河川」（27頁）参照〉。この河川は丘陵と台地の間を流れ、浸食し段丘を形成し、下流域の服部緑地から南方向は、河床が堆積した土砂で高くなり天井川を形成している。

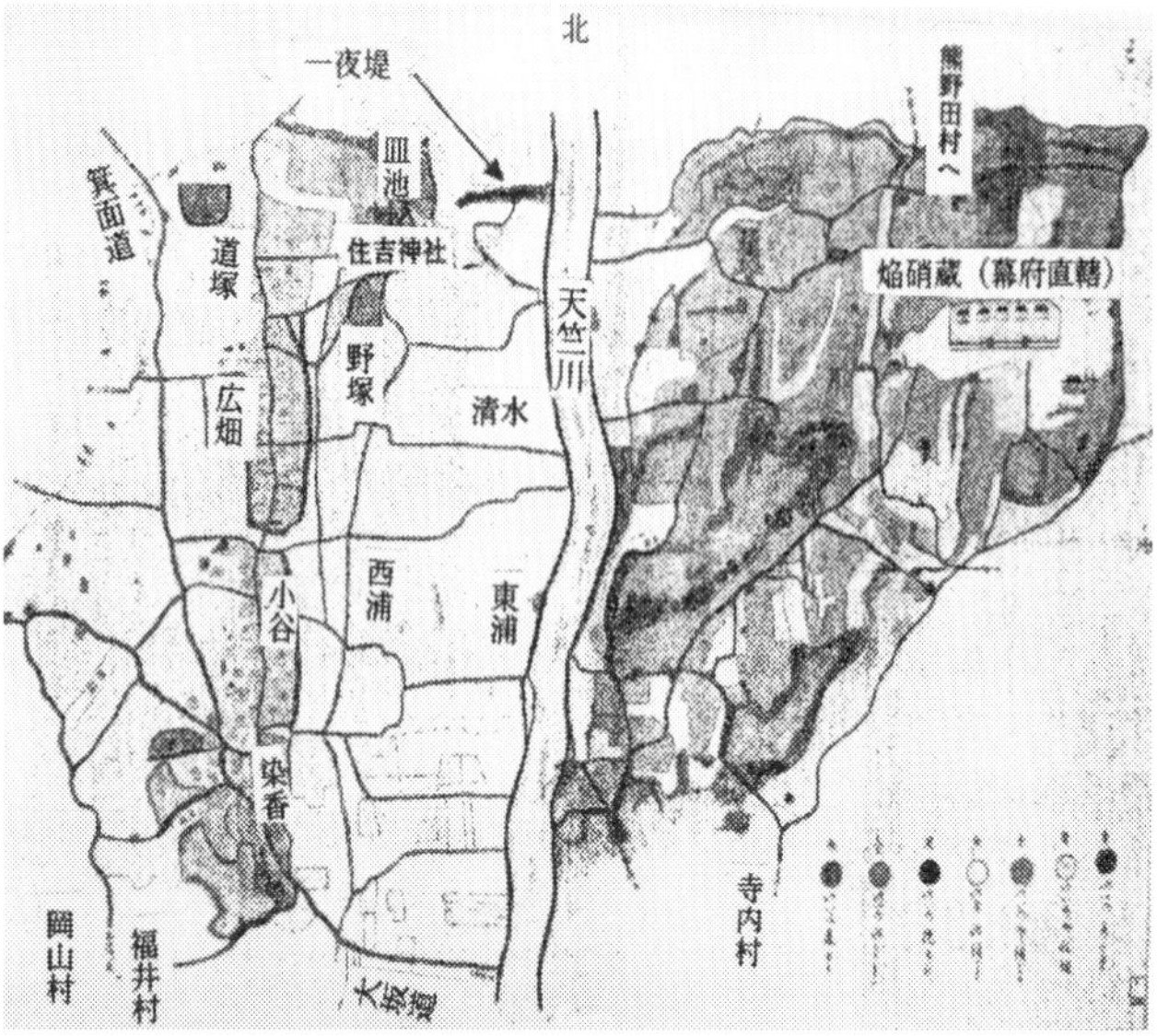

㊼江戸時代後期 長興寺村絵図（長興寺村文書）岡町図書館蔵『新修豊中市史第一巻通史一』口絵 16 地名・河川名等著者加筆〈右上・焔硝蔵（幕府直轄）の設置は享保 18 年（1733)〉

現在の長興寺地区は、その天竺川低地と豊中台地の丘陵部に広がる住宅地になっているが、むかしの集落は、現在の長興寺北二辺り、字名で「野塚」と呼ばれるところにあった、そのことは、『新修豊中市史第九巻　集落・都市』（第2章明治以前の集落と町　第4節丘に登る村　長興寺）の中で、明治一四年（一八八一）「村誌」（長興寺文書）に、「中古迄字野塚に住居シ、寛文五巳年（一六六五）二月十七日彼谷ヨリ字広畑へ転住シ、今人家九十九戸ニ満ツ」[52]とある。また続けて、「その転住に関しては、『長興寺百姓中新屋敷之帳』と題した寛文四年（一六六四）辰八月吉日付けの古文書があり、同年に新屋敷を開いた史実を確かめることができる」と記されている。

長興寺北三、履正社学園高等学校北側に、旧村

ため池（服部緑地 一山ケ池）

丘の上を通る旧道（長興寺南３付近）

の名残と思われる旧蹟「長興寺住吉神社」がある。字名「野塚」は同神社より西側と思われる。天竺川低地に位置し、しばしば洪水に襲われ田畑や家屋が流失したりするなどの被害にあい、江戸時代の寛文のころになり、数次にわたって丘の上に村ごと転住したと言われている。そこでこの村ごと移住した長興寺について、さらに調べてみると、同市史に載せられている絵図『「御開方地並絵図」』（図2―23）[54]（省略）の解説では、「屋敷地は無色とし、広畑、小谷東側、染香と墓尾に散在するかたちで黄色（図の中で濃く写っている）に塗って、番号を付した屋敷地が描かれている。この黄色に塗った屋敷地が新開地で、無色の屋敷地は、より以前からの屋敷地と推定される」「低地から台地への集落移動は、一回ではなかったことを暗示している。村の移転は水害を避けてのことと伝承されており、台地への移動は部分的には早くから始まっていた可能性がある」（以上㊺）などとあった。文書・絵図の両面から、数次にわたって転住したことが分かる。

なお、長興寺の村名の由来については、「現在、念佛寺（長興寺北二―八）という寺院があるが、この念佛寺の縁起によると、遠い昔には七堂伽藍を擁した大寺院で、以前は長興寺と称していたという。その真偽は別として、長興寺の村としての名称は、文永三年（一二六六）一二月三日付の『官宣旨案』（『春日社記録二』）に見えるから、既に鎌倉時代には長興寺があったことは確かである」[56]とある。このように史料・絵図などから考えると、念佛寺（旧長興寺）は、中世のはじめには既に存在し、地名も寺跡から「長興寺」と呼ばれていたものと思われる。

一夜堤

長興寺は低地と丘に囲まれた村である。耕作地は丘陵地と天竺川の西側になる。宝暦七年（一七五七）の村明細帳（長興寺文書）では、村高は三十五石八斗八升で内訳は田高一石五斗余り、畑高三十四石三斗余りであった。[57]ほとんどが畑で水田は極めて少ない。寺内村や小曽根村内石蓮寺に出作して、不足分を補っていたようだ。用水の確保は、天竺川から引こうとしても川床が低くて難しく、ため池を築き降雨に頼っていたところがある。

服部霊園西側の神崎刀根山線、信号広田橋のところに中秀石材店（夕日丘三―一二）がある。その駐車場角から西へ入る道は、夕日丘二と長興寺北三の間を通り、突き当りに皿池《さら》（南桜塚四―一九）がある。更池の南側の丘の上には住吉神社（長興寺北二―三）がある。この石材店から皿池までの道について、次のような話が伝えられている。

実はこの道路、今は道幅が広くなっているが、江戸時代はそこに堤防が築かれていた。いつごろからかは不明だが、今では堤防ではなく道路敷きになっている。地元の大正三年生まれの古老は、「(堤防は）今は皿池から東に服部緑地の広田橋の方へ行く道になっていますが、むかしはその辺は土手のようになっていて、両脇は低く土手の上には松並木があって『天の橋立』と呼んでいた」[58]と伝えている。道路の南側石材店近くに一本の松の木が今も立っているが、その名残であろうか。また、この堤防は長興寺側が一夜にして築いたことから、むかしは「一夜堤」とも呼ばれていたという（113頁写真、114頁(61)絵図参照）。

改めてこの付近の地形図を見ると、現夕日丘の辺りは、豊中台地西端の中桜塚、南桜塚からの落水や、北側の熊野田（赤坂・栗が丘方面）からの悪水や排水が下の方へと流れてくるところであり、雨水や田を回った悪水は、そこからさらに低い方へと流れて、現長興寺北三の旧集落のあった辺りの水田に入るようになる。近くの字名には「池ノ中」とある。文字通り長興寺三辺りの低地は、ひとたび大雨や豪雨、連日の降雨となれば、その度に一帯は水浸かりになったのではないだろうか。

「一夜堤」はこうした水害との関係から、水害対策型の堤防であったと思われる。上手の熊野田村と下手の長興寺村との間は常に緊張関係にあり、水害をめぐってよく揉め事が起こっていた。その状況を伝える史料がある。『新修豊中市史第八巻　社会経済』（第2章支配と村・町 第2節農業経営と村共同体・長興寺を巡る水論）に、次の記述がある。

寛文三年（一六六三）四月二九日付け文書「乍恐書上」（長興寺文書）には、「熊野田村者長興寺ゟ十八町川上ニて御座候所ニ、近年熊野田村ゟ天竺川をせばめて長四百間余之新堤長興寺領境迄築出し、大分之新ひらき被致、其悪水長興寺へ落し、少々雨ニ而も田畑損し迷惑仕候」[59]とある。文意は熊野田村が天竺川に洪水を防ぐための堤を築き、新しい土地を開いたが、そこからの悪水が長興寺に流れ込み、長興寺村は少々の雨でも田畑を損じ大変迷惑しているというものである。続きを読むと、熊野田村によるはん濫した土砂の取り除きや田の修復などが行われるものの、その後にまたもや「当春之雨ニも長興寺村へ大水押込、田畑損し作毛付可申処も無御座、迷惑仕候」と記されている。この文書から双方の間には絶えずこのような緊張関係があり、「一夜堤」はそのような状況にもかかわらず、長興寺側が水害を恐れて熊野田側に連絡をとることもなく、突貫で築いた堤のようである。どうも「一夜」は誇張があるとしても、資材や人は密かに準備がなされ、数日の内にすばやく決行された工事ではなかろうか。一夜という文字から只事ならぬ響きが伝わってくる。

続一夜堤

長興寺村が我慢の限界を超えて取った手段だとしても、下手に堤防を築かれたら上手の熊野田村は、水田からの悪水や排水を下手に流せなくなり冠水状態が続くことになる。稲は根腐れを起こし収穫できなくなる。和談による合意の手段も探ったのではないだろうか。築堤するための届や許可状のようなものはどうしたのか、庄屋や年寄のお咎めはなかっただろうか、などと察してみたが……よく分からなかった。

「一夜堤」は長興寺に伝わる話だとは知っていたが、長い間そのままにしていたので、この度、以前豊中市が市の自然や歴史などについて、特集の情報誌「グラフとよなか」をシリーズで発刊していたことを思い出し、その中を探してみた。すると『グラフとよなか　１９７９ＮＯ15・豊中市今、むかし』の中に次のような記事が載っていた。

見出しは、「豊中の伝説と昔話」で、その中の一つが「一夜堤」の話だった。再掲してみよう。「(前略)長興寺村では何とかこの水害からまぬがれたいものと考え、村境に堤を築いて水を防ごうとしました。しかしこのことがもれると、水がせきとめられて湖のようになるので、熊野田村の人たちは承知出来ないに違いありません。そこで極秘に計画をねり、準備を進め、ある夜、長興寺村総出で村境線より二《メートル》足らず南へはいったところで、一夜のうちに皿池下から天竺川堤まで横に長い堤を築きました。翌日これをみた熊野田村の人たちは大層驚き、またくやしがりましたが、もはやどうすることも出来ず、長興寺村は希望を達しました。その後、この堤を誰いうとなく『一夜堤』とか、『横堤《よこて》』と呼ぶようになりました。一説には長興寺村領主保科弾正忠が、その権威を誇示するため三千人の人夫を集めて一夜に堤を築いたものといわれています。現在この堤の北部の北側の湿田は埋め立てられて、夕日丘住宅地になっており、中央部三〇メートルばかりにその痕跡をとどめています」[60]。なお、記事の出典先は鹿島友治『豊中の伝説と昔話』である。この記事をもとに、さらに調べてみると、

長興寺村は小曽根村の枝村であり、領主は飯野藩（本拠は現千葉県富津市）二万石の知行地であった。藩主保科氏は、徳川秀忠の子が高遠《たかとお》藩保科氏のところへ養子として入ったことにより、高遠の保科氏は嫡流を残すために兄正光を高遠に置き、弟正貞を飯野藩主として入封させた経緯がある。保科氏は徳川との関係の深い家柄であった。一方の熊野田は蒔田《まきた》藩の領地で関ヶ原の戦いでは西軍についた豊臣方の大名であった。その後許されて備中浅尾（本拠は現岡山県総社市）に陣屋を有し、一万石の寄合旗本になる。このことからうかがえるのは、熊野田村は堤防を壊しにかかろうにも相手側の背後には幕閣の領主保科氏の存在があり、争いを起こせば、ことの始末は蒔田氏へ及ぶこともあると考えて黙認した形になったのではないかと考えられる。くやしがったとはその辺のことも指すのではないだろうか。集めた人夫の数三千人、本当の人数であったかどうかは分からないが、かなりの人数である。近隣の

皿池公園（南桜塚４－19）

「一夜堤」があったとされたところ、左長興寺北３－14、右夕日丘３－13の間（道路の部分）

保科氏所領の村々から動員された百姓もいたのかもしれない。

　用水は必要として確保し、使い終わったら悪水として排水するという展開になるので、熊野田側は堤防により排水路を遮断されたら、それこそ水は溜まりに溜まって湖のようになる。一方長興寺側は上手から排水といえども田を養うには無駄には出来ない大事な用水である。田を養うには是非とも確保したい水である。そうしてみると、堤防を造っても熊野田側から落ちる水の全てを堰き止めるのは得策ではないことが分かる。どこかに排水溝が設けてあり樋門で調整していたと考えられる。

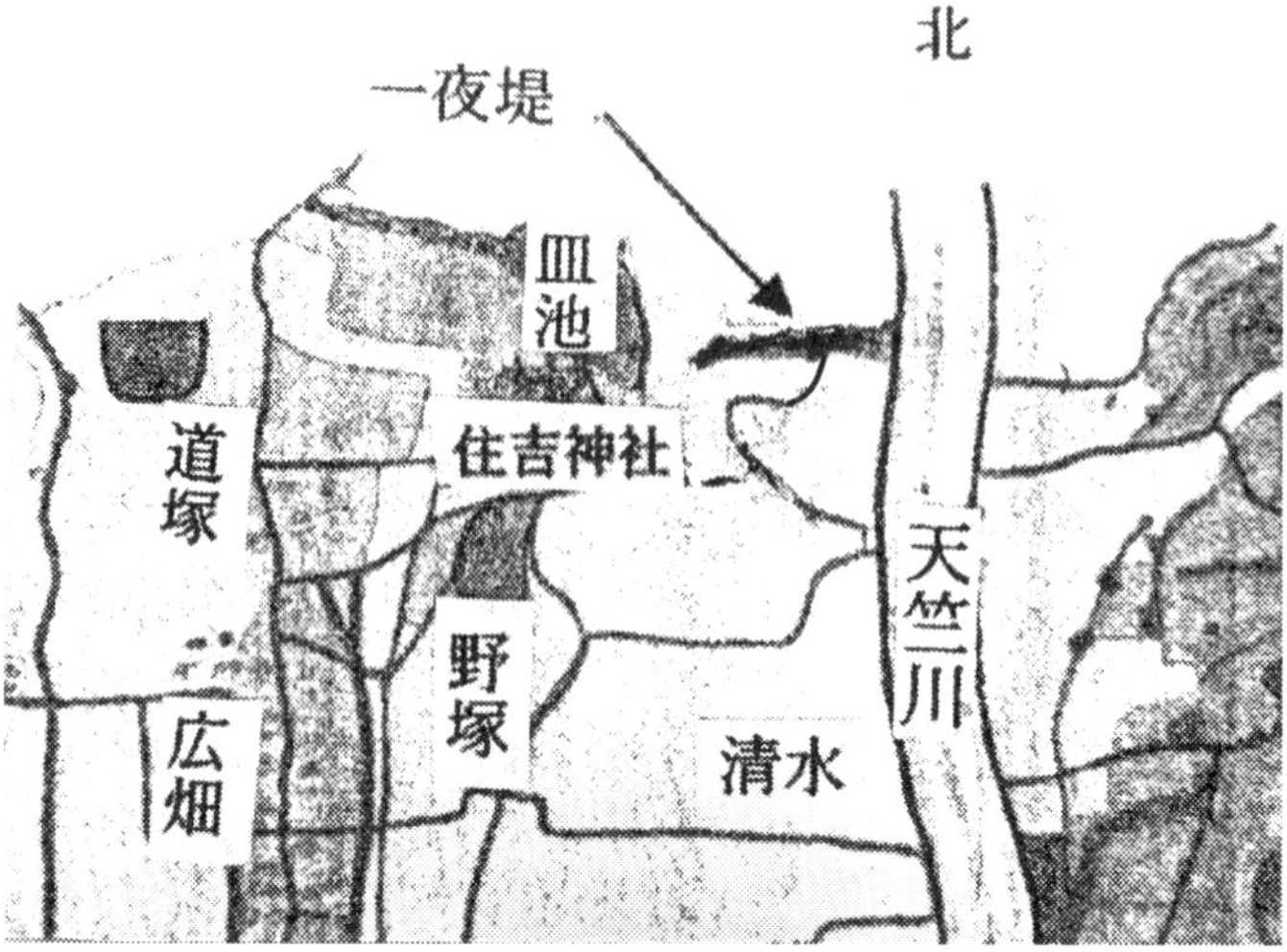

㉑江戸時代後期 長興寺村絵図 部分図（長興寺村文書）岡町図書館蔵『新修豊中市史第一巻通史一』口絵 16 著者加筆

　江戸時代後期の「長興寺村絵図 部分図」㉑を見ると、皿池と堤の間に不自然な空きが見られる。ここは水路が流れのままにされていて、堤防のない場所のように見える。樋門のある水路をわざと設けず、自然の流れに任せすぎりの幅が開けられていたようにも見える。開け閉めをめぐる争いを回避するため、大水が出たら、田の畦越しの水はそのまま流れ落ちて下手の長興寺村に入る。同村はそれを受け止めて、日ごろの用水の確保につなげていたと考えてみたが、どうだろうか。あくまでも推測になるが、絵図に見られる堤防の切れ目は、両村が折り合いをつけて、共存し合うためにとった策の一端を物語るように思われてくる。

隣接する村々との水論

長興寺村の周りには、熊野田・桜塚、曽根、岡山、福井、服部・寺内などの村があった。同村はそれらの村々との間で、数多くの水論（水争い）を発生させている。それも長興寺村がそれだけ水の便が悪かったことを伝えるものである。以下、『新修豊中市史第八巻社会経済』（第2章支配と村・町第2節農業経営と村共同体）から、その水論二例を取り上げてみると、

熊野田村の場合、寛文三年（一六六三）・文化五年（一八〇八）・嘉永四年（一八五一）の記録がある。嘉永四年七月の水論は、熊野田村からの悪水は伏《ふせ》越《ごし》樋《ひ》で長興寺村広田川の下を通して流されていたが、その樋の堤防が崩れたため、その修復をめぐって争われたもの。その普請（工事）入用（必要）高は、半分ずつにすることで、「両村共承知仕候」となったというものである。[62]

服部村の場合、同村は用水を服部緑地内の山之池から天竺川の河床を「伏越樋」で引いていた。争いは安永九年（一七八〇）、服部村の同伏越樋が破損したので、同村が聞き済み（届出）をして、樋材（板）の取り換えの準備をしていたところ、長興寺村側がその資材について、板材による普請ではなく、瓦樋を用いるよう主張したことから起こったものである。その結果と思われる文書〈享和二年（一八〇二）「為取替証文之事」〉には、服部村と長興寺村が樋の内法（樋の上口・下口・高さ）を決め、「双方立会合寸法見改仕可申」

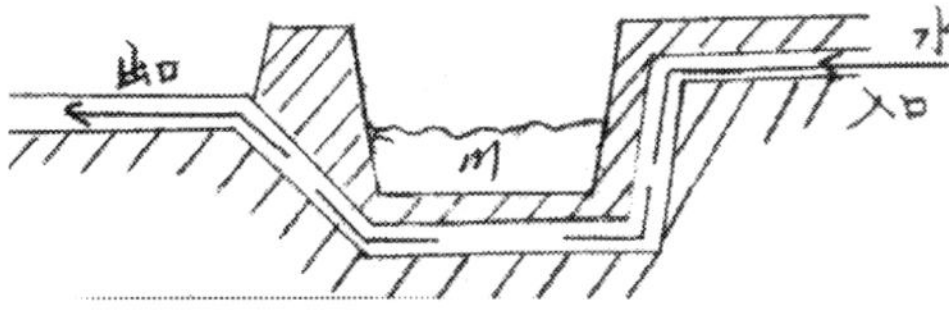

伏越樋：河床の下を流れる水路

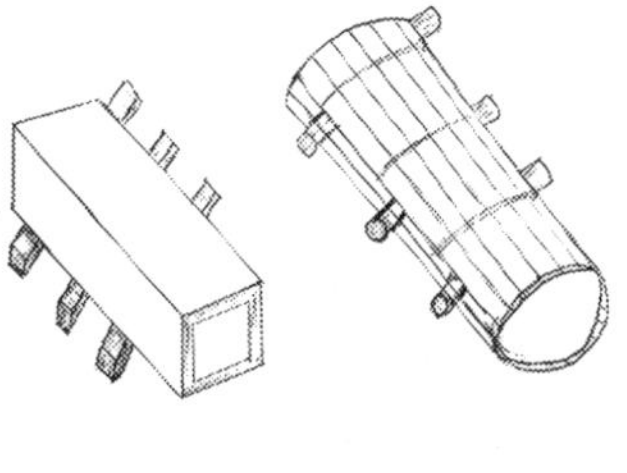

川底に沈める樋の一部　例— 左：箱圦（はこいり）右：桶圦（おけいり）いずれも木材。瓦や石材を使う場合もあった

ということになり、両村の庄屋・年寄・百姓代が連印した、となっている。[63]

「鍋かつぎ雨乞い」

水害に苦しんだ長興寺でも最後の手段として行われたのが「雨乞い」である。豊中市内の北部や中部台地のところでも記してきたが、長興寺の雨乞いはそれらとはかなり違うようで、奇祭とも言えるめずらしい儀礼であった。高谷重夫著『雨乞い習俗の研究』の中に長興寺の雨乞いについて、次のように書かれている。

大阪府豊中市長興寺では、明治三八、九年ごろまで特異な雨乞習俗が伝承されていた。その法は、特定の雨乞の家のみに代々口伝として伝えられ、もしこれを他にもらすと、その人は命を失うとさえいわれていた。行事は七日間続き、夜中に行われる。その間は村で生まれた男だけが宮（長興寺住吉神社）に籠り、村中でも厳重な物忌《ものい》みが行われる。一方、雨乞の家の一人が近江の竹生島明神から神火を受けて帰り、これを神前に供え真夜中になると、やはりその家筋の一人が一升鍋を頭に被り、絶対に人に見られないようにして墓地（服部緑地公園入口側・緑橋南側堤防上）の焼き場に行き、最も新しい骨灰を取り、持参した水で練り、鍋の上にこれを塗り付けて神社に帰る。宮に籠っている人たちはこれを土下座して迎えるのだが、この鍋を被っている人たちを決して見てはならない。彼らは拝殿に上がって祈祷し、神社の裏側の丑寅《うしとら》の鬼門の方から走って、すぐ横の皿池に行き、ここで鍋の骨灰を洗い落としてこれで行事が終わる。[64]

『豊中市史 第四巻』（第6章豊中の民俗 第4節生業）にも紹介されている。

「（前略）他村から養子などで村に入った男や、村の女たちは参加できない。しかも外へ出ることも禁じられる。この間洗濯もできず、針仕事も禁じられ、物音をたてないようにしている。さらに井戸もハネツルベのハネギを落として水が汲めないようにする。そのため水仕事が一切できないので、豆ばかり食ったという。この男たちによるお籠りの間は、（男たちは）本殿の前で雨乞いの太鼓を交代で叩きつつ、『雨たぼれ竜神どう、杓《しゃく》に米一斗升《ます》』と唱える」[65]。物忌みの様子には、神社の境内以外は村中が静まり返り、ひたすら降雨を祈って待つという異様な雰囲気が漂っている。同市史には、元文元年（一七三六）「豊島郡誌」の中にも記載されていると書かれている。「豊嶋郡誌」発行年から数えても、同村の雨乞い法は明治三八、九年ごろ（日露戦争終結のころ）まで行われていたことになり、その間の約一七〇年間は続いていたことになる。

境内で唱えられた「雨たぼれ竜神どう、杓に米一斗升」は、豊中の北部やそれ以外のところでもよく似た呪文のような言葉で唱えられていたが、長興寺村の雨乞いは七日間行われ、その間のいつの日のことかは不明だが、墓地に持参した鍋に亡くなられた方の骨灰を水で練って塗り、神社で祈祷《きとう》したあと、その鍋を裏の皿池の水で洗うという奇妙な儀礼が行われている。このような雨乞いは、豊中市の他の地域では聞いたことがなく記録もない。とてもめずらしい奇祭とも云える雨乞い法であった。

他の地方ではどうか、改めて先の高谷氏の著書によると、そこには「これと似た雨乞い法は、奈良県北葛城郡王寺町にも見られる」とあった。また、雨乞いはその地域にむかしから伝わっている風俗や慣行の一つであり、その土地独特のやり方があるとの意が記されていた。

第4章　南部の地勢とくらし

西大阪平野・南部低平地

豊中市域は、北部の丘陵地が標高六〇㍍〜一三〇㍍、中部の台地が標高二〇㍍〜六〇㍍、南部の低地が標高五〜三㍍以下で、南部にいくほど高度が低下している。その低地には尼崎市の田能遺跡をはじめ、豊中市では勝部遺跡・曽根遺跡・豊島北遺跡・穂積遺跡・服部遺跡・庄内遺跡など、稲作がはじまったころやその後のくらしを伝える遺物が多数発見されている。

豊中台地の中央から南辺に当たる岡町・山ノ上・南桜塚・曽根・長興寺・城山町は、第3章の「台地のへリ（縁）を歩く」（61頁）でも取り上げているが、「明治一八年（一八八五）当時の高度分布図」（1頁付図1）を見ると、同台地の広く平坦な地形の外周部は崖になっており、その南端の下には南部まで続く低平地が広がっている。

曽根西町四―四に「原田しろあと館」がある。同館は、「NPO法人とよなか・歴史と文化の会」が豊中市から委託を受けて、豊中市指定史跡原田城跡・国登録有形文化財旧羽室家住宅の保存と活用などに取り組んでいる。あるとき同館で行われた地域歴史講座「市史散歩―城山町・長興寺」の中で、講師の清水喜美子氏（元新修豊中市史編さん担当）が、次のように話されたことがある。それは「豊中台地を西にその崖線を伸ばすと、猪名川を越えて伊丹に続き、JR伊丹駅付近から伊丹郷町・桜が丘方面の高台に続く。即ち伊丹台地につながっている。そこには猪名野笹原がある」と。その説明を聞いていて、豊中台地から猪名川を間にして、伊丹の方はずっと向こう側と見ていたが、実は同じ台地のつながりにあることに気付かされた。それまであった伊丹との間の距離感が縮んだことを覚えている。続けて紹介された百人一首の和歌、「ありま山　ゐなの笹原風吹けば　いでそよ人を　忘れやはする　大弐三位藤原賢子」も、同じ台地続きに広がる笹原の景観を偲ばせるものがあり、和歌と地理の重なりについても興味深く聞いたことを思い出す。

改めて『豊中市域の地形区分図』（24頁②）を見ると、低地は、北部では千里川低地、天竺川低地、猪名川のはん濫原にあたるところにあり、豊中台地の直下から神崎川までの間には西大阪平野の文字が記されている。豊中市を南北に分けると南部はこの平野に属することになる。西大阪平野とは、耳慣れないことばだが、『新修豊中市史 第三巻 自然』の中では、「西大阪平野は、大阪平野の中央にある上町台地より西側にひろがる平野の総称で、豊中の南部はこの平野に属している。この付近は神崎川のはん濫原にあたり、標高二メートル～一〇メートルの低平な地形である」①と説明されている。

中部の標高六メートル～四メートルの曽根南や服部寿町から南下すると、庄内は四メートル～二メートル程の地域になる。庄内地区は北側に野田堤、西側に猪名川堤防、東側に天竺川堤防があり、南側は神崎川堤防がある。このようにみると、小曽根地区も周り三方が堤防、庄内は四方とも堤防に囲まれており、庄内・小曽根《おぞね》両地域とも輪中《わじゅう》状になっていることが分かる。付図8（8頁）をみていただくと、庄内地区の集落のほとんどが堤防沿いの微高地に集まっており、中央部一帯には水田地帯が広がっている。中央よりやや南西に下がると、後に庄内小学校・庄内神社の敷地になる微高地があり、付近に嶋江村の名が見える。さらに南部の洲到止《すどうし》村（現大島町・千成町）まで下がると、神崎川の河川敷が広がっており、海抜二メートル以下になる。南部末端の神崎川右岸の傍《そば》まで来ると、大阪湾から流れ込む潮の満ち干の影響を受ける海抜〇メートル地帯といってもよいほどのところになる。

東側には天竺川を間にして、小曽根地区がある。同地区は、丘陵地・服部緑地（山ヶ池付近で標高約二〇メートル）

から、同地区内を標高四メートル～二メートルまで南北にのび、東西に天竺川と高川、南には神崎川が流れている。川と堤防に囲まれたところである。明治一八年（一八八五）測量の大阪近傍北部地図（8頁付図8）を見ると、小曽根地区では、人の住まいは、服部緑地側の台地（寺内村・石蓮寺村）、中央部低地（北條村・小曽根村）、天竺川堤防沿い（濱村・長嶋村）とさらに南下して神崎川付近の堤防上（字渡場《わたしば》・字二軒家）にあり、それぞれに中・小規模の集落が見てとれる。高低差は中央部から南へ、現在の町名では浜から豊南町東辺りにかけて低くなり、海抜二メートル程になる。

豊能郡庄内町から豊中市へ、そして現在

庄内地区は、昭和三〇年（一九五五）までは行政区は豊能郡庄内町であった。「大正九年（一九二〇）の阪神急行電鉄神戸線の開通と神崎川駅の設置のころから工場立地がはじまり、昭和一〇年（一九三五）以降には工場数も急増し、同一五年には百二一工場が操業するに至っていた」「昭和二六年（一九五一）五月に阪急電鉄庄内駅が開設されるとともに土地売買が増加し（庄内町事務報告書一九五一年）、人口増加率も三〇％近くになった（大阪府地方課調査一九五三）」。[2] その後、昭和三〇年（一九五五）、庄内町は豊中市に合併。その後、日本は高度経済成長期に入り、大阪市に隣接する同地域への人口の増加と集中がすすむ。図「庄内地域の人口・世帯数推移（国勢調査）[3]」（121頁）からは、昭和三〇年（一九五五）二万一四〇五人、昭和四〇年（一九六五）八万六二八〇人と、一〇年間に四倍の人口増が読み取れる。昭和二〇年代後半まで農村地帯であったところが、昭和三〇年代中ごろからその景観は住宅密集地へと急展開していくことになる。

永い間米作にとっては命の綱であった用悪水路は、雨水や汚濁した水の排水路となり、暗渠化されたり、埋められたりしていく。また、同水路は住宅地内や露地・商店街を往く生活道路になったりして、次々とその姿を消していく。

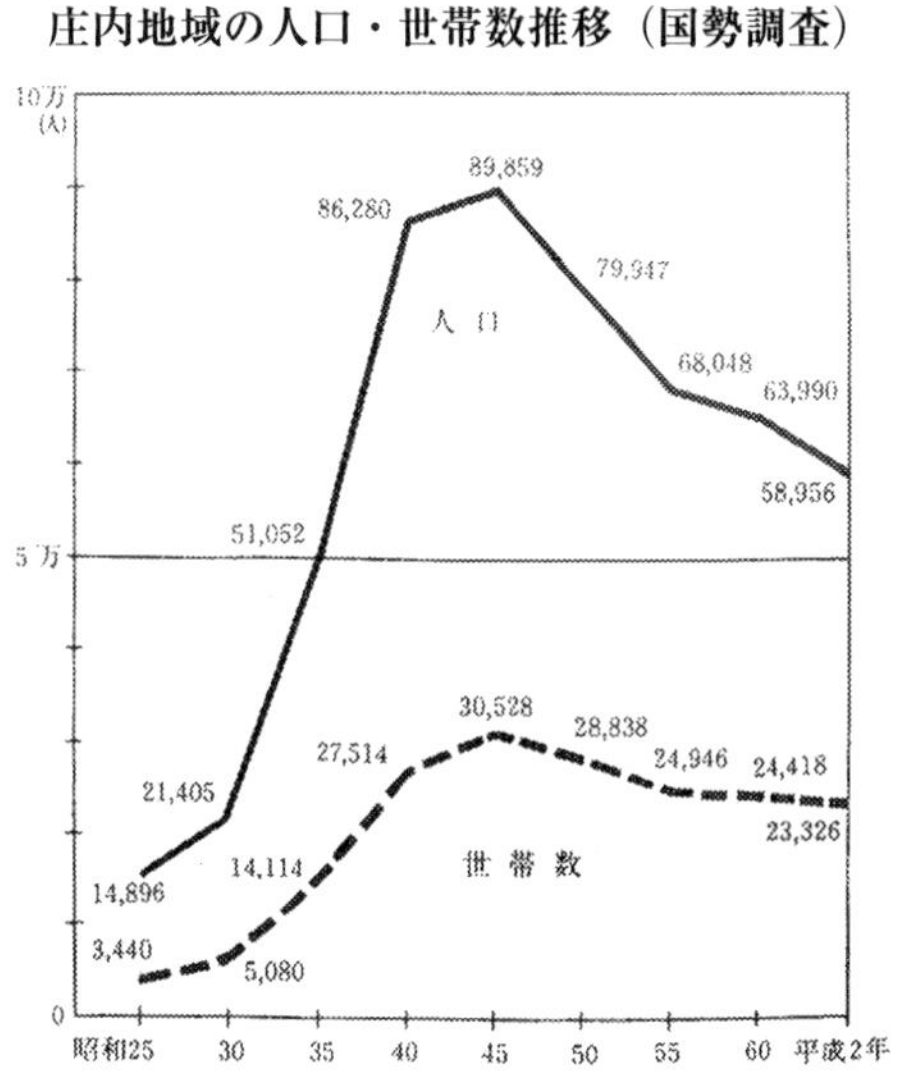

③「庄内まちづくりのあらまし」平成３年（1991）年 10月　豊中市

同図③には昭和四五年（一九七〇）の約九万人を最高として、それ以降は減少傾向を続けたことが示されている。平成二年までの二〇年間では約三万人減少している。また新たな時代へと変化していることがうかがえる。その後の動きとして、ここでは詳しくは触れないが、『新修豊中市史第二巻 通史二』（第6章大都市における現代都市としての展開第2節都市基盤の整備）には、昭和五〇年（一九七五）から「庄内地域住環境整備計画」（第一次）の策定がはじまり、同六二年からは第二次計画、平成一四年（二〇〇二）からは第三次計画へと引き継がれる。「新しい庄内らしさの創出」をめざす取り組みが記されている。そこには「全国初の住民参加による基本計画づくり」の見出しもある。

最近では少子化に伴って小中学校の統廃合が行われ、小中一貫校として新設校が誕生している。庄内出張所、保健センター、図書館、公民館、子育て支援センター、しごと・くらしセンター、相談センターなどの複合施設がオープンし、防災や交通対策としての道路の拡幅や公園の整備など、これからの庄内につながるまちづくりがすすめられている。

工場立地と地盤沈下

昭和三〇年（一九五五）代からの同地区の変化として、ここまでは主に住宅地形成の広がりについて記してきたが、もう一つ注目しておきたいことがある。それは市域の中でも庄内の南部・西部に工場（倉庫を含む）が、たくさん進出してきたことである。

『新修豊中市史第九巻 集落・都市』（第6章近郊住宅都市への展開 第3節転換期の土地利用と都市形成・住工混在の南・西部）のところに「庄内地区工場立地件数・年次別（図6―5）」「小学校区別工場数（表6―15）」の二表[4]（掲載略）がある。同内容を略記すると、表6―5の工場立地件数は、昭和二〇年（一九四五）～同三〇年では七三件であるが、昭和三一年（一九五六）～同四〇年の間には二〇二件と急増し、単年度では昭和四一年（一九六六）の三三件が最も多い。これらの工場の分布を同市史の続きに表されている「表6―15 小学校区別工場数」でみると、千成、豊南、庄内、庄内西、島田、庄内南各校区などで工場立地が多く、他の校区を大きく引き離している。このことで庄内地区では、地下水汲み上げによる地盤沈下や水質汚濁、あるいは煤煙《ばいえん》問題などが発生している。

地盤沈下は、雨水や汚水、水田からの悪水などがうまく排出できなくなり、内水はん濫に至ることがあるが、庄内地区の主に南部ではこのことで床下浸水などに悩まされた。そこで工場用水を引いて、地下水のくみ上げを制限するなどの対策がとられ、地盤沈下はおさまっていくが、それでも自然のままでは神崎川に流し切れず、一九六〇年代から下水道整備がすすめられる。そして、昭和三八年（一九六三）にはポンプで水を汲み上げて、神崎川に排出する庄内ポンプ場が造られる、このような事情について、詳しい「聞き取り」はできていないが、この後の「内水はん濫」（124頁）のところや、「ありし日の景観」（オ）〈146頁〉・古老の話3（カ）〈149頁〉のところで、それぞれ一話ずつ取り上げている。

なお、地盤沈下は地下水位が下がり、それが地層を縮めて地面が徐々に沈む現象が起こることから、土地の標高にも変化が現れる。本書では、標高は主に『豊中市大字小字図』〈基図昭和三六年（一九六一）測図大阪府1：3000図〉や、豊中市域が農村時代に作成された国土地理院の前身 地理調査所などから発行された二・五万分の一「伊丹」をもとに、凡その数値で表している。庄内地区に関しては、表記したそれよりも低くなっているところがある。その差はどの程度のものなのか、地盤沈下を押さえた数値にはしていない。南部の土地の高低差や土地利用で表した標高は、幅をもって捉えていただければと思う。

野田堤

国道一七六号沿いの稲津町一の南に「庄内東町交差点」（信号）がある。そこから西側へ右折する細い道（坂道）がある。この道の途中に「野田堤の由来」の石碑と野田水防倉庫が建っている。

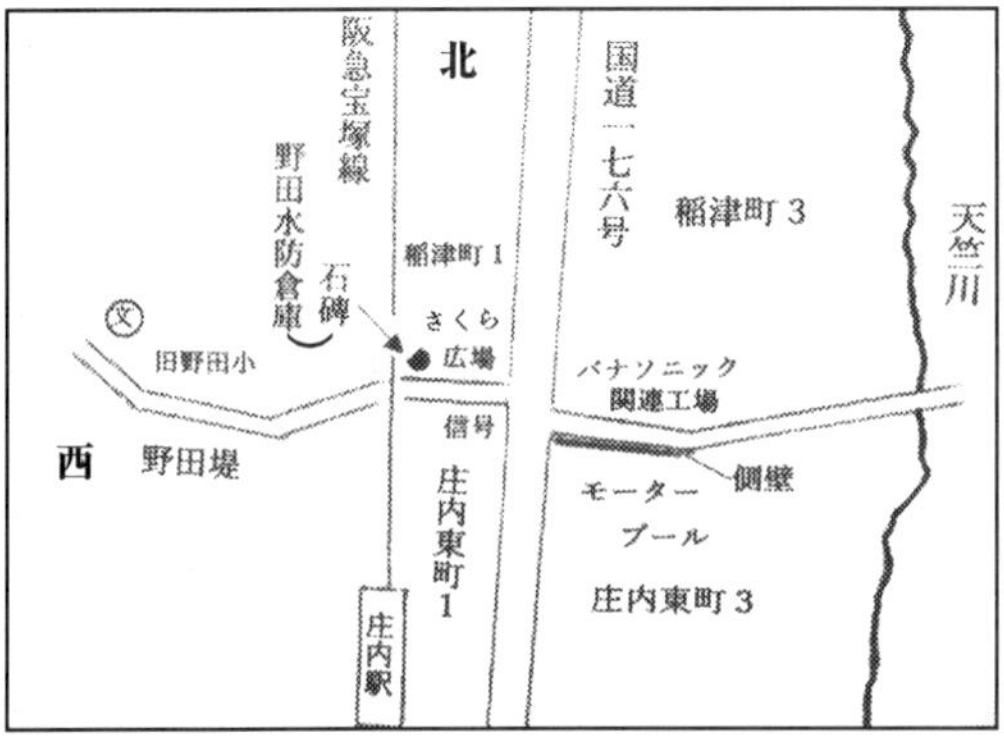

⑤ 稲津町3、国道176号交差点付近（略図）

手前が「野田堤石碑」、奥の建物は「野田水防倉庫」

石碑には、「庄内地域は東西を天竺川と猪名川、南を神崎川に囲まれた低い土地であり、昔から水害に悩まされる。洪水は人びとの生活にとって大変なことであったため、村々は協力して地域の北部に新しい堤防を築きました。庄内地域はこの堤防により、四方を堤に囲まれた輪中状にありました。文献によれば、この地野田にも江戸時代初期にはすでに堤防が築かれており、永年にわたって人びとを被害から守るために役割を果たしました。この度当地域の道路整備を実施するに際して、先人の偉業を称え、永く後世に伝えるため、ここに記念碑を建立したものであります。平

成弐年参月吉日　豊中市　庄内土地改良区」と記されている。「庄内東町交差点」（信号）の西側に「さくら広場」があるが、石碑はその公園の南側になる。石碑の表面は大気汚染とその雨水のためか、真っ黒になり碑文の文字はほとんど読めなくなっている。このままでは野田堤のことが、人々の言い伝えからも消えていくのではと思えてくる。

『とよなか歴史・文化財ガイドブック』（発行豊中市教育委員会・平成二〇年三月初版）の中で、「ブロック４ ⑧野田輪中《わじゅう》堤」のところに、「市立野田小学校（令和五年三月末閉校）の西、名神高速道路の少し南方に、東西約六〇〇メートルにもわたる堤があります」、と、その堤長が記されている。

堤防は野田堤を主体部にして、西側は今では名神口から南にまで堤防が続いており、東側も駐車場を囲む塀が高くされていたり、天竺川の近くまで行くと、小高く築かれた堤防が見えたりする。では東西六〇〇メートルの範囲はどこからどこまでか、今では様子が変わってはっきりとは分からないが、同ガイドブックの説明と現状から考えると、閉校された野田小学校（野田町一―一）の西側、石碑の建っていた辺りから、名神ＩＣ料金所東側、現中央幹線水路に架かる宮前橋（庄内栄町二―一〇）の辺りまでの間ではないかと考える。それはかつて野田村・島田村が、北側からの大水や溢水に悩まされたところであり、大阪湾が満潮時に大水になると、神崎川・猪名川河口付近の水位が上がり、その水勢が遡上してくる辺りまでではなかったかと思われるが、どうだろうか。ご存じの方がいらっしゃったら教えていただきたいと思う。

内水はん濫

丘陵や台地から流れる水は、中位段丘や段丘崖を流れて周辺の低平地へ下る。中央部の曽根・原田方面からは低平地をゆるやかに南部の服部・穂積方面に流れて、野田堤の北側に集まる。そこから西側に流れ庄内栄町、名神口から旧猪名川・神崎川へと流れ出る。

庄内地域はこの野田堤の南側一帯である。四方が堤防に囲まれた低地であるため、大雨・長雨が続くと一帯に水が溜まり、田や畑は冠水したり、場所にもよるが家屋の床下まで浸水したりするところがあった。地元の古老は、「（野田堤のところで北側からの）水が抜けなくて堤防の下の水嵩《みずかさ》が高くなり、くりのみ幼稚園（野田町三二一―三）の辺りでは水位が堤防の上から手で触れることができるほどになることがありました」「島田の方も大水が出たら、堤防を越えて水に浸かる恐れがあったわけです」「庄内は南に行くほど低くなります。野田で玄関くらいのところが、向こう（現大島町辺り）では屋根の庇《ひさし》くらいのところになります」[6]と語っていた。また、昭和三〇年代でも長雨が続くと、家の床下まで浸水して、畳が乾くまで数日を要したとのことであった。

⑦豊中市南部における浸水状況（昭和 40 年代初期）・写真『平成３年度 豊中の上下水道 下水道事業 40 周年記念号』

豊中の北部が水不足のための雨乞いしたのに対して、大雨・長雨や洪水のときの南部は、溢れる内水（水余り状態）に苦しむところであった。この余り水、南を流れる神崎川へ放出してしまえばよさそうなものだが、それが簡単なことではなかった。普段でも神崎川は水量もあり、流れのある川である。それが大阪湾の満潮時には水位が一層高くなり、神崎川の水位も高くなる。そのため放出するにしても神崎川の水位に押されて、庄内の内側からの排水は、どこからでも放出できるものではなかった。庄内の内側から水を放出できるところは、土地の高低差からみて、先の古老の話にあったように、南部でも南端の高低差が低くなる標高三メートル以下のところであった。西側では旧猪名川に近い庄本町付近、南側では大島町付近（現庄内下水処理場付近）でようやく堤防外へ排水することができた。

　現在庄内西小学校北門前（庄本町四―一）に「庄本南水門之址」（写真153頁）が建てられている。そこにはこの場所に水門があり、天保六年（一八三五）に石造りに改修されたこと、神崎川への排水と高潮防止の重要な役を果たしたこと、付近にも同じような役目をした水門があったことなどが刻されている。

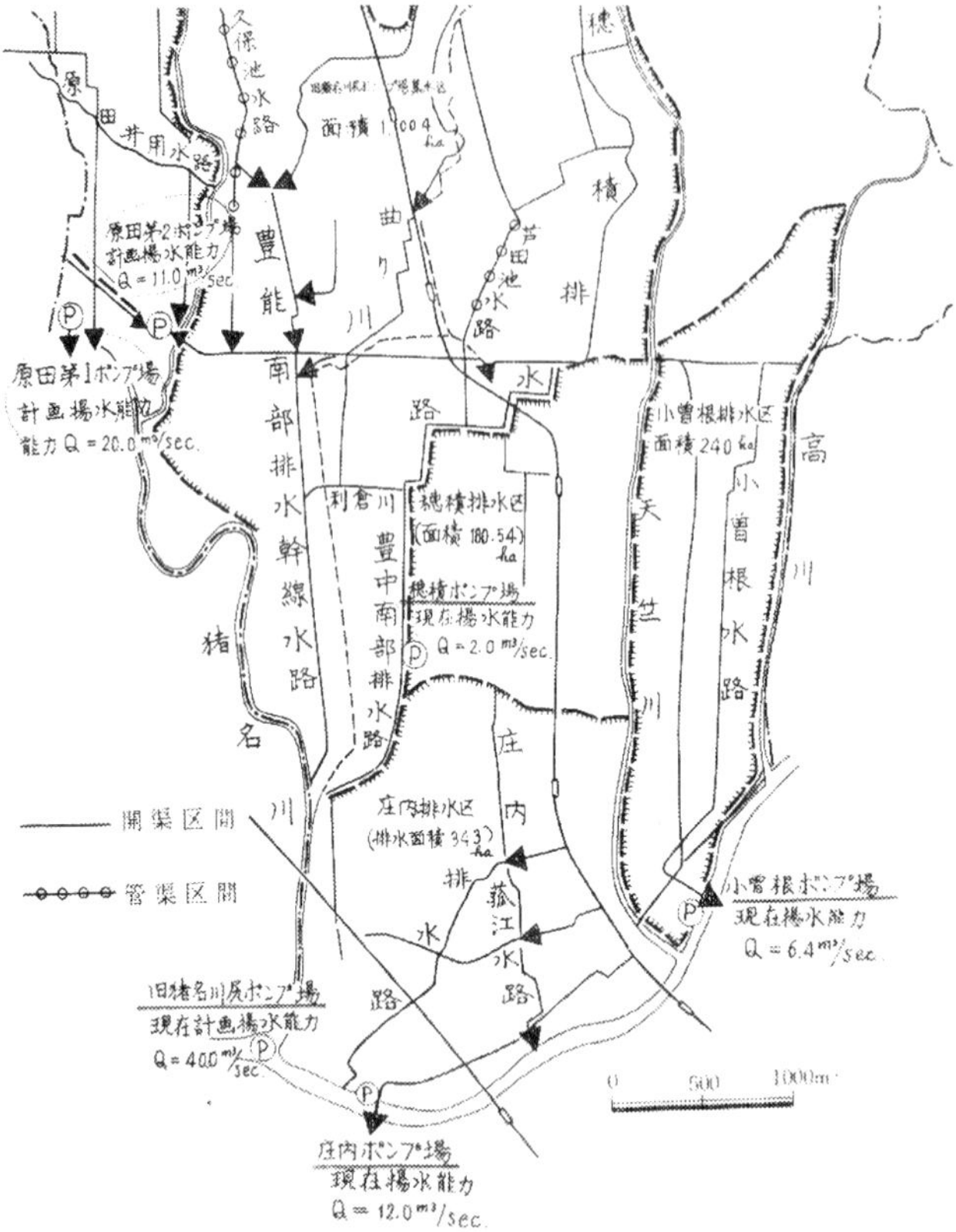

⑧豊中市用排水路網（中・南部）『昭和42年7月豪雨の原因と対策』
図21　豊能3市長連絡会議

　大島町一―二三には「外島樋門跡碑」が建てられているが、ここも庄内の内側を廻ってきた悪水や東側から島江を廻ってきた悪水を流し出すところであり、その先は現在庄内下水処理場がある辺り（旧「洲到止の浜」付近）になる。その浜（河川敷）には神崎川の水位との関係で悪水の処理に困っていた小曽根・吹田（主に垂水・豊津）方面か

穂積ポンプ場北側（穂積２－16）

小曽根第１ポンプ場（旧小曽根ポンプ場
豊南町南５－１）

らの悪水も別々の水路で流れてきていた。

神崎川河川敷に沿って小曽根水路と吹田水路の二本の水路が通っていて、その水路はそれぞれ高川と天竺川の両河川の下を伏《ふ》せ越《こ》しで潜《くぐ》り、西（庄内地区南端の方向）へ流路をとり、「洲到止の浜」のところで庄内地区内を回ったあとの悪水と合流させて、そこでようやく神崎川に流し出していた。

昭和四二年（一九六七）当時の「豊中市用排水路網（中・南部）」（126頁⑧）の中に、穂積ポンプ場（昭和四二年供用開始）、庄内ポンプ場（昭和三八年供用開始）、旧猪名川尻ポンプ場（尼崎市管轄）、小曽根ポンプ場（現第1ポンプ場 昭和四〇年供用開始）が載っている。現在は大雨・洪水の際に発生する内水はん濫を防ぐためのもので、南部低地一帯に滞留する水を、神崎川へ放出するための排水用ポンプを設置している施設である。他のポンプ場もほぼ同時期だが、小曽根ポンプ場は、昭和三七年度（一九六二）に集水区域二七七ha、計画排水量毎秒九tをポンプ四台により神崎川に排水する小曽根都市下水路事業として計画設置されたものである。[9]同ポンプ場の第2ポンプ場は昭和五〇年（一九七五）七月から供用開始されている。はじめは両ポンプ場とも汚水・雨水の合流式ポンプ場であったが、それぞれ後に雨水ポンプ場に切り替えられている。

昭和四〇年代以前から大阪市・尼崎市・豊中市南部は臨海工業地帯にあり、地下水汲み上げによって地盤の低下がすすんでいた。「豊中市南部の沖積地の地盤沈下は、昭和一〇年から昭和四〇年までの過去三〇年間に一二〇〜一六〇センチ、年平均四〜六センチにのぼった（以下略）」[10]といわれている。この資料によると、地盤沈下は昭和一〇年（一九三五）ごろからはじまっていたこと、そして戦後の復興から昭和三〇年代に入り工場立地が急進。昭和四〇年（一九六五）年ごろまでに一六〇センチも沈んだところがあったという。それまでも低地にあったところへ、さらに地盤沈下の影響が出れば、大雨の度にすぐには水が抜けないことが起こり、雨天時には心配が絶えなかったに違いない。

加えて農業用水路は、水田が宅地や工場用用地、その他の都市施設用地に転用されてゆくにつれて、本来の存在理由を失い、手入れをされないままになったり、汚水路になったりして、用排水路の役割を果たさなくなっていく。そうしたことも同地域の人たちが、内水はん濫に悩まされる一因であったことが分かる。

一枚の絵図から

『新修豊中市史第五巻　古文書・古記録』の巻頭口絵に、「十七世紀前半（推定）の摂河絵図」があり、そこに「豊中市域を中心とした部分」（6頁付図6）が載っている。この絵図の解説に、「摂津・河内の河川や池などに築かれた堤防を示した絵図。平野川下流域の玉造東方のほか、市域の穂積村にも囲堤が描かれていて興味深い」との添え書きがある。豊中市域を中心に周辺をみていくと、淀川・神崎川・猪名川・千里川・武庫川などの大川が、濃い青色の曲線で山間部から河口へと描かれ、それに中小の河川がつながっている。あちらこちらに●印（朱色）と、その下に小さい文字が記されている。文字は各村々の名前である。中央部に注目すると、台形に近い桝形に囲まれたところがある。旧穂積村の「囲い堤」に当たるところである。右側の黒い線は天竺川で、囲い堤のところで二またに分かれて、一方は南下して神崎川に注ぐ。もう一方は向きを変えて西側の猪名川へ流れている。対岸は庄内地区になる。八つの●印（朱色）により庄内の旧八ヵ村と分かる。猪名川が途中から本流と支流藻《も》川に分れ、下流で神崎川に流れ込んでいる。

同絵図を見て驚いたのは、天竺川が穂積の囲い堤のところで、現庄内地区の北側を流れて、西側の猪名川につながっていることである。「寛政二年（一七九〇）南豊嶋地方水論図」（5頁付図5）では、同地域にそれらしい流路は見当たらない。天竺川の川筋は、南北に築かれた二本の堤防の間を真っ直ぐに南下している。

天竺川は、一七世紀前半（推定）の絵図が画かれたころは、流路が南側の神崎川と西側の猪名川の両方に流れており、寛政二年（一七九〇）の水論図では、一本の川筋で真っすぐに南下している。このことを推測してみるに、天竺川は、北部丘陵地から流れる大雨や長雨による大量の水で、度々洪水やはん濫を起こしていた。そのはん濫原が広がり、神崎川の方へ南流するだけでなく、その流れは西側の服部・穂積・野田辺りに及び、西側の流れは周辺低地の水を集めて川のようになり、猪名川につながっていたと考える。

寛政二年（一七九〇）のころのように川を真っすぐに流すには、多くの人手による築堤が行われたであろうが、誰がいつごろから、どのようにしてすすめたのか、興味深いものがある。今後、識者の助言を得ながら、その辺りのことを探ってみたいと思う。

なお、西側に流れていた天竺川の河道は、そのまま低湿地帯の水路になって残り、その旧川筋は豊中の中部（原田・曽根・服部・穂積地域）からの雨水や一帯の水田の悪水が集まる水の溜まり場（遊水地）になった。旧流路は周辺の悪水や雨水を下手に流す用水路として利用されたり、庄内一帯の田に水を送ったりする大事な役目を果たしてきた。この低湿地帯（むかしの天竺川）が残っていたのは、著者の記憶では昭和四〇年代中ごろまでであったように思う。天竺川の変遷について、推測を交えて記してきたが、このことについて、何かご存じの方からの情報提供・ご指摘などが得られればありがたい。

⑪昭和 35 年（1960）当時の豊中市南部（1万分の1）「豊中市全圖」豊中市　著者加筆

「十七世紀前半（推定）摂河絵図」（6頁付図6）を見るまでは、天竺川が二つに分かれて流れていたことなど想像さえしていなかった。豊中の中・南部では、弥生時代の遺跡の発掘調査がなされてきた。今後の調査研究によっては、南部が水郷の地であったことや、河川・港湾のはたらきや変遷などにかかわって、さらに何らかの示唆や提言が得られるのではないかと期待している。

野田堤と「字外深《そとふけ》」

森本吉道・菅原敏二『郷土―庄本の歴史を中心として』の一人、菅原氏が「原田しろあと館」主催の歴史講座「庄内を知る」の中で、「野田堤は全長約六〇〇メートル、高さ三・六メートル」と説明されたことを覚えている。高度計を持って歩いてみると、堤防の高さ（堤頂）は、東側の野田公園（庄内東町三）の小高いところで五・一メートル、稲津町一の「野田堤防の由来」石碑のところで四・二メートル、堤防中央部「くりのみ幼稚園」（野田町三二―三）運動場南側で四メートル。西側の庄内キリスト教会付近は四メートルの高さがあった。堤防下では庄内東町交差点で二・五メートル、「くりのみ幼稚園」運動場南側堤防下で二・二メートル、島田公園で一・九メートルであった。堤防名に「野田」と付くのは、野田村が堤防の維持・修復などにかかる費用を多く負担していたこと、堤長の部分でも野田村北側が堤の主体部であったからであろう。

（注　高度計は、スマートフォーンに高度計アプリをダウンロードしたものを利用。位置情報・標高の比較などに使用。正確さに欠けるところがあるので、表記した数値は、あくまでも目安・およその標高の値として示したもの）

現在の地形で堤防らしいところを探すと、東側は天竺川堤防に近い庄内東町三―三に旧堤防跡が見られ

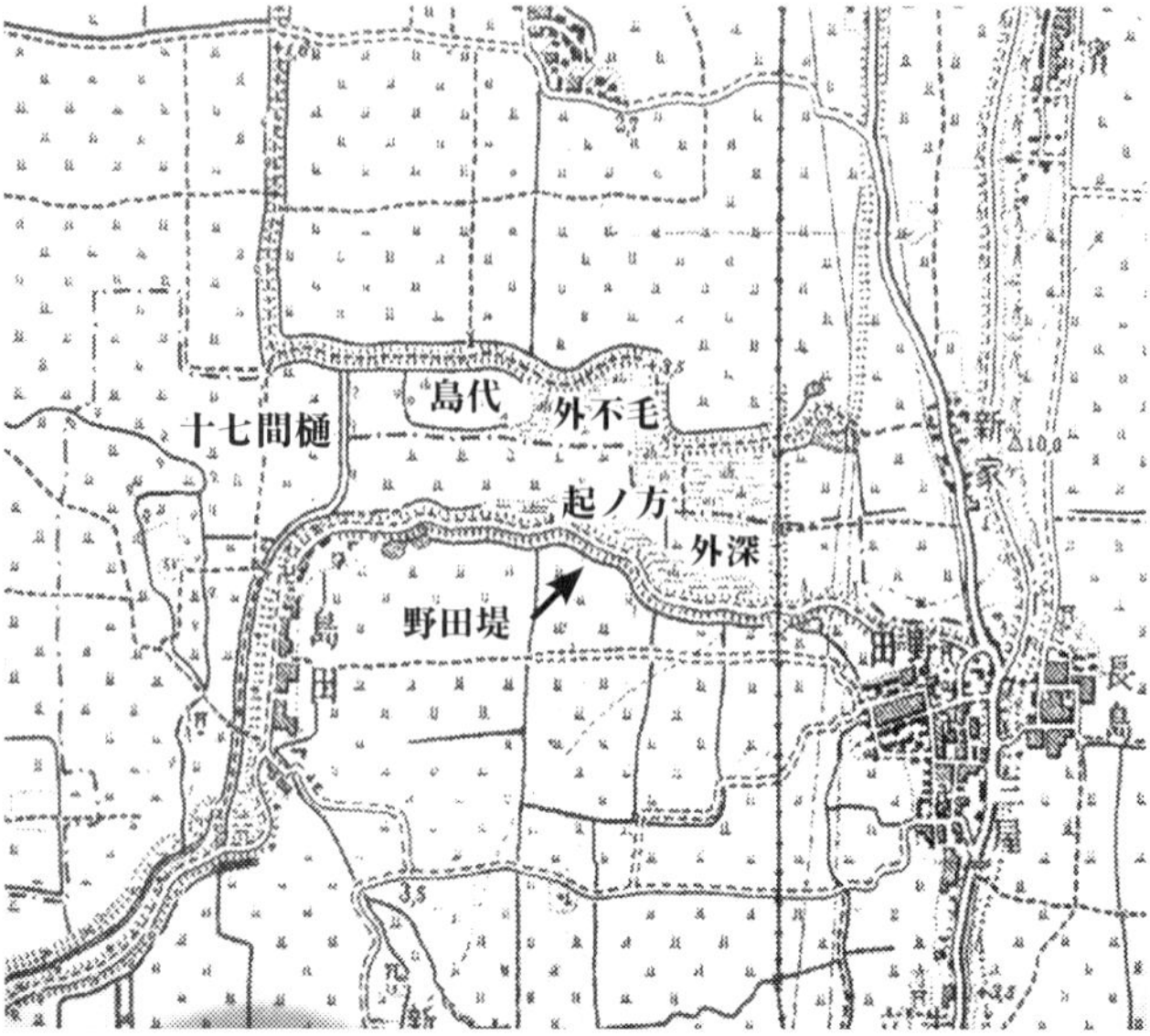

⑫明治 42 年（1909）当時の野田堤と字外深（小字名）（2 万分の 1）「伊丹」陸地測量部 著者加筆

る。稲津町一―一のさくら広場南側にもその一部があり、石碑が立てられている。中央部のくりのみ幼稚園南側から庄内幸町一にかけてはそのまま残っており、高さのある堤長が続きその上を車が走っている。新しい堤防が庄内栄町一から同二にかけて中央幹線景観水路沿いにカーブして続き、島田小学校（庄内栄町二―二〇―一）の北側を通り名神口の北側へ。その先は旧猪名川左岸の堤防、猪名川緑道と呼ばれる堤防道に続いている。

「明治四二年（一九〇九）当時の野田堤と字外深（小字名）」⑫を見ると、堤防の北側・穂積村の囲い堤までの間に低湿地帯が広がっており、地名は豊中市大字小字図（『新修豊中市史第一巻通史一』付図1―7）で見ると、低湿地帯のある野田地には「外深《そとふげ》」「起ノ方」（地元では「きしかた」と呼んでいた）などの字名がある。穂積側には「島代」「外不毛」とある。「外不毛《そとふげ》」は、読み方が「外深」と同じになるので、文字からして水の溜まった深くて干し上がることのないようなところに読み取れる。

穂積の北側に当たる曽根・原田・服部などの田から流れてきた水は、下手から悪水になって流下し、穂積の囲い堤の外側を通り「外不毛」の方へと流れ出た。一方、穂積村内の囲い堤内を回った水も最後は悪水となり、同じように「外不毛」「外深」などに流れ込む。庄内地域は水の溜まり場になり沼のようになる低湿地帯の下手にあるため、野田堤はその悪水や雨水などの大量の水が、地域一帯に押し寄せてこないようにするために築かれたものである。

この悪水や雨水が溜まる遊水地のようになっているところへ、長雨や豪雨が続くと、溜まった水は溢れだし、野田堤を超えて庄内地域に入る。水害をもたらす迷惑な水となるが、実は庄内地域にとっては、水田を養うために必要な用水でもあった。野田堤の堤防下に造られた樋門から、庄内の田に送られる仕組みが造られていて、堤防下四ヵ所に樋があり、そこからの水路がいくつにも分けられて庄内一帯をめぐっていた。

一方、湿地帯の余り水は、西側の水路に流されて下流域の用水になり、悪水は寸賀尻まで下ると、旧猪名川に落ち、その先は神崎川河口へと流れ出る。このように穂積村・野田村のそれぞれの堤防の間に挟まれた形で残った低湿地帯は、周辺の田からの悪水や雨水を一旦溜める遊水地になり、またそこは、下手（庄内地域）の田を養う用水の溜まり場でもあった。

古老の話1

（ア）「現在の服部寿町辺りは、旧穂積村でした。低地にありましたので、一週間も水が引かないようなことがあり、村の堤防にポンプを置いて汲み出しました。昭和三二年（一九五七）に穂積村の南側の堤防に沿って、名神高速道路が出来ました。それから高速道路の下をトンネルで通して、一本の水路で庄内栄町へ送り、中央幹線景観水路で南に流しています。大阪湾が高潮になると、潮が神崎川を上り各用水路にも上がってきます。むかしは満潮になると、北部の曽根・岡町から落ちてきた大量の水と重なると、水害の発生になり大へんでした。そこで南部庄内を守る堤防が造られたということです。堤防には今は桜の木が植えてありますが、むかしは竹林でした」

（イ）「野田小学校前の阪急宝塚線鉄橋下に地下歩道が造られていますが、それはむかしの堤防下にあった水路の一部に当たります。野田小学校（開校昭和三四年四月）の場所は、堤防の北側の低地だったところです。その低地に大阪市はゴミ置き場を設けていましたが、地上げして学校用地にしました。現在、校庭の南側の塀《へい》は高さ二メートル程の斜面になっていますが、それは水利との関係で大水が出たときに備えて造られています」

（ウ）「第十中学校の南側にあった穂積堤防から南は沼地のようになっていました。私は堤防と堤防の間の土地でしたので村か府か国のものだろうと思っていましたが、あのような沼地で葦の生えているところに、住宅が建てられていくとは思ってもいませんでした。野田堤防の両側に沿って、あちらこちらにあった低地が埋め立てられ宅地になりました。これからどのように変わるかなと、驚きながら見ていたことを覚えています」

（エ）「終戦後、庄内の住宅化は野田地区で二ヘクタール余りを府が買収して一メートル程盛り土をして、そこに府営住宅が建てられたのが最初です。また、庄内駅から西にかけても住宅が建てられていきましたが、三尺位盛り土をしてその上に建てていました。古い材木を買ってきて、野道のままの曲がりくねっているところへ次々と住宅が建って、（それがつながって）住宅地が広がっていきました」（ア〜エ⑬）。

堤防北側の低地の埋め立ては、場所によっては昭和三一・二年（一九五六・七）ごろからとも言われている。そこに大阪市のゴミ置き場があったとのこと。私自身阪急電車の窓からゴミの山を見た覚えがある。それは昭和四二・三年ごろのことで、現在の野田小学校東館の辺りであった。この度調べてみると、同校の東館竣工は昭和四四年（一九六九）四月とあるので、そのころまで低湿地帯の名残があったことになる。なお、「このゴミ置き場のあったところは沼地で葦の繁るようなところになっていたので、ツバメ（渡り鳥）が夕方から集まってねぐらにしていた」、との話を聞いたことも覚えている。

庄内地域の水路と水事情

周囲を堤防に囲まれた輪中状の庄内。その一帯には四方八方に水路が通っていた。今となってはその水路がどこをどのように通っていたのか、簡単には辿れなくなっている。庄内駅東側は、駅が設置（昭和二六年・一九五一）される以前から古くからの集落（三屋《さんや》村・牛立《うしだて》村）があったところ。国道一七六号を行くバス〈十三～豊中間・昭和一一年（一九三六）一〇月免許認可〉の便もよく、東側の市街地化が先行する。西側は駅が設置されたころは、まだ見渡す限り水田が広がっていたが、昭和三〇年（一九五五）代の中ごろには庄内駅付近（東側・西側）の商店数は豊中駅周辺に匹敵する程に増加する。そのころから庄内地区の人口は急増し続けて、昭和四五年（一九七〇）ごろがピークになる。特に水田が広がっていた西側にはアパート・戸建ての住宅をはじめ、製造・運輸・サービス関係や公共諸施設などの建物が建ち、庄内駅で乗り降りする人も急増、駅周辺の過密化はさらに広がり、東側は天竺川の際まで、西側は島田、庄本、洲到止（現大島町・千成町）までの景観を大きく変えていく。

改めて庄内駅西側を歩いてみると、大小の道が東西南北に入り組んで走っており、その通りの各所に大小のマンホールがある。地下は水道管であったり、下水道管であったり、汚水槽であったりする。そこにはかつては用水路の水が流れていたり、水路の横には小道が通っていたりしたであろう。道が真っすぐであったり、少しカーブを描いていたり、折れ曲がっていたりするのも、当時の水路筋や野道があったところかもしれない。田植えや稲刈りで行き来していた人々の往来までが偲ばれてくる。

「はじめての暗渠散歩—水のない水辺をあるく」の著者の一人、本田創氏は、その著書の中で、「用水路などの人工的な水路は、役割を終え水の供給が途絶えてしまうと、干し上がってしまうため、そのまま埋め立てられてしまったりすることが多い。そうした場合、谷筋で辿れる自然河川の暗渠と違って、痕跡がほとんど残らず、現地の手がかりだけではなかなか辿《たど》りにくい」⑭と記しているが、全くその通りである。

そこで今から二九年程前（平成七年当時）、著者が古老から聞き取りした「聞き書き」に、『新修豊中市史』『豊中市史』などに記述されている史料（文献・絵図）を加えて、今一度庄内地区の水路の行方やあり様について、その概要を辿ってみることにした。

具体的には、水路には幹線になる水路から、一枚一枚の田につながる水路まで大・中・小とあるが、ここでは東部・中央部・西部・南部に分けて、それぞれの地域の幹線であったと考えられる水路について辿るとともに、「聞き書き」から、当時の水事情についてどのようなことがあったのか、探ってみることにする。

東部（服部南町から庄内東町方面）

庄内駅東側の水路は、どのように流れていたのであろうか。天竺川の堤防下は標高四㍍前後の微高地であり、国道一七六号辺りは三㍍前後になる。水路は服部方面から庄内にかけてほぼ国道に沿って敷設されていた。この話をした古老（服部南町二）は続けて、次のように語っている。大事なところのみ略記すると、

「穂積の『囲い堤』北側にあった広池（現豊島体育館）に集まった水は、阪急宝塚線の下を通して服部南町一―七の辺りへ送ります。Fふとん店やHさん宅のところに樋門があり、北側の住吉神社辺りから流れてきた水路の水と合流させ、（そこから流れを東側へ向けて国道一七六号の下を通し）服部南町一・二の方面へ送ります。そこから水路を南にとり、松下電機産業（現パナソニック工場）のある稲津町三まで真っすぐに流していました。松下電機の工場の裏（東側）から穂積村新家（現庄内東町三）の農地へも分水していました」⑮とのこと。一方、庄内駅東側（豊南市場・庄内交番側）の水路について、庄内西町五に在住のYさん（当時六八歳）の話では、「国道一七六号に沿って北から流れてくる水路があって、その水路は、道路の東側（天

笠川側）にある池田泉州銀行庄内支店前、庄内交番前を流れて、下手に当たる豊中玉泉院葬儀会館（日出町二－一）辺りまで流れていました。今もその水路は暗渠で残っています。国道の東側の溝に沿って建っている家の前は、溝が蓋《ふた》をされている通りになっていますが、あの下が水路です。あの辺りの歩道は幅が広い感じになっています」「その水路の水は、むかしは服部緑地の中にある山之池（現若竹池）からの水であったと聞いていますが……」とのことであった。前の話とつないでみると、やはり服部緑地内の山之池の水は、服部方面に下り、国道一七六号に沿って南下し、さらに庄内東町方面へ流れていたことになる。

天保六年（一八三五）に服部村と長興寺村との間で持ち上がった水論（水争い）については、『新修豊中市史 第八巻 社会経済』（第2章支配と村・町 第2節農業経営と村共同体）の中で取り上げられている。その中の「水尾筋胴木一件済口為取替」（長興寺文書）によれば、長興寺村によって「服部村所持字山之池乃用水引取溝筋江胴木差入候ニ付、長興寺村相手取用水溝妨出入」[16]が生じた、とあるところからすると、山之池は服部村に帰属していたことが分かる。とすると、先の現パナソニック工場まで流下してきていた用水路を北へ遡ると、服部本町・城山町・長興寺へ至り、服部緑地の現「山之池」まで遡《さかのぼ》ることになる。

また、庄内東町四の古老からの聞き取りがある。そこには、「この辺の水は上新田の池や二ノ切池、熊野田や旭丘辺りの上《かみ》から流れて下《くだ》り、長興寺を経て服部の国道一七六号に出て、稲津のナショナル（現パナソニック工場）のところから南に流れてきていました」「ちょうど稲津のナショナル工場辺りでは四尺（一メートル《メートル》二〇センチ）位の小川になっていて、川幅は広く川底はきれいな砂地だったことを覚えています」[17]、とあった。

千里丘陵に降った雨水が、北部から中部の田を回り悪水となり、次の田の用水となり、ため池の水も合わさって、さらに下流域に至り、はるか庄内まで流れていたとは驚きである。

自然のままに大地に沿って流れ、それぞれの農地を潤して庄内にまで至った水、最後は神崎川から大阪湾に流れ出る。このように豊中市域北部・中部のため池の水や雨水は、無駄なく同市の南部にまで送られ、そして多くの田をめぐり巡ってそれぞれの田を潤《うるお》していたのだ。

中央部（野田堤から南部）

『豊中市史第二巻』（第2章近世の豊中）の中に「寛政二年（一七九〇）南豊嶋地方水論図」（5頁付図5、図内の①～⑥著者加筆）がある。同図には野田堤の堤防の上に樋の印◉が二つある。そこには水を取り入れる樋門があり、①には「野田村用水大樋」、②には「野田村用水中樋」と書かれている。その左Ⓗ（堤防上）との間に水路が二本あり、その内の一本は南の方へ太く長く延びている。図から推測するに、庄内には①②③などから、堤防下の水路を通して、用水を南に向けて流していたものと思われる。同図の中ほどの左側を見ると、嶋田村では穂積村悪水樋④から流れてくる水の他に、高（上）津嶋村辺りからも流れてきていることが見てとれる。中央部で上手からの水が合わさり、また分水されたりさらに数か所に分れて、その先の南部の田にまで行き渡るようになっていたことが分かる。「昭和三五年（一九六〇）当時の豊中市南部」（１３０頁⑪）では、水路はところどころに黒色のやや太い線が里道とは別にの線で表されている。寛政二年（一七九〇）南豊嶋地方水論図（付図5）の水路筋と重なるように見える。それらは庄内一帯にむかしから北から南へと流れていた幹線水路であろう。これらの水路について、古老からの聞き取りがある。

古老の話2

（ア）「野田堤の堤防には樋門が三ケ所ありました。一つは「大樋《おおびのひ》」と呼んでいました。野田小学校の東南にありまして、阪急電車の下を通って東側から南に流れ、国道一七六号に突き当り道路に沿って南に水路をとり、野田・三屋にかけて流れていました。

二つ目の樋は、「中樋《なかのひ》」と言いまして、野田小学校の運動場側の堤防の中ほどの辺りにありました。その水路は阪急電車の線路からだいたい西南の水田の用悪水路として利用されていました。

三つ目は、「ダイワノ樋」（漢字は不明）と言いまして、今の大阪音楽大学の西側を南に流れていました。この川が一番大きな川でした。野田から周辺の水田の用水として流れ、「中樋」から流れてきた水と合流。三屋・牛立へ流れていました。そして、庄内農協ＪＡ（庄内幸町四―七）のところにあった淵《ふち》に落ちていました。その淵は水の溜まり場になっていて、昭和一五年（一九四〇）ごろには子どもがそこでよく泳いで遊んでいました。淵の水はそこから、南西方面（島江・洲到止）や東南方面（菰江《こもえ》）にも回っていました」[18]。
（イ）「昭和三〇年ごろのことですが、食糧増産のため水路の改修工事がありました。それは庄内農協ＪＡ前に井上橋と呼ばれる橋がありましたが、そこから洲到止（現大島町・千成町）に至る間の水路を真っ直ぐな水路に改修するものでした。現在のＪＡ大阪北部庄内支店（旧庄内農協）から、庄内幸町五（元建築資材店「ダイキ」のあった辺）を通って、島江の方にかけて「庄内みどり道」が造られていますが、それは当時の水路です。そのまま緑道にしたものです」[19]
（ウ）「野田地は洲到止・島江の方に比べたら高い。（中略）野田のところに洪水が出たら、そこで止めないと下手は水浸かりになります。国道一七六号のナショナル（松下電器工場・現パナソニック関連工場）のところで、道路に土嚢を積むことになっています。昭和のはじめごろに天竺川が服部本町と服部南町の境で堤防決壊したときは、そりゃ必死で土嚢を積んで守ったことを覚えています。（中略）むかし三田池があったところに今（平成七年、取材当時）は、豊中市下水道部の建物（現医療法人善正会上田病院）がありますが、このような対策のために砂袋が用意してあり、今でもそこら辺りには袋に入れる土がないので砂も用意されています。私の経験では産業道路（国道一七六号）に土嚢を積んで堰止めしたことは二回程あります。一二・三歳ごろの洪水で出水し、たいへん困ったことを覚えています」[20]。この方は昭和四年生まれである。一二・三歳のことだとしたら、昭和一六・七年ごろのことになるが、昭和一三年に大水害があったとの記録（180頁「昭和一〇年前後の水害」）からすると、もしかしたらそのときのことかもしれない。

阪急宝塚線の前身・箕面有馬電気軌道と同箕面線の開通は、明治四三年（一九一〇）。このとき線路は野田堤を削平してその上を通している。国道一七六号敷設について略記しておくと、同国道は昭和元年（一九二六）から大阪府によってすすめられた大阪都市計画事業（十放射路線）にはじまる。大阪市への人口流入・都市化対策として、北摂方面は梅田から十三・豊中・池田までの間で行われたもので、十三から中豊島村までを放射線道路、そこから豊中を通り池田までは産業道路と呼ばれた。昭和七年春に豊中町までの工事の大部分が終わっている。池田までの完成年は昭和一〇年（一九三五）八月、道路名は大阪池田線（都市計画名　一等大路第3類第28号）である。[21]〈注・国道一七六号と呼ばれるようになるのは、道路法（第一八〇号）に基づいて指定された昭和二八年（一九五三）から〉。こうして現国道一七六号は、昭和八年ごろから豊中市南部を通り、池田方面につながる幹線道路として姿を現す。そのため稲津町信号のところを横断するように東西に築かれていた野田堤は削平される。上手の服部方面と庄内（現庄内東町辺り）から大阪方面は、新道で

昭和 10 年（1935）大雨で天竺川がはん濫。その水が国道 176 号を流れた。現在の庄内東町信号付近に土嚢が積まれている。手前―稲津町、向こう側―庄内駅方面。『ふるさとの想い出 写真集 明治大正昭和　豊中』鹿島友治 1980　国書刊行会

庄内東町３－１ モータープールの屏《へい》
（稲津町３ 国道 176 号交差点東側）

つながることになったが、そのため古老の話にあったように、上手から流れる大水がそのまま庄内に流れ込むことになり、長雨・洪水になると、その度に土嚢《どのう》を積み上げて、庄内を浸水から守る緊急作業が行われた。もともとあった堤防がすっぽりと無くなったわけだから、排水路が整うまでは心配が絶えない場所となった。

現在もパナソニックの関連工場のある南側の道路を挟んだ先に豊南モータープール（庄内東町三―一）がある。その北側の屏《へい》（側壁）は高く、屏の出入口には防水の遮蔽《しゃへい》板を入れるスリットがある。今でも上手からの出水に備えたものであろうか。近くの旧堤防上（稲津町一―一一）には野田水防倉庫がある（123頁⑤参照）。そこには野田堤周辺の浸水・水没に備えて、緊急用の土嚢《どのう》（砂袋）やスコップ・杭・かけや（杭を打つ木槌）、その他の資材が用意されている。

西部（島田から島江方面）

「寛政二年（一七九〇）南豊嶋地方水論図」（5頁付図5）の中に、穂積村悪水樋④と記したところ（著者加筆）がある。そこには「十七間樋」（105頁写真）と呼ばれた排水路があったところで、「昭和三五年（一九六〇）当時の豊中市南部」（130頁⑪）の北側にも同水路は、の線で表されている。水路は庄内幸町一、庄内栄町一・二の西側を通り、その先をたどると庄内栄町二辺りから分水して庄内の中央部（庄内幸町四・五）へ流れていく。

島田地区の用水について、地元の方の話では、島田には穂積からの悪水の他に、吹田から菰江・洲到止を流れてくる悪水を、南から北向きに回して田に入れていたところもあり、島田は上手（北側）からと、下手（南側）の両方からの取水で賄《まかな》っていたという。

改めて先の「寛政二年（一七九〇）南豊嶋地方水論図」（5頁付図5）を見ると、中央部にある「穂積村悪水樋」④からの水路は、嶋田村につながっている。西北側の利倉村や高（上）津島・今在家村からの水路が嶋田に入り、その水路は流路を東側にとり、牛立村から島江村の方面へ流れ、また南に向かって洲到止・菰江村にも流れている。庄内の水田は広く分布し、低地といっても微高地のところもあり、水路はわずかな高低差を利用しながら、網の目のようにめぐっていた。大きな水路へ流れると、そこからまた分水し下手の水路に流れ、途中でまた分岐してさらに下手に流れる。というふうになって、広い範囲に行きわたっていたようだ。しかし、干ばつになるとその流れが細くなり行きわたらなくなり、水の流れは止まってしまう。昭和七・八年ごろ、島田の辺りでは水不足になると、南の寸賀尻（名神口三）のところにポンプを置いて、上手（北）へ向かって汲《く》み上げていたことがあるという。

地元の古老は、「むかしは猪名川の水を（水車で）三段階に分けて南から北へ上げたものです。大島町の辺りの水を水車で引き上げました」「寸賀尻のところから引いた水は潮水ですから、田に入れると苗（稲）の葉が赤くなったりして成長が悪くなり、小米《こごめ》にしかならなかった」㉒とも語っている。

日照りになり渇水状態になると、上手からの悪水も途絶えてしまう。たびたび襲いかかる水不足。同じような苦しみは洲到止村でもあり、その場合も神崎川の水を汲み上げている。詳しくは江戸時代まで遡るが、『新修豊中市史 第一巻 通史一』（第7章地域社会の諸相 第1節用水・悪水の管理と水論）に、次のような記述がある。

「明和七年（一七七〇）の七・八月（現在の八・九月）に旱魃が襲った際、踏み車を運んで、村中総出で神崎川まで水搔き（水の汲み上げ）に出向いている。（中略）水搔きは七月六〜九日、一一〜一四日、一七〜二〇日、二三〜二六日、八月二日〜五日という期間に、ほぼ昼夜兼行《けんこう》で行われていた。昼夜とも二〇人ずつ、踏み車を五丁使い、踏み車一丁につき四人、計五組の編成を組んで水搔《みずか》きに臨んでいる。そしてその結果、昼の水搔き人足が延べ四〇〇人、夜が延べ二四〇人、計六四〇人もの労働力を使って水搔きが行われていた」[23]と、そのあり様が記されている。

水の貰《もら》い受け

西側でも庄本の辺りは周りよりやや高く、標高三・八㍍程のところもある。取水は上手から流れてくる水量に頼るしかなかったが、次の話は庄本が水不足になり、上手の村から貰い水をしたときのやりとりである。聞き取りは、平成五年（一九九三）一二月、古老の生年は大正六年（一九一七）と聞いている。

「庄本の椋橋《くらはし》総社の辺りは地盤が高く、水位が低くなると、穂積や今在家から水を貰わなくてはならなくなるので、そこの水利組合に行って（水を回してもらうように）頼まなくてはなりません。庄内の水利組合から役員二人と、地元の庄本から五人位で行きました。ただ水が無いからくれということではなく、助けてほしいという気持ちで行きました。そちら（北側の村々）は猪名川を堰き止めた水だから、少しくらいはこちらに回してもよいではないか、ということではいけません。お互い様だからといった姿勢ではなく、『ここはどうか助けてください』という姿勢で頼みに行ったものです。猪名川の堰き止め（工事）のときには、手伝いに行きますから、何とか頼みますとも言って頭を下げました。頼みに行くときに下げて行った酒を酌み交わすときは、水を分けてもらえるときです。そうなったときには、ひと口の酒でも注いでもらったら、庄内に水が頂けたということで、たいへんうれしくなったものです。向こうの自治会長に『この一杯の酒が庄内の田を潤すことになります。ありがとうございました』、と言ったことを思い出します」[24]

水の貰い受けのやり取りは、水は「みんなのもの」などという理屈で臨むのではなく、本当に困っているという心からお願いをする誠心誠意頼む姿勢が大事なのだ。すがる思いで伝えた「水を流してください。お願いします」との訴えを聞いて、盃に注がれた一口の酒、それが水を分けてやると、認めてもらえた瞬間なのである。そこには同じ悩みに遭遇する者同士だからこその心根があり、苦労をともにしようとする絆のようなものがある。
今在家村が水不足になると、そのまた上手の利倉村へ頼みに行き、利倉村もまた上手の岩屋村に頼みに行くという連鎖した関係が生まれる。ところによっては隣の村とその先の村にまで一升瓶（酒）を持って挨拶に行ったという。
しかし、このような「水貰い」という方法は相手の状況次第ではまったく当てにならないことでもあった。「現に利倉村でも寛政八年（一七九六）の干ばつの際、（中略）岩屋村から水を貰おうとしたが、その年は岩屋村も水不足に苦しんでいた。結局水は貰えず、最後は雨乞いに頼ることになったようである」㉕
北部の利水はため池に頼っていたので、池が干上がってしまうと井戸を掘ったり、霊験の力に頼る村人総出の「雨乞い」に至るなどしたが、低平地にある中部や南部では干ばつになると、川底を掘って滲みだす水を集めたり、上手の村に水貰いに行ったり、下手の大川（猪名川や神崎川）の水（潮水の混じる水）を共同してポンプや水車で汲み上げるなど、広域にわたる取り組みになっていたことが分かる。

南部（二葉町・大島町方面）

庄内南部には神崎川沿いに村があり、菰江村（現三和町・神洲町・三国）・洲到止村（現大島町・千成町）の用水は、どのようにして得られていたのであろうか。近くを流れる神崎川からは、川の方が低くて引けない。残るは北側からの水になる。「昭和三五年（一九六〇）当時の豊中市南部」（130頁⑪）を見ると、一つは、野田堤にあった樋門（大樋・中樋など）から南下するコースである。現在の地図に重ねてみると、水路は庄内幸町一～五と庄内西町一～五の間を南下する。数年前まで「ダイキ豊中店」（庄内西町五―一四）があり、その駐車場があったところの西側から、府道庄本牛立線を渡ると、「関西スーパー豊中南店」（大黒町一―二〇）と「オートバックス豊中庄内」（島江町一―一）のところに出る。その辺りに「庄内みどり通り」

と書かれた「豊中市道路愛称標識」が立っている。

緑道として整備された元の水路は、両店の間を流れて南下し、大黒町一から現島江公園辺りに続く。島江公園のところには樋門があって、そこは上田《かみだ》と下田《しもだ》の用水を調節するところになっていたとのこと。たっぷりと水を溜めた淵のようになっていて、夏になると橋の上から飛び込んで泳いだという。

昭和六年（一九三一）生まれの古老（庄内東町四）の話によると、「旧三屋村（庄内東町四、庄内西町四辺り）を潤していた用水は、大島町の方へ流れていました。大島町二にあった酒屋（Uさん宅）の近くには樋門があったことを覚えています」[26]とある。この水路は庄内地区の東側から西南方面に向かって流れる水路の一つだが、水路は庄内駅の下手に当たる庄内東町と同西町を通り、途中から流路を西南の方にとり大島町二辺りまで流れていたようだ。その流域にある田を潤し、最後は樋門から神崎川へ流すようになっていたと思われる。

庄内排水路記念碑（左 大阪北部農業協同組合庄内支店・庄内幸町４－７）

庄内みどり通り（島江１辺り）

ＪＡ大阪北部庄内支店（庄内幸町四―七）付近から、木立の間や建物の間を南へ向かって続く「庄内みどり通り」、その道沿いにはスーパー店、車関係・建築資材関係の大型店だけでなく、ぎっしりと住宅が建ち並んでいる。むかしの面影らしいものはどこにも見当たらないが、この緑道から、辺り一帯に広がっていた水田や田植え・稲刈りの風景などが偲ばれてくる。

二つ目の流れは島田側からの水路筋で

ある。「昭和三五年（一九六〇）当時の豊中市南部」（130頁⑪）では、現庄内栄町二から同幸町五の中央部に流れ、西側の現庄内東町一・二（旧三屋村・牛立村辺り）からの用水も合流して、島江から現大島町・二葉町方面に南下していたようだ。島田から真っすぐに南下する水路も記されており、その溝を流れる用悪水は庄本の地を潤し、途中から分水された水路も下手の洲到止村の水路につながっていた。こうして南部一帯を廻り、苗を養《やしな》い稲穂にまで育てた水は、役割を終えて排水となり、庄本では庄本南水門（庄本町四）から、さらに南では島の水門（二葉町二辺り）などから猪名川に放出された。

また、菰江・洲到止を回った水は、丁田樋門（大島町一）で他から回ってきた水と合わさり、その一部は下手にある外島樋門（大島町一・一五三頁写真）の方から神崎川に流し出されたと思われる。外島樋門には、「一九三〇年（昭和五年）迄使用していた」と刻す石碑が建っている。

猪名川の本流は、以前は現在旧猪名川と記されている川筋を流れていた。水害に苦しむ流域周辺の市町村は、戦前から「猪名川改修期成同盟」を結成し、根本的な河川改修を要望していた。改修計画の一部藻川を拡張し幹線水路とする河道改修工事（一九四〇）から開始されたが、太平洋戦争中のためほとんどすすまず、戦後になり同計画の見直しがなされる。昭和三四年（一九五九）からは、神崎川に合流する猪名川下流部を東から西（戸ノ内）へ移す「戸ノ内捷《しょう》水路計画」が開始される。河道を旧猪名川筋から西側に移動させ拡幅する工事として行うもので、完成したのは昭和三七年（一九六二）である。㉗

ありし日の景観

庄内地域の東側には国道一七六号が通っており、昭和二六年（一九五一）五月に田園一色の中に小駅ながら庄内駅が開設される。駅周辺や西側にかけては住宅や商店などの用地開発がすすみ、また府営庄内北・庄内西住宅の建設（昭和二八年）、町営島江住宅の建設（昭和二九年）もあって、宅地化の動きが活発化していく。南側は戦前から神崎川に近いところから工場が進出していた。水運を利用した原材料の搬入・製品の搬出、また機械の洗浄、鉄の冷却、ボイラーの水など、水はいろいろなところで必要とされ、工場は川沿いや用水路沿いに建っていった。西側の旧集落周辺まで住宅が建つのはもう少し後のことになる。

昭和三二年ごろからは庄内全域の市街地化が加速する。「昭和三〇年代中ごろには庄内駅付近の商店数は豊中駅周辺に匹敵するくらいに増加し、阪急宝塚沿線の重要な商業核になっていた。（中略）昭和四〇年（一九六五）ごろには岡町、豊中、服部駅前の四〇〇〜五〇〇店舗に対し、庄内駅前は約一〇〇〇店舗もの小売店が立地する大消費センターになっている。これは当時の豊中市内の人口増、あるいは北大阪地域の著しい住宅市街地の形成に対応していたのである」[28]。このような街の変貌は、庄内地区の農地（主に水田）の転用によって形成されたものであり、今ではそのころの景観の断片さえ探すことが困難になっている。

そこで郷土史家 鹿島友治『豊中ありし日の景観』の中から、「旧庄内町地区」について記されているところ（ア〜オ）や、私が今から二十数年も前のことになるが、聞き取りした内容（カ〜サ）について再掲し、同地域の景観や住民のくらしの変化を追ってみたいと思う。

（ア）「庄内駅は昭和二六年（一九五一）五月一日開設された。（私 鹿島は）翌二七年から自分は豊中市立豊南小学校勤務となった。当時駅の東側、産業道路（現国道一七六号）に沿って何軒かの家があったが、西側には一軒の家もなく一望水田であった。その水田の向こう旧庄内町の中心部と思われる辺りに、木造二階建ての庄内小学校〈創設明治一一年（一八七八）〉が見渡された。同小学校へ行くにはその校舎を目標に田圃のあぜ道でも通って行けばよかった」

（イ）「春の景観というと、一面の菜種で美しかった。その中に約五パーセントばかりの麦畑があった。菜の花畑には蝶がとびかい、ひばりが晴れた空にさえずっていた。北の堤（野田堤）は一部が竹やぶになっており、その他は芝草でおおわれて青々としていた。その堤（野田堤）の堤防の原に牛が終日放牧してあった。タンポポやレンゲも咲いてまことにのどかな景観であった。（中略）秋には稲穂が黄金の波をうっていた」

「昭和９年（1934）ごろ　服部天神駅北方の産業道路（国道 176 号）」『ふるさとの想い出　写真集 明治大正昭和 豊中』鹿島友治 1980　国書刊行会

神崎川旧堤防の跡・大島町２（現洲到止八幡宮前）

服部天神駅北方の国道 176 号　服部本町４－４付近（上の写真の現在・令和５年 10 月）

堤防の下手にあった洗い場跡（大島町３－５）

（ウ）「夏は一面の稲田で、辺りの井路川は水清く鮒《ふな》などの川魚がとれた。また、蛍もしきりにと飛び交い、子供たちは菜種の茎をたばねてほうきのようにしたもので蛍狩りをした。」

（エ）産業道路（現国道一七六号・昭和八年開通）はまことにだだっ広く思われた。朝四時ごろから大阪へ行く荷馬車が通って行った。その馬に飲ませる水を入れた四斗樽がところどころに置いてあった。また、そのころはこの広い道を自動車は一日に数台しか通らなかったように思う。従って子供たちの自転車遊びや、ローラースケート遊びがさかんであった」
（オ）「庄内の南部地区も大阪市北部の外延工業地帯として、早くは大正時代から工場が進出しつつあった。最初は今の市道神崎刀根山線（神崎川旧堤防・水路があったところ）の南側、神崎川河川敷辺りに進出してきたように思う。その古い工場の一つに大正六年（一九一七）ごろに建設された日本錯酸《さくさん》工場（後江戸川工業所）があった。そうして戦後になると、神洲町・三和町・千成町・大黒町・島江町・庄内西町・同幸町などへ、小は家内工業的なものから中・小規模の各種工場が続々と進出してきた。昭和三〇年ごろ既に水田は点々と残っているばかりであった。そうして三国駅、神崎川駅を拠点として、工場の間に住宅が続々と建設されつつあった」（ア〜オ㉙）

古老の話3

次は私が島江地区（庄内地区中央部からやや南に下がった西南部）について、採録した話から取り上げてみよう。
（カ）「昭和二九年（一九五四）ごろ、島江公園のところにあった樋門のあるところまで、三栄化学工場の赤い廃液が流れ込んでいました。ですから洲到止で取り込んだ水が（北側の）島江まで回ってきたことが分かると思います。神洲化学の硫黄の匂いが臭かったことも覚えています。水に溶けていたと思います」
（キ）「舟を利用して物を運ぶ水運も行われていました。田に肥料・苗・稲・藁《わら》・農具などを積んで、家の近くから自分の田まで往来したものです。もちろん働き手も乗せて運びました。庄内農協のところ（現ＪＡ大阪北部庄内支所前）は淵《ふち》になっていて、水路には樋門があり、そこから先は水位が高くなっていました。付近には島江の水田がありましたので、そこまで舟を漕いで上がっていったわけです。舟は舳先《へさき》がとがっていて、底が平らな川舟の形でした。一トン位なものでした。島江では舟を持っている家は四軒程だったと思います。舟は農作業に利用するだけでなく、四月になると「弁当開き」の日の水路巡りにも使われました。「弁当開き」は北部では「山行き」といった。その日は家族・近所の人を舟に乗せて、のんびりと舟を漕いで庄内農協のところまで上り下りして、弁当を開いて食べながら景色を楽しんだものです」

「山行き」は、山里へ農耕を掌る神を迎えるための儀礼の日。それが春を迎える喜びと楽しみの行事になっていた。四月初旬～中旬に近くの小高い丘で行うのが通例であった。眺めのよい場所が選ばれて豊中の北部では丘陵地が、中部・南部では猪名川の堤防の上などで行われていたと言う。山や丘がない南部の水郷地帯でも一年の恵みを願う日であり、周囲一面に菜の花が咲きそろう水路を行く、楽しい遊覧の日でもあった。

（ク）「この日は大阪に働きに行っている次男が戻ってきたり、嫁いでいった娘が里帰りしたりして来るなど、家族にとって楽しい日でした。庄内南小学校の裏手は一面の田んぼでした。春には菜種の花が咲き、それは見事なものでした」

（ケ）「米以外の作物は、裏作として大麦・小麦・ナタネがありました。ナタネは花が咲く前に野菜として収穫しナタネ菜として出荷。種として収穫したものは摂津製油所が買い取りに回って来ました。洲到止はナンキン、島江はナスビを主に栽培していました。ナスビは十三の市場へ、白菜・ナタネは尼崎の杭瀬《くいせ》や大阪市の野里の夜の市場に出しました。午後の三時ごろに家を出ました。肩引きの車を引いて、子どもは後ろから後押しして行きました。帰りに回転焼きを買ってもらうのがうれしくて楽しみにしました」（カ～ケ㉚）

（コ）「洲到止（神崎川河岸）の村の中には川漁師として半農半漁でくらしていた人がいました。二軒に一軒は『手舟』を持っていました。漁師は用水路のことを「うちら」と呼んでいました。「うちら」は神崎川の「内側」のことが訛って、「うちら」になったのではないでしょうか。漁師は、この「うちら」と神崎川の両方に出て仕事をしていました」㉛

「古老の話3」（カ）には、神崎川に近い辺りは、大正時代から水運を利用した工場が中小含めて相当数（昭和一五年には一二〇工場）進出しており、昭和三〇年ごろになると、赤い廃液が島江の用水路まで流れ込んだり、水に溶けた廃液から硫黄の匂いがしたりしたと語られている。豊中市南部地域には、このころから大気汚染、水質汚濁、悪臭といった健康と生活環境にかかわる問題が発生し、住民の日常に不安を与えていたことが分かる。（キ）から（ケ）は、水路に小舟を浮かべて、親戚や家族で「弁当開き」をしたり、水路から咲きそろう菜の花を眺めたり、農家では米以外に麦や菜種を出荷し、川では手舟を使って漁業をしたりしていた時代の話である。水郷地帯特有の風物詩や自然とともにあったくらしが語られている。

今は同じ豊中市域でもほぼ全域が市街地化し同じように住宅が並び、スーパーが建っていたりするが、ここまで北部から南部までのくらしを辿り、時代を遡ってみると、豊中市は市域によって土地利用や産業、人の動きや営みなど、いろいろと異なっているところがあり、そのような違いの上に今があることに気付かされる。

「わざと切り」・溢水の放出

「寛政二年（一七九〇）南豊嶋地方水論図」（152頁㉜）をご覧いただきたい。同水論図の左下にⒶ・Ⓑの印が付けられている。同図にはⒶ・Ⓑのケ所についての添え書きあり、Ⓐには、「庄内村に水があふれたとき、この場所をわざと切って大川に引き落とすところ」。Ⓑには、「ここは猪名川と神崎川とが落ち合ううえに国役堤（幕府が直接維持管理する堤防）があり、重要な地点である。ここをわざと切るところといったことが問題になった」と付記されていた。

古老の話では「水は島田の方からも用水路を通って島江に流れていた」「島江の田を潤した水は、庄本の南（一ヵ所は庄本町四─四・大阪車輌（株）のところ）に扉門があり、その辺りの二ヵ所から排出していま

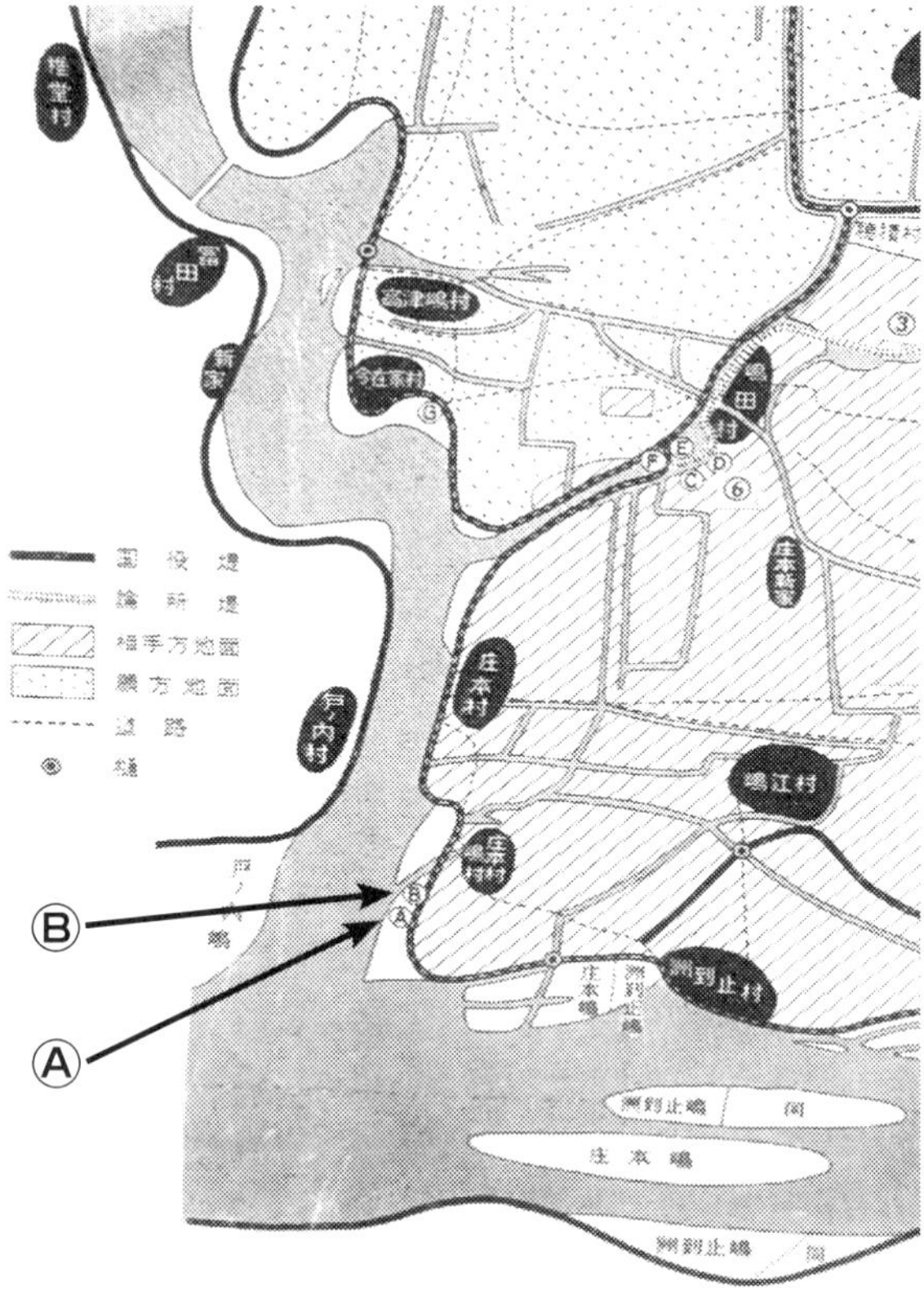

㉜寛政２年（1790）南豊嶋地方水論図　『豊中市史　第二巻』第 22 図 部分図

した」[33]とのことである。

庄内の中央部を廻ってきた水、島田・島江・庄本を回った水がそれぞれの田を潤して、悪水になり、最後は二ヵ所に集められて、庄本町四にある現大阪車輌（株）の辺りから、猪名川へ落とされていた。長雨・大雨が数日も続くと、庄内地域西側には大量の水が溜まり堤防はその水圧に耐えていた。この状態を地元では「うちはらみ（内腹満？）」と呼んでいたとのこと。水が堤防を圧し溢れるほどになると、その水を急いで放出しなければならない。集落への浸水、あるいは集落の水没を避ける最後の手段、「堤防を切る」となると、その場所は旧猪名川の水の水位を考えなければならなかった。川の水位が高ければ逆に内側に大量の水が流れ込んで溢れ、一帯が内水はん濫状態になる。堤防の決壊も防がなければならない。内側に溜まった水を外側へ出し、猪名川の水が流れ込まないようなところ、その場所こそ「わざと切り」するには最もよい場所であったかもしれない。

庄内西小学校（庄本町四—一）北門前に「庄本南水門之址碑」がある。そこには水門があった場所・水門の規模・周辺の風景・水運のこと、「古老言フ昔より……」の言い伝えなどが刻まれている。加えて南側の島（現二葉町二）と外島（現二葉町三）にも水門があり、それらはいずれも神崎川への排水と大阪湾の高潮防止の重要な役を果たすものであったとある。また、同碑に「天保六年（一八三五）に水門は石造りに改修された」と刻されている。それらのことから考えると、同水門は「わざと切り」の場所が載っている寛政二年（一七九〇）の水論図（152頁㉜）より後、石造りに改修された天保六年（一八三五）より前に、内水の放出と高潮対策のために設けられていたのではないかと推測される。

庄本南水門之址碑（庄内西小学校北門前）

外島樋門跡碑（大島町1－23）

「わざと切り」はそのころから減り、あるいはしなくてもよいようになったのではないかと想像するが、どうだろうか。「わざと切り」の場所は特定できないが、旧猪名川に面したところで、後に水門が造られた場所のどれかに当たるのではないかと推測している。

石碑「庄本南水門之址碑」の後半には、「昭和四十二年（一九六七）九月、区画整理事業により同水門は姿を消した。今ここに碑を建て、その遺構が確かにこの下に埋もれていることを示し、後世に残すことにする。昭和五十七年三月」とあった。

同碑に刻まれ長文、石碑の立派さから、地域の人たちが治水と利水にどのように向き合ってきたか、水運のことなど人々のくらしぶりについても、後世にしっかりと伝え残そうとされた思いが伝わってくる。

明和六年（一七六九）「悪水樋伏替争論内済届」

南部は、一帯に低地が広がり、四方に堤防があることから、むかしから長雨・大雨の滞留や水田からの悪水や排水の放出をどうするかに悩まされたところである。先に記した堤防の「わざと切り」は非常事態の中でのできごとであり、内水はん濫を防ぐ最後の策であった。普段、庄内では内側の水を外へ流し出すには前述した庄本南水門や外島樋門などから猪名川や神崎川に放出していたのだが、もう少し他に具体的な事例はないものか、実際に庄内の村々から流れ下る水は、どこで、どのようにして流し出されていたのか、よく分からなかった。

この度、豊中市文書館から、『豊中市文書館史料集4』が発行された。そこに興味深い文書が記録されていた。文書名は、〈明和六年（一七六九）「悪水樋伏替争論内済届」『洲到止村中井家文書1　庄屋文書』史料83〉[34]である。内容は、庄内一帯（八ケ村）の内水排除のために同一帯の村々が関係する樋（内側に溜まった水の出口に設けられた水路と水門）が、庄本村にあったこと、その樋から排出された水は、庄内の西側を流れる池田川（猪名川のこと）に流し出されるのだが、そのことで川向こうの村〈川辺郡戸之内村（現尼崎市戸ノ内町）〉の堤防を脅かす事態が発生し、双方の争論に至ったというものである。

争論の発端と経過を略記すると、庄内一帯にかかわる内水を排除するため、庄本村北ノ方（小字名）から、池田川に放出する樋（悪水樋）が作られていた（同前『中井家文書1　庄屋文書』史料7に、「椋橋庄十か村悪水立会樋帳」元禄七年（一六九四）がある。そこには「庄本村領ニ在之悪水抜北ノ方」「正保弐酉ノ年（一六四五）大嶋出羽守様御預り所之時御伏替被成候（後略）」[35]とあり、正保二年、北ノ方悪水樋が設けられている）。

明和六年（一七六九）になり、北ノ方樋の付近の川床が高くなり、そのため悪水樋を高くする伏替えが行われた。訴えはそのことで川の対岸に当たる戸之内村から庄本を含む庄内八ヵ村に対して出されたもの。

「戸之内村は樋が伏替えされたためその樋からの水のはせ出しが強くなり、その水勢が自村の堤防に突き当たり、差し障り（決壊する恐れなど）が生じると主張。一方の庄内八ヵ村は、それに対して池田川の川幅は百四十五間（約二六〇メートル）あり、訴えの箇所のところにはわずかの溜りの水で差し障りはないと反論した。結果、この後のやり取りは、町奉行所からは訴訟にはしないで、村同士の話し合いによって解決するようにとあり、『下済《したすまし》』にすることになった」というもの。＊下済《したすまし》とは、訴訟などにせず内々で和解すること。その「下済」した内容（原文の一部156頁参照）は、「庄本村北の悪水樋はそのままに差し置く（伏替えした状態のままにする）ことにします。一方川床は（土砂が堆積し）年々高くなり、堤防は流れ崩れ次第で低くなるので、戸之内村は問題になった箇所七〇間（約一二〇メートル）程の間、上に土の重ね置きをします。改修して土を盛っても（元の姿と）ほとんど変わることはないので、私共村方も差し支えはないとし、和談の上『下済』に致しました。和議の内容は双方が連印の上書付にしています」となっている。

以上が、明和六年（一七六九）『中井家文書1　庄屋文書』史料83の主なところである。

なお、樋の大きさ、水門の幅、材質について、「明和三丙戌年（一七六六）摂州豊嶋郡庄本村諸色附込帳」〈豊中市史資料集4　村明細帳（下）〉には、「悪水樋庄本村ニ御座候北ノ方　一　松伏樋長拾三間壱尺　内法（内側の寸法）三尺五寸四方・板厚五寸五分　八ケ村立合　（中略）川表四ツ柱建檜槙（中略）明和六年丑年伏替之節右之通ニ広ケ申候、其節尻弐間者石ニ成（以下略）」とあった。川表の四本の柱は檜《ひのき》や槙《まき》が使われ、樋の尻（出口か）には石材が使われている。[36]このことから庄内八ヵ村が、雨水や水田を回った後の水の始末について、その悩みを共有し、隣村との和談などを経て構造的にもしっかりした悪水樋を築き、内水はん濫に対処してきたことが分かる。

苗から稲穂が結実するまでの間、普段はもちろん、台風や大雨・長雨になるたび（庄内地域の内側に溜まった）かなりの量の水が、この樋門や南の神崎川沿いに設けられた水門からも排出されていたと考えられる。

「悪水樋伏替争論内済届」（書き出しと後半部分）

乍恐口上

摂州川邊郡戸之内村
願人　庄屋　年寄　百姓代
同国豊嶋郡八ケ村
相手　庄屋　年寄　百姓代

（前半省略）

一此度相争候庄本村北悪水樋其侭ニ差置、戸之内村領論所堤水突当損候節ハ、戸之内村ゟ堤重置致候筈ニ而、出入相済申候、尤右重置之儀者、山川筋ニ而年々川床高ク罷成、論所堤流落、次第低ク相成候故、此後少々上置仕候而茂、先論之節之有姿ニ決而相替儀無御座候、池田川表論所之分長七拾之間之間、損所見合纔之上置いたし候、対談ニ而相済候儀ニ御座候間、双方連印書付を以奉申上候、乍恐御吟味御差止、右和談之儀御聞済被為成下候者、難有奉存候、以上

明和六丑年七月十二日
保科越前守殿御領分　戸之内村
庄本村　嶋江村　洲到止村
菰江村　牛立村　野田村
嶌田村
（庄屋・年寄・百姓代連印略）

（左記は上津島村・今在家村の言上）

右相対之通ニ而内済仕、先論所堤損シ候節、少々重置仕候而茂、私共村方差構無御座候、元論所之節、私共村方も八ケ村一同願方之内ニ御座候故、此度之出入ニ者拘り不申候得共、済口連印仕奉差上候、　已上

上津島村・今在家村
（庄屋・年寄略）

御奉行様

猪名川からの水汲み（水不足）

大雨・洪水などによる内水はん濫に対して、水不足（干ばつ）になったときのことである。日照りが続くと、川は干上《ひあ》がり水路に入った水も使い果たされてしまう。低地にあり冠水・浸水に悩まされるだけでなく、水不足にも悩まされた。そこで行われたのが、先の「西部（島田から島江方面）」（141頁参照）でも触れているが、旧猪名川や神崎川から水を汲み上げる作業である。下手の水路に踏車（足踏式水車）を並べて北（上手）の田へ向けての送水が行われた。大阪湾の干満が影響して潮水が混ざっており、そのため真水と違って生育期に結実しない稲穂も出る。苗を枯らしてしまっては一年間の収穫が得られなくなり、たちまち生活困難に……。なんとしても水を確保しなければならず、必死の思いで行われたのが川や用水路からの水の汲み上げ作業であった。

むかしから、低位のところから高い方へ水を送る道具・踏車（足踏式水車）が使われていたが、「灌漑用バーチカルポンプ」が使われるようになる。このポンプは製造・販売が大正末ごろからのもので、今もよく道路工事現場などで小型発電機を置いて帯状のビニール管を穴の中に入れ、マンホールや溝から水を排出する様子を見かけることがあるが、原理は同じである。私が見たバーチカルポンプは、鉄の筒状のもので、高さは約一・五メートル、筒の直径は三〇センチ程。筒の上部に汲み上げた水を吐き出す丸型の筒口が嘴《くちばし》のように横向きに付けられていた。筒の中の軸（心棒）があり、それが水を巻き上げる仕組みである。軸（心棒）には小さい鉄の羽根が螺旋《らせん》状に付けられていて、心棒の鉄の輪にベルトを掛けて発動機で回すと筒の下から水が螺旋状に巻き上げられて、その水は上の筒口から外へ吐き出される。筒になっている胴体を水路や川の水のある方に立て置き、筒口を水田側、あるいは水路側に向けて置けば、水のある方から無い方へと送水される。このポンプ（汲み上げる胴体）とエンジン部分（発動機）を含めるとかなりの値段になるので、個人所有のものは村に数台しかなく、共同で購入されることがよくあったという。ここに当時を知る古老の話がある。

「島田の方では水不足で困り、寸賀尻の横にポンプを据え付けて、南から北に水を送ったことがあります。昭和八・九年ごろのことです」「その水は潮混じりの水ですから苗の葉が赤くなって成長が悪くなり、穂が出ても少なく、小米にしかなりませんでした。鶏の餌になるような米でした。また、南西の風が吹いてくると、大阪湾の潮を含んだ風が吹いてくるので稲穂の成長に悪く、実が入らなくなるので心配したものです」㊲

小曽根水路・吹田水路

ここまで庄内の水田をめぐる水路について、主に堤防の内側の水路筋について記してきたが、堤防の外側を流れていた二本の水路について、史料（絵図）や古老からの聞き取りから明らかにしてみたいと思う

この水路は、神崎川堤防の外側に続く河川敷を開削して造られた水路で、小曽根地域・吹田南部にとって重要な排水路の役割を担っていた。

『大正八年（一九一九）当時の豊能郡庄内村全図』㊳（159頁㊳）をご覧いただきたい。東側は阪急宝塚線、能勢街道・天竺川まで描かれており、その先に「小曽根村」、南側に「神崎川」、堤防沿いに「菰江」の文字があり、南西へ下がると阪急神戸線の西側に「洲到止」とある。その間に一見道路と見間違えるが、二本の線に沿って「……悪水路」の文字が見える。二つの線の下をよく見ると「小曽根豊津《とよつ》悪水路」と書かれている。二本の線ということは、この水路へ流れてくる水は、吹田豊津方面と小曽根方面の両方から流れてくる排水路であることが分かる。詳しく記すと、そこは一本の水路のように描かれているが、実際は細い川筋二本を表した

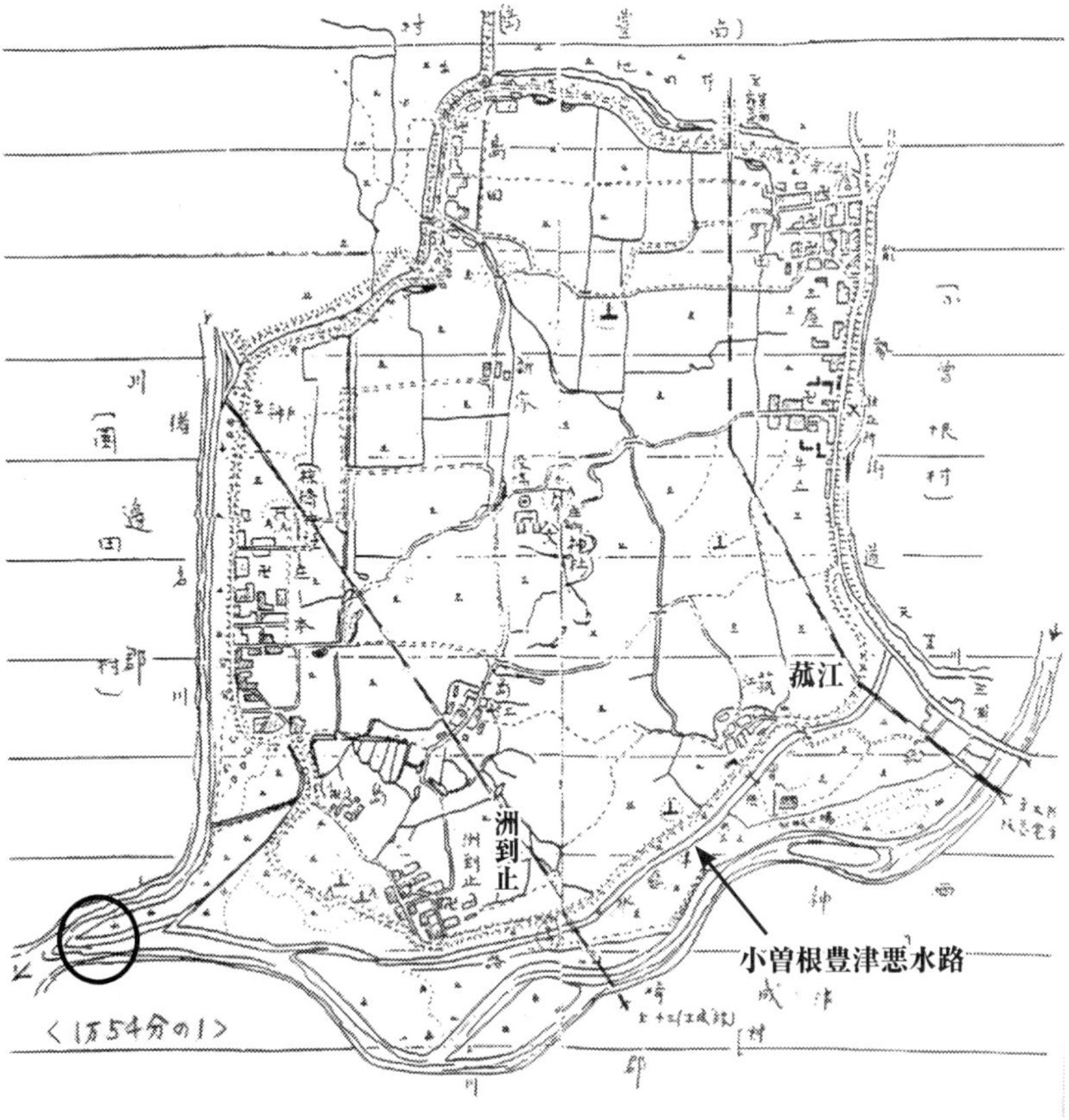

㊳大正8年（1919）当時の豊能郡庄内村全図　『郷土資料　豊能郡庄内村誌』平成元年（1989）市教育センター　〇印のところで、小曽根用水と吹田用水が合流

ものであり、それぞれ別々の水路であった。「小曽根豊津悪水路」の文字が付されている北側の線が「小曽根水路」、南側の線が「吹田水路」である。「吹田水路」は現在の地名で言うと、江坂町・豊津町方面の水田を回った水が排出されてくる水路であり、並行して流れる北側のもう一本の水路は「小曽根水路」といい、北条・小曽根地区一帯の水田からの水が排出されてくる水路である。

　両水路とも流れの終着地は、いずれも外島樋門（跡碑あり）に近く、現在の庄内下水処理場（大島町三―九）の辺り（159頁㊳左下〇印）

になる。そこで二つの水路は合流して神崎川に流れ込んでいた。

古老の話4

小曽根水路と吹田水路の二つの水路の内、小曽根水路は菰江村を通り洲到止村の先でそのまま神崎川に流れ込んでいたが、吹田水路の水は水量が多かったためか菰江と洲到止が水不足になると庄内の内側に引き込まれることがあった。日照りが続き水不足になったときには、水路筋の村は上手の村（吹田側）の了解を得て、水路に堰板《せきいた》を落とし流れを村の田に引き込むこともあった。そのことについて島江に住む古老は次のように語っている。南側から北向きに水を回すという貴重な証言である。

「菰江村の田んぼは、吹田から流れてくる水を今（平成五年取材当時）の菱江運輸（神洲町二―八一）のところから入れていました。あそこのガレージの辺りの凹みは、水を取り入れる樋門のあった跡です」㊴。「洲到止では、吹田用水の水を水路に樋門を設けて堰き止めて、島江の方に回していました。だからその辺の田には北からの牛立の方からの水と、南からは洲到止の方からくる水も流れてきていました。洲到止のところからの吹田用水の引き込みは、渇水（水不足）のときが主だったように思います」㊵

踏車　採集場所庄内『とよなかの農道具』1996・3 豊中市教育委員会提供

水揚げは土地の高さ（標高）が同じか、少しでも高いとこへ送水するとなると、その水送りは大仕事になった。村人（主に男）総出で行う作業となったり、昼夜を通して行われたりした。そんなとき活躍したのが踏車《ふみぐるま》（足踏式水車）、それは水嵩《みずかさ》の減った水路に水を送ったり、水がなくなった田に水を送ったりする際にはなくてはならない農具であった。二・三人で持ち運びして、田の畔《あぜ》に立て掛けて据え置く。水車の横に竹の棒を二本付ける。そ

服部付近の水車『ふるさとの思い出　写真集 明治大正昭和豊中』鹿島友治 1980 国書刊行会

の竹は両手に持って足踏みするときの支えになっただけでなく、竹の先には番傘《ばんがさ》が括《くく》り付けられていて、それを日傘にして交代しながら踏み続けたものだという。このようにして水送りする作業は、豊中市域でも中部から南部にかけて行われており、水不足になる夏季にはよく見かけられたものだという。

続小曽根水路・吹田水路

それにしても疑問である。いったいなぜ吹田や小曽根の方から庄内の下手まで水路が引かれたのだろうか。豊津から真っすぐに直接神崎川へ水を排出してもよさそうなものである。また、小曽根側にしても水路は上手の北条の方から流れて、下手の豊南町付近まで下る。現在の地図で見ると、さらに真っすぐに南下すると二軒家公園（豊南町南五―一三）辺りになるが、その南側すぐに神崎川が流れている。しかし、水路は神崎川に向かって伸びてはいない。これらのことについて、地元の古老は次のように語っている。

（ア）「もともと小曽根村の水は、長嶋・渡場・二軒家の方に流れて、神崎川に真っすぐ落ちたらいいのですが、渡場のすぐ南の神崎川の水位が高い（土砂の堆積で川床が高くなっていた）ため、その辺からは川に排出させることができませんでした。むかしの人は土地の低い二軒家の方に流し、そこから天竺川の川底に埋めた暗渠の中を潜らせて、さらに土地の低い洲到止の下《しも》まで流したものです」

㊶明治 18 年（1885）当時の庄内南部　（2万分の１）
「大阪近傍北部」陸地測量部　著者加筆

（イ）「吹田豊津の悪水の排出も同じことで、安威《あい》川と合流する神崎川に真っすぐ流せない（水位が神崎川の方が高い）ため、神崎川の土手に沿って北側に水路を通し、二軒家のところで小曽根水路と並べて天竺川の底を潜らせます。そこから先も小曽根水路と並行させ下《しも》手《て》の洲到止からさらに下まで流したものです」（ア・イ㊷）。

降水量が増えると、神崎川の支流に当たる高川・天竺川も北部からの水で増水する。神崎川も上流安威川や淀川からの水で増水する。雨水の少ない平常時は普通に流れていても、大雨や長雨となり増水すると、支流からの流れ込みより本流の勢いが勝り、押しもどされてしまうことになる。当然のことながら、川の内側に広がる水田からの悪水も出しにくくなる。このため悪水路を堤防沿いに西へ西へと向けて造り、水の高さが同じ程度になる庄内の下手まで引き、そこから神崎川に放出せざるを得なかったのだ。

「明治一八年（一八八五）当時の庄内南部」（162頁㊶）の菰江・洲到止にかけて記されている二本の線は先の古老が話す「小曽根水路」と「吹田水路」である。水路の長さは約八キロメートル程。二本の水路の

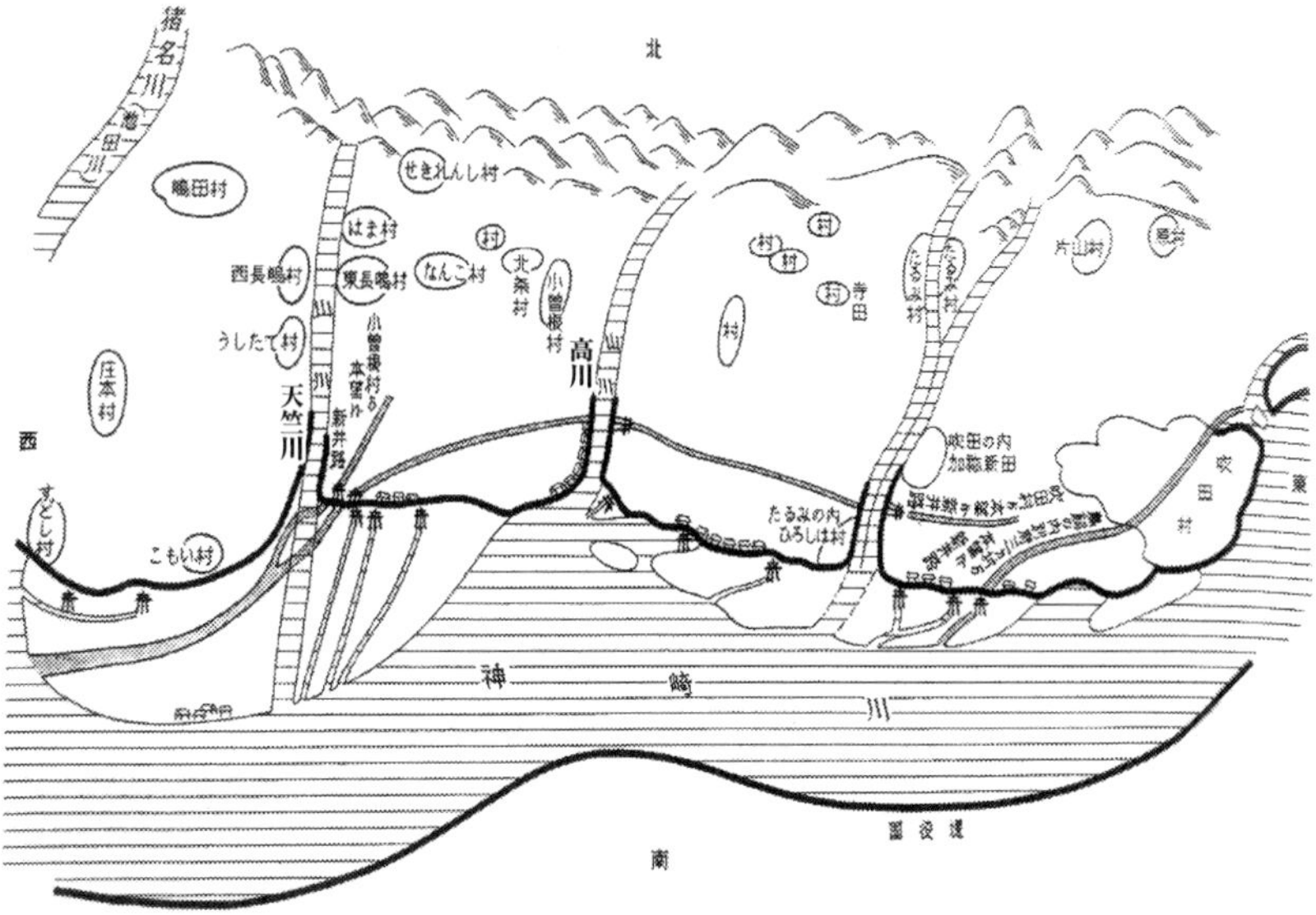

㊸明治３年（1870）神崎川筋の悪水井路図　『新修豊中市史第二巻通史二』図１－６

間には土手道があり堤防の高さは四メートル程であったという。

「明治三年（一八七〇）神崎川筋の悪水井路図」（163頁㊸）を見ると、東側の上の方に「片山村」、中央辺りに「たるみ（垂水）村」・「寺田」「村」「村」の文字があり、その南側に太い二本の黒線（堤防）が描かれている。下の黒線が国役堤。悪水のための水路は細いの曲線で描かれており、吹田村から山川と記された川を、川底に「伏越樋《ふせこしひ》」を沈めて通し、豊中市域に入ると、「高川」も「伏越樋」で通し、「小曽根村」・「北条村」の南側へ流れていく。その西側の山川は「天竺川」に当たる。「天竺川」も同じようにして越すと、下手は「こもい（菰江）村」になる。そこからは堤防の外側（河川敷）を通り、さらに西へ流れて「すどし（洲到止）」を通り、その下手で神崎川に流れ出ている。

菰江村は現三和町・神洲町辺り、洲到止村は現大島町・千成町辺りになるが、二つの水路はその下手《しもて》で合流し神崎川へ。合流場所は外島樋門跡碑の南、現在の

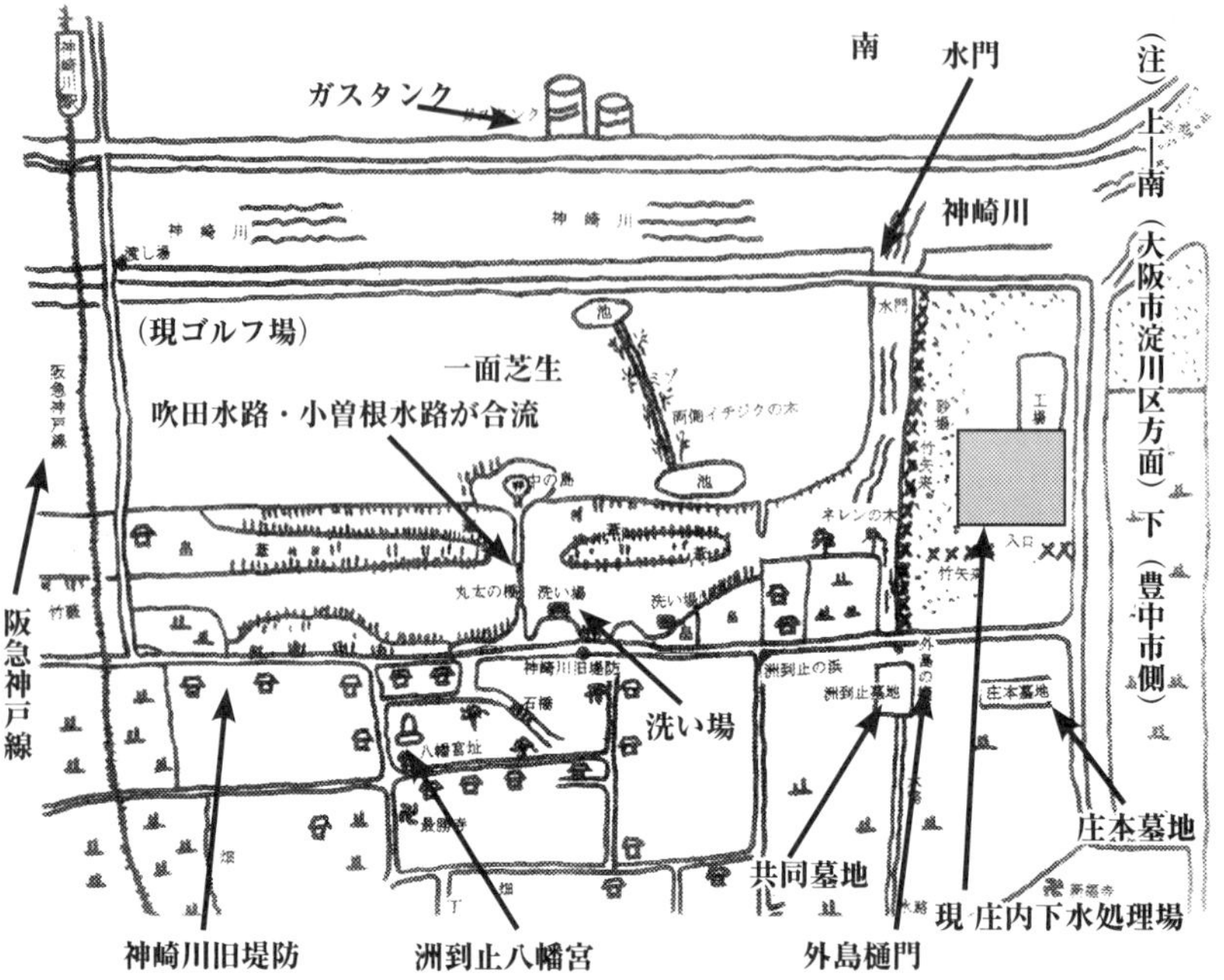

㊹ 昭和 17 年（1942）ごろの洲到止の浜 周辺図　平成 20 年（2008）1 月開講 庄内西公民分館講座・史跡散歩（庄本・大島町周辺）提供資料　著者加筆

庄内下水処理場（大島町三―九）辺りであった。

洲到止には今も洲到止八幡宮（大島町二―六）の前に「神崎川旧堤防跡の碑」があり、その道路沿いの大島町三には「下の町洗い場跡」（148頁写真）が建てられている。『昭和一七年（一九四二）ごろの洲到止の浜』（164頁㊹）には、小曽根水路と吹田水路が交わるところは入り江のようになっていて、旧堤防、神社、墓地、水門、舟付き場、洗い場、中央部の土砂の溜まった島のようなところには「葦《あし》」の文字などが見える。対岸は大阪市になる。

古老の話に戻ってみよう。

（ウ）「洲到止には用水路の途中に「洗い場」がありました。子どもの頃よくそこへ川遊びにいきました。フナ・モロコ・シジミ・タニシなどいろいろ捕りました。洗濯をしているおばさんに『そんなことしたら、水が濁る』とよく怒られました。満ち潮になると、神崎川の水が用水路に入って来ます。それは潮水ではなくちょっと甘い感じでしたが、でも日照りになると塩辛くなるときもありました」

（エ）「用水路ではヒシもよく採れました。千成小学校の辺りが一番繁茂していました。十月ごろスイレンのような葉がぐっと上に上がってくると、実が熟しています。固くて熟している実を蒸して食べると、それはよい食料になりました。これを採るのに竿《さお》では届かないので、一寸法師のように、大きな盥《たらい》に乗って採りに行きました。盥を漕いでいてひっくり返って、水路にはまったこともありました」（ウ・エ㊺）。

神崎刀根山線

この吹田・小曽根の両水路は、いつごろ姿を消したのであろうか。

鹿島友治『ふるさとの思い出　写真集　明治大正昭和　豊中』の中に、「48小曽根悪水樋門」と題した写真が掲載されており、そこには次のように解説されていた。

「豊南地区は高川、天竺川、神崎川にかこまれた中の低地で、大雨が降れば浸水し、干天には灌漑用水に困った。このため古くから吹田や小曽根村の下水（排水）を導き、小運河「井じ」（井路）にためておいた。冬は天竺川の下を通して庄内地区へ放流していた。昭和十五年神崎川が改修され、川床が掘り下げられたので、以後この樋門によって神崎川に流し、永年にわたる庄内村との水争いはやんだ」㊻。この内容からは、昭和一五年（一九四〇）に神崎川が改修されて、川床が掘り下げられたことにより、小曽根方面から庄内南部を通して流していた悪水の排出は、庄内の水路へは流さなくてもよくなり、そのまま神崎川に落とせるようになったことが分かる。

また、福西茂『郷土史資料　豊中の史跡たずね描き』の中の「神崎川旧堤防の跡」（八幡宮玉垣南側・大島町二）には、「昭和十五年（一九四〇）神崎川が改修され、新堤防が築造されて、この場所にあった旧堤防は、道路敷（神崎刀根山線）となって湮滅したため、大島町自治会が（この碑を）建てたものである」[47]とある。八幡宮とは今も同地に立っている洲到止八幡宮のことである。両資料から昭和一五年ごろに神崎川の改修が行われて、永年悪水（排水）の排出先であった庄内南部の水路はその用がなくなっていること。また、後者からは、その後、旧堤防は道路敷き（神崎刀根山線）になったことが分かる。

この度、久しぶりに現地を訪ねた。洲到止八満宮近くを散歩中の方（昭和一八年生まれ・七八歳）に確認してみると、「この道路（神崎刀根山線）のところに堤防と水路があった。道路の中央部辺りに堤防があり、その堤防を挟んで水路があった」とのこと。そして、水路については、「自分が中学に上がったころに、つるやゴルフセンターのある先の方にはまだ水路が残っていたが、そこに水が流れている様子はなく、溝（水路）は枯れた草などで埋まっているように見えた」とのことであった。ご本人が中学生になったころとすると、お生まれの昭和一八年（一九四三）から昭和三〇年前後のことになろうか。

神崎刀根山線について調べてみると、『新修豊中市史 第八巻 社会経済』（第11章社会資本の整備 第1節公共事業の発展）に、次のように記されていた。（概略）

「本市の都市計画道路整備事業としては、昭和一一年（一九三六）に都市計画街路の整備が計画されていた。（詳細略）街路を二七路線、総延長二万三千五四〇メートルを整備することになっていた。戦後の昭和二六年にはこの都市計画街路整備計画の全面変更が検討された」。このころ豊中市域の主要幹線道路（国道一七六号をはじめとする府道）は、南北、東西に四本あったが、「（前略）これらの幹線道路では既に交通量の増加が著しく、通行容量の上限に近づいていた。こうした事情を背景に、本市は都市計画街路整備計画の改編を進め、昭和三三年（一九五八）六月十日に新たな都市計画街路網の整備計画が決定されるに至った」、その主な配置計画の中に「（1）豊中市を南北に縦貫する2級国道福知山大阪線を縦の基幹として東部に幹線（神崎刀根山南北線）1線を、また西部に幹線（大阪南池田線）1線を設け、東部は国道の副道とし、西部は伊丹空港、名神高速自動車道、大阪都心を結ぶ路線とする」[48]と記されている。こうして「都市計画道路法」に基づき神崎刀根山線は、昭和三三年六月から動き出し、事業計画決定、道路用地の取得、工事、市へ移管手続きなどを経て、昭和五五年（一九八〇）三月末に正式に市道となり全線の供用開始に至っている。このことから旧小曽根・吹田両水路の存在は、すでにその用途は無くなっていたが、先の古老が記憶されていたように、その形跡は昭和三〇年過ぎまでは姿を留めていたようである。その後に道路用地になり、神崎刀根山線となって消えていったことになる。こうして市道神崎刀根山線は、起点を二葉町二（現府道大阪池田線から分岐）とし、終点を上野東三で府道四三号に合流させる道路になった。

大島町2、阪急神戸線高架下を行く神崎刀根山線

市道神崎刀根山線に設けられている中央分離帯（大島町2）、小曽根水路・吹田水路はこの辺りを流れていた。右側のフェンスは、つるやゴルフセンターの防球ネット

南部の最南端にあったかつての水路や堤防のあった景観は、その後、時を経てその姿を大きく変えて、今では洲到止八幡宮周辺を歩くと、住宅地・公園・旧小学校・こども園、地元の会館・市立グリーンスポーツセンターなどの他に、工場群や関連する会社・商業関係

の建物が並び、旧河川敷側には「つるやゴルフセンター神崎川」が見える。行き交う車も多く活気ある景色になっている。

越石《こしこく》

用水路からの水は、その水路筋にある田に配水され、その悪水は下手に流れて行く。そして下手の用水となり、周辺の田を潤す。最後は溝や水路から河川に落とされる。一般に上手も下手もお互いにその水を利用し合う関係なのである。ところが小曽根水路・吹田水路は、小曽根・吹田方面からの専用の悪水路として造られたものである。そのため水路が通る庄内の二ヵ村（菰江・洲到止）は、水路のため「井路敷《いじしき》」と呼ばれる土地（敷地）を提供していた。この井路敷地に当たる土地は神崎川に沿う河川敷に当たる土地が当てられ、そこは一般に「流作場《りゅうさくば》」とも呼ばれたところであった。江戸時代の中頃から幕府は年貢高を上げるために新田開発などをすすめるが、河川敷も耕地や草刈り場にして利用されることから、開発可能な河川敷や原野にも税の負担を課すようになった。ここの「井路敷」は、江戸初期から大嶋氏領になっており、徴税の対象とされていた。水路を他村の土地に拓く場合は、このことをよく承知していなければならない。勝手に通すのではなく了解を得てのことになる。了解と言っても、庄内側にご迷惑をかけますと丁重に挨拶する程度ではなく、上手の村々はその水路の開削作業から、架橋の費用・修理費、水路（井路敷）にかかる年貢、その他の一切の費用を引き受けることを承知してお願いするのである。

「越石」とはこのように自村以外のところに村の石高（土地）を所持し、年貢などの高やかかる諸経費を相手側に納めることをさして使われる場合がある。地元で聞き取りの際に、古老の話の中でこの言葉が使われていた。

「村明細帳」と小曽根郷絵図

小曽根村の場合、今から三百年程前の記録になるが、当時の村明細帳に次のように記されている。

「小曽根郷　一高拾七石六斗九合　此反歩壱町五反壱畝拾八歩　右御取ケ米拾石六斗七合　但御免定六ツ成外ニ（略）弐口米合拾石九斗弐升五合　右者天和元酉年菰江村堤外ニ小曽根郷悪水抜溝御願申上、此替地被仰付、小曽根領ニ而田地壱町五反壱畝拾八歩殿様御料相極、右之通毎年御年貢上納仕来申候、諸役米壱石四斗壱升四合宛相極置、毎年庄中江請取村役相勤申候　（以下略）」〈宝永四年（一七〇七）庄内七ヶ村明細帳・小曽根郷〉[49]

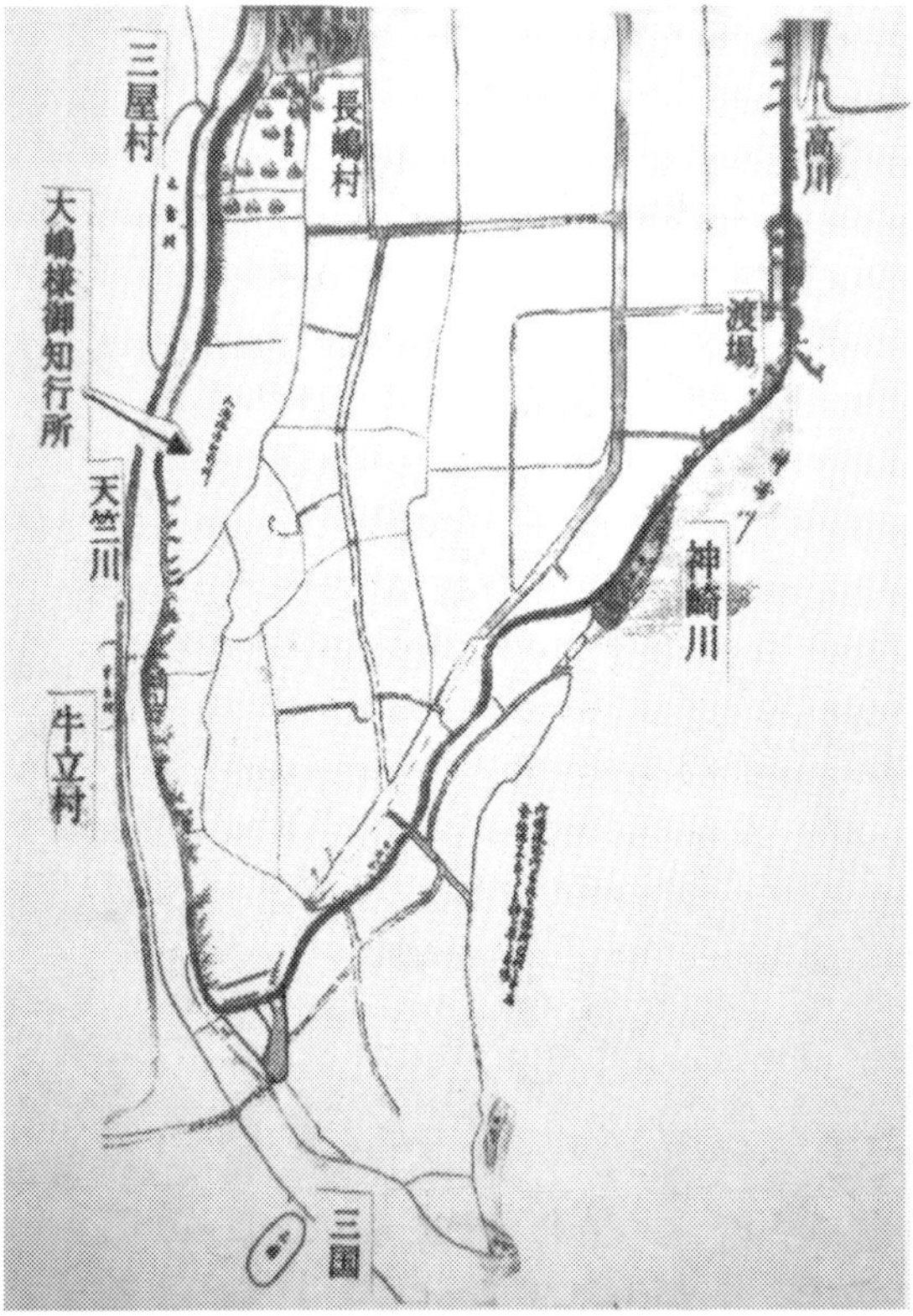

㊿文化8年（1811）摂津国豊嶋郡小曽根郷絵図　豊中市教育委員会提供　『新修豊中市史第一巻通史一』付図Ⅱ－4 部分図　著者加筆

同「村明細帳」によると、小曽根郷が菰江村堤外に同村の悪水を流す水路（悪水抜溝）を通させてもらっているため、その溝筋に係る年貢分を小曽根村領内に広さ一町五反一畝一八歩の用地で確保していること。加えてそこから上がる石高一七石六斗七升九合から、取米（年貢米）

として一〇石六斗七合と口米（年貢の減損を補う名目での雑税）を合わせて一〇石九斗二升五合と諸役米（水路に架ける橋の費用と修理代、伏越用の樋の費用と修理代、人件費など）の一石四斗一升四合を合わせて、毎年庄内の大嶋役所に銀納している旨が書かれている。

『新修豊中市史 第一巻 通史一』の付図Ⅱ—四に「摂津国豊嶋郡小曽根郷絵図」文化八年（一八一一）[50]がある。そこに小曽根領内に菰江村を領有していた旗本大嶋氏の領地（大嶋様知行所）が描かれている。

同絵図（169頁㊿部分図）は、江戸時代末期（文化八年・一八一一）の小曽根郷（村）南部を表したもので、小曽根郷には石蓮寺村・北条村・小曽根村・浜村・長嶋村があり、長興寺村（一部幕領）とともに江戸時代初期から飯野藩保科氏の所領であった。宝暦八年（一七五八）の石高は、「小曽根村一〇四〇・六三七石、浜村二九八・六八七石、長嶋村一七六・六九二石」[51]とあり、米作地帯であった。同絵図の左、長嶋村の下に「大嶋様御知行所」の文字が読み取れる。この「大嶋様御知行所」とは、長嶋村にある他村の田地（即ち大嶋氏のための土地）を指している。

小曽根村が、庄内側の菰江村・洲到止村（大嶋氏領）を通る水路にかかる井路敷年貢に宛てるための土地として、同村が自分たちの領地内に用意した地所を表しているようだ。即ち水路を通す敷地の年貢分に相当する土地として用意された田地であろう。「豊中市大字小字図」[52]で見ると、長島（小字南浜畔・四反田・道田）とある辺りになろうか。

加えて宝暦八年（一七五八）「小曽根郷村明細帳」の中に、「右悪水路（小曽根水路）出来、天和元酉ノ年（一六八一）九月大嶌兵衛様御知行所椋橋領外嶋年貢、毎年役米共物成拾二石三斗三升九合六勺二才、大嶋様御役所江銀納ニ而上ル、右井路年貢として長島村高内ニ而高拾七石六斗七升九合御役所ゟ御引被下、長嶌村免ニ而物成郷内江受取、不足之分郷内ゟ毎年足シ候而大嶋様江上ル、尤椋橋領と為取替証文幷ニ書通共天笠川伏越石樋も同年出来」[53]とある。

これらの記録からも、大嶋氏領内の外嶋にあった小曽根水路の敷地に充てられた年貢（井路敷年貢）分は、小曽根郷の長島村内に確保され、そこからの上り分が井路敷地年貢として庄内南部の領主（大嶋氏）に納められていたことが分かってきた。

同文の最後のところに川底を通して、庄内へ水路を通すための「天笠川伏越石樋」が、「同年〈天和元年（一六八一）〉出来」と記されているところにも注目しておきたい。

借財の返済と冥加米《みょうがまい》

先の「宝永四年（一七〇七）庄内七ヶ村明細帳・小曽根郷」（169頁[49]）については、原田しろあと館（曽根西町四）主催歴史講座「庄内を知る」（平成二五年五月）の中で、講師の清水喜美子氏（元新修豊中市史編さん担当）が同文書の解説の中で、「小曽根のように自分の領地内に井路敷《いじしき》年貢用の田を用意して、その井路にかかる年貢（税）を引き受けたところもあれば、その水路の通るところの土地を相手村の地主から買い取って、その敷地にかかる年貢を納める村が多々あった」、と話されたことを覚えている。

後日、同氏から吹田水路についても参考になる史料があるとの助言をいただいた。その史料は「慶応四辰年（一八六八）明細書上帳　摂州豊嶋郡洲到止村」の中にあった。

「外ニ米五斗　安政六未年（一八五九）ゟ小曽根郷悪水井路立替冥加米当村ゟ相納メ、米四石壱斗四升九合
此反別長弐百間、巾六間、但四反歩、文久二亥年（一八六二）吹田村・垂水村・榎坂村右三ヶ村悪水井路地上納米、当村ゟ相納申候　弐口合四石六斗四升九合　反別六反九畝拾五歩、但シ六斗代　長三百九拾間之間」[54]。

ここには安政六年（一八五九）の小曽根郷悪水井路分と、文久二年（一八六二）からは、吹田悪水井路分が、冥加米（許可を得て利益をうる代償として支払う税）として領主に上納されていたことが記されている。

このことから文久二年には、吹田の三ヵ村の水田からの悪水を流すための悪水井路（水路）がつくられていたことが分かる。江戸幕府が終わる五年程前のことである。

明治初期のことになるが、吹田側から庄本・牛立・嶋江・菰江・三屋の各村（旧大嶋雲八系知行所）に「井路敷年貢米」が納められていたことを裏付ける興味深い史料があった。それは『新修豊中市史 第二巻 通史二』（第1章近代行政村への歩み 第一節地方行政の成立と住民参加）の中にあり、少し長くなるが引用すると、「旗本領の消滅と残された借財」のところに、「新政府による締め付けの動きのなか、（中略）旗本の旧呼称は士族となり、今までの地方《じかた》知行を上知《じょうち》して禄高削減のうえ現米給与となった。豊中市域の旗本領もすべて廃止となり、村民は大きな問題と向き合うこととなった。江戸時代半ば以降、幕藩領主の財政は、毎年秋の年貢収納を担保に商人から前借りして月賄い費や臨時費用を調達することが常態化しており、村借用という形で証文化されていたのである」「旗本大嶋雲八知行所であった庄本・牛立・嶋江・菰江・三屋の各村は、旧領主にかかる借入金を調べたところ、村借金がおよそ三〇〇〇両に達していることが判明した」（以上55）

村の人たちは、莫大な借入金を知り、さぞかし驚いたであろうが、結局、このとき村はこの借入金を返納しなければならないという大きな責任をもたされることになった。その返済案の中に出てきたのが、「井路敷地米代」を借入金の返済に当てるというものであった。返済案は村民の納得する形を得なければならないというもので、この村借金は、一部は地役人（むかしから地元で役人をしていた人の五～六人）がもち、残りは村々全体で高割負担（石高または取れ高に応じて割り付ける）とし、牛立村にあった領主陣屋の処分金と吹田村からの井路敷地米代金合わせて一五〇両を繰り込む形で行われている。[56] これらの史料からも「井路敷地」に対する「年貢米代」が、吹田村から悪水路を通す庄内南部の村々に納められていたこと、またそれが明治になり領主の借金返済に当てられたことも分かった。

淀川との関係

吹田から流れる水路の水は、上流で神崎川から取水されていた。神崎川は吹田の先の相川付近で淀川につながっており、そのため、小曽根や庄内は水路で淀川ともつながりがあり、庄内南部や小曽根南部の農家は地元の水利組合に属し、同時に淀川右岸水利組合にも加わっていた。厳しい日照りが続く際には、神崎川から直接ポンプを使って水を汲み上げて、田に送水することもあり、神崎川と淀川とのかかわりは強く、この関係からも淀川右岸を仕切る水利組合に加入しなければならなかった。水代と呼ばれる人件費を含む諸費用の支払いなどの負担も、その用水の受益者にとっては当然なことであった。

地元の古老は当時のことについて、

(ア)「吹田水路に水を通すときには、各村から動員して全部で百人位になったでしょうか。鋤簾《じょれん》(水を含んだ砂や泥を除去する道具)を持って集まり溝さらいをした」[57]。

(イ)「神崎川の水は農業に欠かせない貴重な水でした。(神崎川の)上流に取り入れ口の水門があって、そこから豊津・小曽根・庄内地区まで水を流していました(その水路が吹田水路)。水の分配は無償ではなく、毎年、田植えの前に村役場が多額のお金を吹田に贈って、貰い水を請います。水路に水が流されてくると、豊南町東三―一四の南に揚水ポンプ場があって、そこから水を汲み上げて、小曽根一帯の用水路に水を送ります。水が来ると足で踏んで回す水車で田に水を張ります。田植えの準備をします。この水かきは中々の重労働でしたから、多くが風力を利用した風水式水車を利用していました。小さな田んぼでは跳ね釣瓶《つるべ》で水を入れていました」[58]。水かきとは、水掻きの文字を当てるが、田植え前の準備で、田んぼの土に水を加えて細かく砕く作業である。水を入れて田植えが出来るように何度も田んぼの中を回って均《なら》して平らにする。こうして水田に変わりいつでも田植えが出来る状態になる。重労働であったと話されている。

小曽根地域の用水

小曽根地区は、北に中位段丘の末端部に当たる服部緑地がある。標高は緑地内にある山ケ池・スポーツ広場・中池周辺で二〇メートル、若竹町から北条町にかけては傾斜しており、標高五～四メートルまで下がる。北条町から南は低平地帯で標高三メートル以下で、そのまま名神高速道路高架下を南下する。関西電力小曽根変電所辺りまで続く。天竺川・高川は天井川で河床面の高さが堤外地より高く、比高差は五～六メートル程になる。堤防付近は若干微高地になる。名神高速道路以南の南部の中央部は、標高は二メートル以下のところもある。天竺川は三国橋北側で、高川は渡場付近で神崎川に合流する。

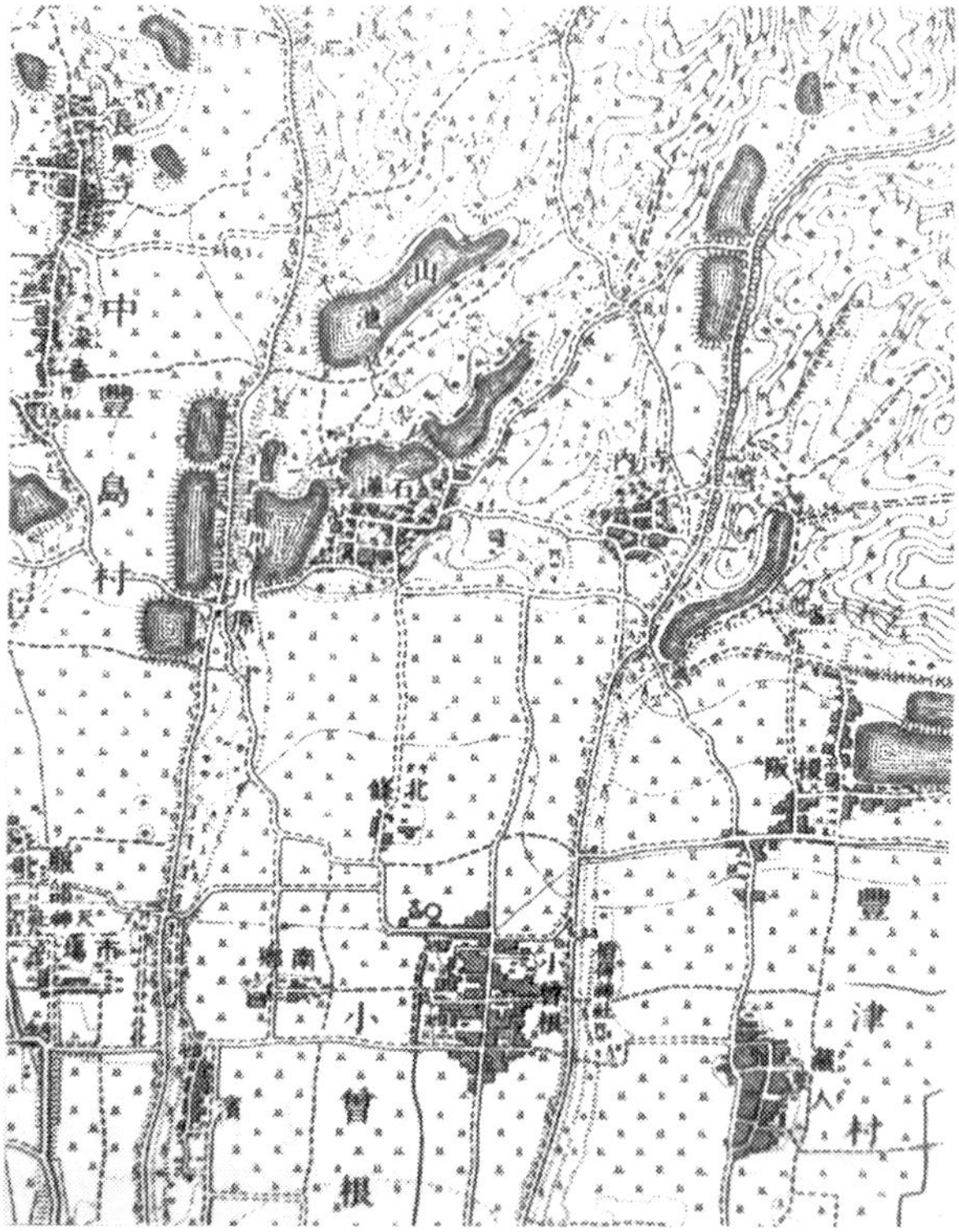

59昭和４年(1929)当時の小曽根北部（2.5万分の1）
「伊丹」陸地測量部

服部緑地内には、山ヶ池・菰《こも》ガ池・中ノ池・山之池（現若竹池）の四つの大きな池があり、その落水が小曽根方面に流れている。緑地の奥にはこれらの池の他にうづわ池・鴻《こう》池・新宮《しんみや》池などのため池があった。池の築造時代からの関係からか、長興寺村・服部村などの村が水利権をもつ池や、二〜三ヵ村共有の池もあった。水争いも「隣接する村々との水論」（115頁）のところでも記したように、池からの取水をめぐってしばしば争われたところである。

小曽根の用水の中心になる池は山ヶ池であった。菰ガ池や中ノ池に溜まった水も山ヶ池に回り、若竹池につながり、そこから段丘を南側に落ちて北条辺りの水田から下手の田に順々に回っていった。しかし、小曽根地区は広く、約百五〇町歩程の田の全てに水を行きわたらせるには無理があり、服部緑地のため池の水だけで全域の用水を賄《まかな》うことは難しかった。

古老の話5

実際の用水の流れはどんな具合だったのだろうか。古老たちは次のように語っている。

（ア）「小曽根村では、大きく分けて上寺内・下寺内・石蓮寺・北条・小曽根三辺り（現在名神高速道路北側）までは緑地のため池の水を使いましたが、そこから南の浜・長島・渡場・二軒家の辺り（同高速道路南側）では、上手の緑地からの水と、豊南町東三―一四辺りにポンプを置いて、そこから汲み上げた水（吹田用水）の両方を回していました」

（イ）「小曽根の用水は、普段は服部緑地のため池の水が南に流れて、あちこちの田んぼに潅水《かんすい》しますが、南の吹田側（豊津）から流れてきた水（吹田用水）も使いました。ポンプ小屋のある堤防の下には、人がしゃがんで歩けるぐらいの暗渠（水路）があって、そこから小曽根側（現豊南町東・西）に流れてくるようになっていました。しかし、吹田側からの水が少なくなると、暗渠（水路）の近くにポンプがあってそれで（小曽根側へ）汲み上げていました」（ア・イ[60]）。

ポンプ場の設置については、『新修豊中市史第二巻通史二』（第3章都市化の進展 第4節大正デモクラシーと民衆）（「大阪朝日大阪版」大14・5・23記事引用の部分）の中に、「豊能郡小曽根村では、大正一四年（一九二五）五月 用水の組合を認可申請した。六六町歩の耕地整理、神崎川渡し場に吸水ポンプ設置という計画で、予定工事費は二万六七〇〇円だった。この時期、庄内村でも潅漑対策としてのポンプが、次々と導入されていたが、（中略）青年たちを農業につなぎとめるための機械導入であった」[61]とある。

（ウ）「渡場のポンプ場から小曽根村の南部に汲み入れられた水は、小曽根センター（小曽根一―一八）の辺りまでそのまま上ってきました。しかし、その辺から先は発動機のポンプを所々に置いて、北条辺りまでさらに送りました。昭和一〇年（一九三五）ごろはバーチカルという名の発動機を使って送っていました」

（エ）「昭和のはじめごろだったと思います。大干ばつで緑地の池の水が流れてこなくなってしまいました。渡場のポンプ場から吹田用水の水を貰っていましたが、それも流れてこなくなり、ただ雨が降ってくれるのを待っていました。それでも雨は一滴も降らないので、最後の手段として、やむを得ず神崎川の水を（大阪湾が満潮になって水位が上がるの待って）ポンプ（設置場所は渡場の南）で小曽根側に汲み入れたことがありました。それで稲の根と茎が赤くなってしまいました。田の潮が抜けず二～三年はその影響が出て、茎の回りが赤くなって枯れたようになり、収穫に影響して困ったことを覚えています」（ウ・エ[62]）。

最後の一滴

米づくりは秋の収穫を終えるまで天候に左右される日々が続く。最も厳しい状況になるのは、干ばつになり日照りが続き水不足になったときである。小曽根一の古老はそのときの体験を次のように語っている。

（オ）「昭和三二・三三年（一九五七・八）でしたが、（中略）その年の干ばつはひどいものでした。田んぼはひび割れしていて担桶《たご》（天びん棒などでかつぐ桶《おけ》）に水を汲んで運んで行って、そこらの田に水をまいても、苗の根までは溜まりませんでした。そこで苗の周りに水を掛けてやったり、土瓶《どびん》に水を汲んで一株一株の根に掛けてやったりしました。七・八月ごろのことでした」。

同古老によると、当時のある新聞が、「旱魃のため小曽根では、土瓶で水やりしていると、写真入りで報じていた」とのことであった。

（カ）「大かん魃《ばつ》で服部緑地のため池の水が底をついてくると、そのままでは池に近い農家の田んぼだけが潤うことになるので、池の水が底をついてくると、残った水はかけ流しにして水の流れのままに流しました。最後の一滴まで不平の出ないように、各自が水の欲しさのあまり水路の途中に堰板を入れて、流れを操作するようなことはさせない、残った水は自然の流れにまかせるという取り決めをしていました」（オ・カ㊸）。

用水路の管理は、水路を共有する人たちによって行われるが、実際に田に水を回すのは、水番といって、水利のまとまり（水利組合など）毎に日当いくらで雇われる人がいた。水番は見回りをして池や水路の堰板や田の水口《みなくち》を開けたり閉めたり、水路に開いた穴の修理をしたりして、それぞれの田に水がうまく回るようにしていた。日照りが続くと、水の取り合いが起こりかねない。水番はそれにも目を光らせ、不公平が生じないように一日何回も見回りに出かけたと言う。

水がため池の底をつくようになり、もはや流す水が無いとなれば、それこそ我田引水の状態になり、争いになりかねない緊張したものとなるのが必定。では池の水が底を尽き、いよいよこれが水門を開ける最後のときにはどうしたのであろうか。水番は各水田の取水口の全てを開けたままにして、水がどの田に流れてもいいようにした。あとは水にまかせる。自然にまかせて流れ下るようにすれば、水は行きつくところまで行ってそこで止まってしまうことになる。一滴の水でも欲しいときである。流す水をこちらへ回せ、いやこちらへと争いになりかねないとき、その解決方法は流れを自然の傾斜に任せる。誰も手出しはしない、自然のままに流下させるというものであった。その話を聞いたとき、なるほどその手があったのかと、先人の知恵に思わず手を叩いてしまった。

用水はこのように最後の最後の一滴までそれほどまでに公平に大事にされていたのだ。何しろ水の確保は収穫を左右する一大事であり、命の水であったからである。

天竺川の決壊

「文化八年（一八一一）摂津国豊嶋郡小曽根郷絵図」（179頁64）に天竺川と高川が描かれている。その堤防には両河川とも松並木がある。数えて見ると百本以上はある。特に天竺川の堤防敷と思われるところには、かなりの本数が描かれている。両河川とも天井川で川床が周囲の低平地より高いところにあり、むかしから河川はん濫や堤防の決壊をおそれて、河川沿いに造林されたのが松の木の列（松並木）である。両河川のはん濫や堤防決壊について、いつごろどんな規模で起こったか、詳しいことは分からないが、古老から聞き取りをした平成元年（一九八九）一一月の記録の中に、次の二ヵ所について語られている。

（ア）「私が三〇歳位のときだったが、天竺川が洪水になり今の緑地小学校がある辺りの堤防が決壊しそうになりました。それで村から人が出て土嚢《どのう》を積んで堤防を守ったことがあります。堤防沿いの松の木を切り倒して、切口辺りの根と倒した松の木をつないで流し、水の流れを弱くするようにしました。水に流した松の木は川の水の勢いで堤防側に寄せられます。そうすると堤防に当たる水の勢いが弱くなり、土嚢は流されず堤防の決壊を防ぐことになります。あそこが切れたら小曽根一帯は水浸かりになりますので必死でした。

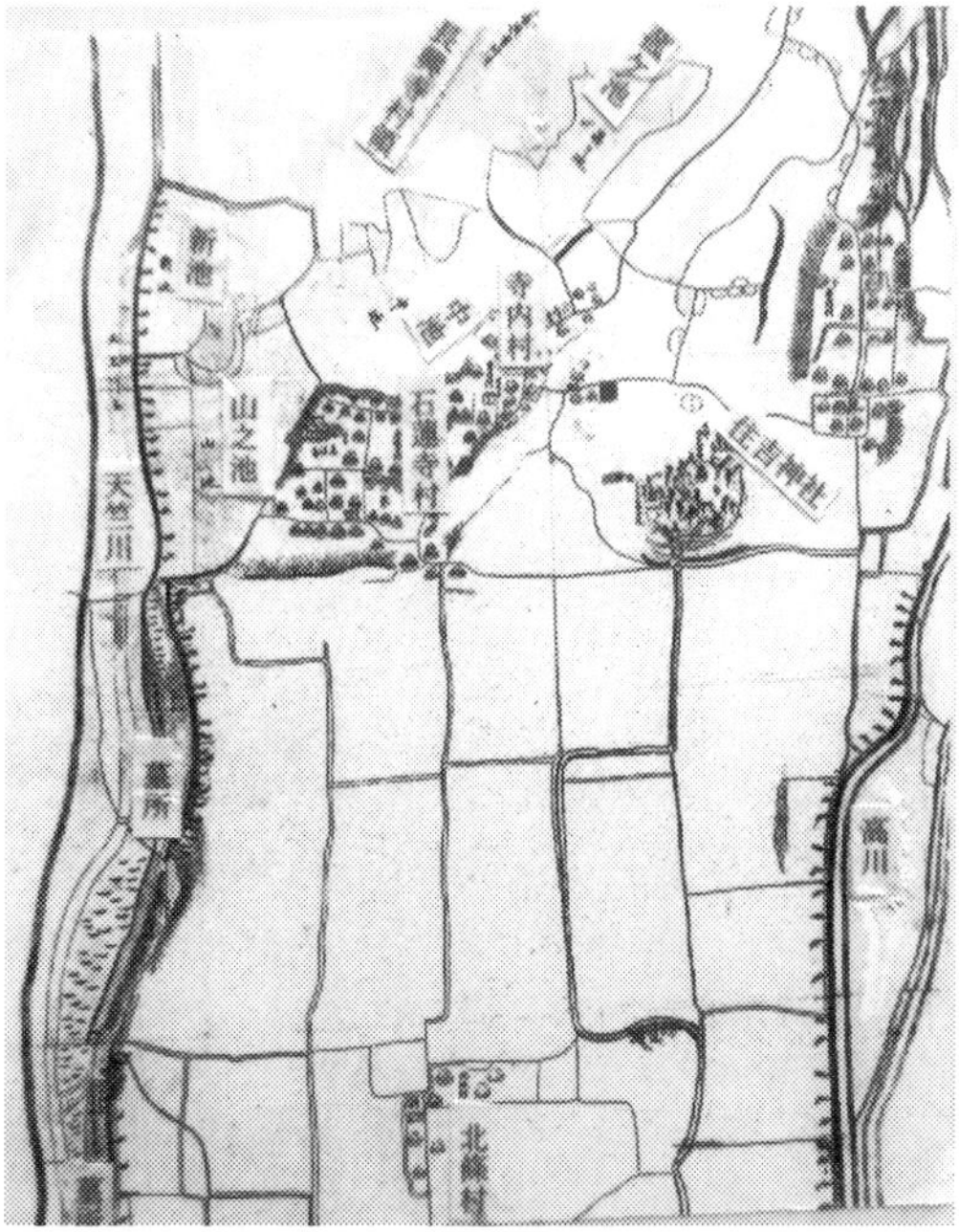

(64)文化8年（1811）摂津国豊嶋郡小曽根郷絵図（高川・天竺川両岸の松並木）『新修豊中市史第一巻通史一』付図Ⅱ－4 部分図　著者加筆（写真190頁参照）

そのとき南の方では、十分守れなかったので決壊し、服部から南の方に流れ込んで水害になりました。決壊したのは天竺川橋の上手《かみて》でした。結局、そこが決壊したことで、服部緑地の方の堤防は決壊しないで済みました。小曽根一帯は冠水せずにすんだわけですが、このように水をめぐる出来事はさまざまで、くらしの上に幸不幸をもたらしました」(65)

（イ）「昭和九年（一九三四）に室戸台風が直撃しました。それで天竺川が決壊して大水がどっと服部の方に流れて来ました。決壊したところは天竺川橋の少し北のところでした。今（平成七年取材当時）の寿司屋「梅喜」の前の北側にあった土蔵が、流水の勢いでぐらっと傾いていった様子はよく覚えています。そのとき、天竺川堤防の決壊が広がらないように堤防に杭を打って、松の木の根っこを括り付けて岸に寄せていましたが、それも流されていきました。阪急電車の服部駅（現服部天神駅）南の第三踏切のところで膝上十センチ位、穂積会館の辺りで腹の臍《へそ》ぐらいまで水がきました。穂積の人は家から馬力《ばりき》（荷物を積んで運ぶ馬車）に畳を積んで来て馬力を横に並べて、そこに畳を立て掛けて水を防いでいました」(66)

二つの話は内容につながりがあり、同じときに発生したものと思われる。場所は前者が若竹町一にお住まいの方（Aさん）で、内容は服部緑地西側での体験であり、後者は服部南町一にお住まいの方（Bさん）である。内容は決壊場所が、天竺川橋の北にある穂積墓地北側の辺りで、被害は服部天神駅周辺まで浸水したという内容である。

いつのことかについては、Aさんは明言されていないが、お生まれを明治四一年五月と記録しているので、「三〇歳位のときだったか」と言われているところからすると、内容は昭和一三年前後のことになる。一方、Bさんは昭和九年（一九三四）の室戸台風のときだったと話されている。同じ水害について、いつのことかその発生年にズレがあるようだ。室戸台風のことは、教科書にも載っていてよく知られた台風であり、記憶されている方もあるであろう。Bさんはその室戸台風のときのことだとのこと。数年の違いではあるが、昭和一〇年前後には同じような水害が続いたという話もあり、今一度他の資料に当たり、その発生年を確かめてみることにした。

天竺川の決壊（天竺川橋付近）①

水害年表②
①・②『グラフとよなか 1979 No15・豊中市今、むかし』市長公室自治振興課

昭和一〇年前後の水害

調べてみると、『グラフとよなか一九七九NO15・豊中市今、むかし』の中に、「繰りかえされた、水害とのたたかい……」の見出しの記事があり、そこに水害年表と数枚の写真が載せられていた。水害年表には昭

和九年から昭和四二年までの大型台風・集中豪雨などの中から、被害の大きかった水害について記されており、「昭和九年九月二一日室戸台風猛威をふるう」「昭和一三年七月五日大豪雨」「昭和二五年ジェーン台風猛威をふるう」などと書かれていた。添付写真の中の一枚には、昭和九年とは明記されてはいなかったが、「天竺川の決壊（天竺川橋付近）昭和一〇年頃」と付記されていた。[67]

豊中市立熊野田小学校内に「大風水害記念碑」がある。その碑の裏面には、昭和九年（一九三四）九月二一日午前八時室戸台風が猛襲し、講堂校舎が倒壊し、稲久保校長の殉職と児童五名の犠牲者、三〇有余名の重軽傷者をだしたことが刻されている。

また、吹田市立博物館が、「『平成29年度（２０１7年度）企画展（6月17日~7月9日）』未曽有ノ猛台風、襲ヒタル~昭和九年室戸台風の記録~」を開催したときの展示案内冊子の中に、同台風の概要について次のように記されていた。その内容を略記してみると、そこには、「近畿地方を襲った猛烈な台風は、高知県室戸岬で当時の世界最低気圧を更新する最低九一一・九ヘクトパスカルを記録し、大阪での最大瞬間風速は六〇m／Sに達したこと（m／S　一秒間の風速）」「暴風警報が発せられたこと」「午前八時には大阪測候所の風力計が吹き飛ばされたこと」「特に大阪市や堺市などの湾岸低地・沿岸地域においては、急激な高潮により船舶等の損壊・流失、家屋四〇万戸以上が床上床下浸水したこと」「こうした甚大な被害の後、教訓を生かして暴風警報の改正や耐風性強化の建築基準法が施行された」などとあった。[68]

各資料から室戸台風は、大阪市・堺市の湾岸低地や湾岸地域では高潮による甚大な被害となった事実もあるが、それ以上に記録的な暴風台風であったと考えてよいようである。

本市でも市域の損害も多数あったが、熊野田尋常小学校や豊南高等小学校では校舎が倒壊して、多数の死傷者を出していることから、このときは豪雨による浸水・河川はん濫よりも、暴風いわゆる風台風の猛威による被害が大きかったのではないだろうか。とすると古老が伝える天竺川の決壊は、先に紹介した『グラフとよなか一九七九NO15・豊中市今、むかし』の中の「水害年表」に記されていた「昭和一三年七月五日大豪雨」のことではなかったかと思えてきた。さらに調べると、『写真アルバム　豊中市の昭和』二〇一六年九月（樹林舎）の中に、「洪水に襲われた服部駅周辺」と題した写真があり、その説明に「この年の大豪雨によって天竺川が決壊し、辺りは水浸しとなった。（以下略）」とあり、文末に「服部元町・昭和一三年（一九三八）・提供豊中市広報広聴課」(69)と出典先が添え書きされていた。このことから、改めて二人の古老の話に出た天竺川決壊は、昭和一三年七月五日の大豪雨のときであったと、特定してよいようである。

下肥船と浜の利用

神崎川の河尻《かわじり》は、諸研究・調査から古代より西国からの人の往来や物産が運ばれる港湾として発達し、上流では淀川とつながり京へ向かうルートになっていたと言われている。神崎川の豊中市側には小曽根・三国・洲到止に渡しがあり、船着き場があった。そこが能勢・池田方面や豊中の村々と大阪を結ぶ街道筋につながっていたことから、周辺の村から年貢米・木材・石材・銀銅・特産物・青物類などが運び出されたり、大阪市内からは生活用品や肥料にする金肥《きんぴ》と屎尿《しにょう》（人糞・尿のこと）などが運び込まれたりしていた。金肥と屎尿は田や畑に撒いて下肥《しもごえ》にして、産物の収穫を上げようとするもので、農家にとっては何とかして手に入れたいものであった。

金肥とは何かであるが、金肥は農家がお金を出して購入する肥料のことで、主な金肥に干鰯《ほしか》と油粕《あぶらかす》があった。干鰯は鰯《イワシ》・鰊《ニシン》を乾燥させたものを砕いて尿や灰に混ぜて肥料にされたもの。やがて下肥に使われた屎尿にも値段が付けられて売り買いの対象になる。農家は自家の屎尿を主力肥料にしていたが、大坂の城下に家が建ち並ぶようになると、村から渡し場や浜に出て、特別の船（下肥船）を出して、町方（町の家）から糞尿を買い取り、汲み取り用の肥樽に入れて船に積んで帰るようになる。自分の田や畑、竹林（筍）などに撒いて地力を培い生産力アップにつなげようとしたのである。

最初のころは大坂城下まで汲み取りに行って、町屋から直接購入して村まで帰っていたが、やがて汲み取り専門の業者が現れて、それぞれの渡し場のある浜まで運んでくるようになる。浜に降ろされた肥樽は、農家の人たちがそこまで出かけて行って荷車や馬力に乗せて、人力で引いたり牛や馬に引かせたりして村まで運ばれて行った。

洲到止・小曽根の場合

「洲到止渡場の跡」を標示する石碑
（左 神崎川・右 つるやゴルフセンター 大島町３－10）『グラフとよなか 1980・NO16・豊中市の川と池』
碑文
西面　洲到止渡場の跡
北面　1977 年大島鳩恩会建立
東面　1935 年神洲橋架橋により渡船廃止、以前は唯一の交通機関

洲到止には地元の大島鳩恩会によって、昭和五二年（一九七七）に建てられた「洲到止の浜跡」碑（大島町三―一六）がある。碑文には「農産物を積み出し日用品及肥料を荷上せし浜」とある。地元大島町の古老（明治三五年生まれ）は洲到止の浜について、次のように話している。

「農家の人が舟を出して農産物を大阪に売りに行ったり、大阪から下肥を買ってきたり、また尼崎に行って日用品を買ってきたりして舟を着けたところです。（積んできた）物を降ろすと、天秤棒で肩に担《かた》げて家に運んできたものです」[70]。

神崎川と神洲橋　手前に立つ「洲到止渡場の跡」碑

また、小曽根の浜については、平成七年（一九九五）五月、実際に上新田から小曽根の浜まで下肥の買い取りに出かけたことがある古老（明治四五年生まれ）からの聞き取りがある。

「糞尿の汲み取りに（上）新田からも出かけました。馬力（荷馬車）を引いて朝の二時ごろから家を出て、九時か一〇時ごろ帰ってきたものです。大阪の町から糞尿を買うわけですが、そこには鳥飼の方の業者だったように思いますが、（大阪の町から下肥を）小曽根の浜まで運んで来る人（業者）がいました。そこで買い取って馬力に乗せて帰りました。一台でだいたい五円位払いました。馬力に一〇本の樽を乗せる人もいましたが、新田までは登り坂もあり大変でしたので、私は八本程積んで帰りました。一年で買い取りの糞尿代は五〇円位使ったものです。暑いと人間も疲れますが、牛もバテてしまうので、朝の涼しいうちに運びました。（中略）運んで来た糞尿は今の東町辺り（現新千里東町）に運び上げて、水の入った田（苗を植えたところ）に注ぐようにして入れていました。土を肥やすわけです。畑に撒いたり、竹林にも撒いたりしたものです。竹林はあちらこちらにあって（筍は）現金収入になりました」[71]。

一台に積んだ下肥（屎尿）の費用が五円位、一年間に五〇円位払ったとすると、高低差のある上新田〜小曽根の浜間を、年間十回位は往復したことになる。田植えから苗の生育期間までを考えると、話は酷暑の続く六月から八月ごろのことと思われる。

庄本・利倉の場合

猪名川筋では、「庄本南水門之址碑」（庄本町四—二）（153頁参照）の碑文に同水門の内外に「船溜まり」

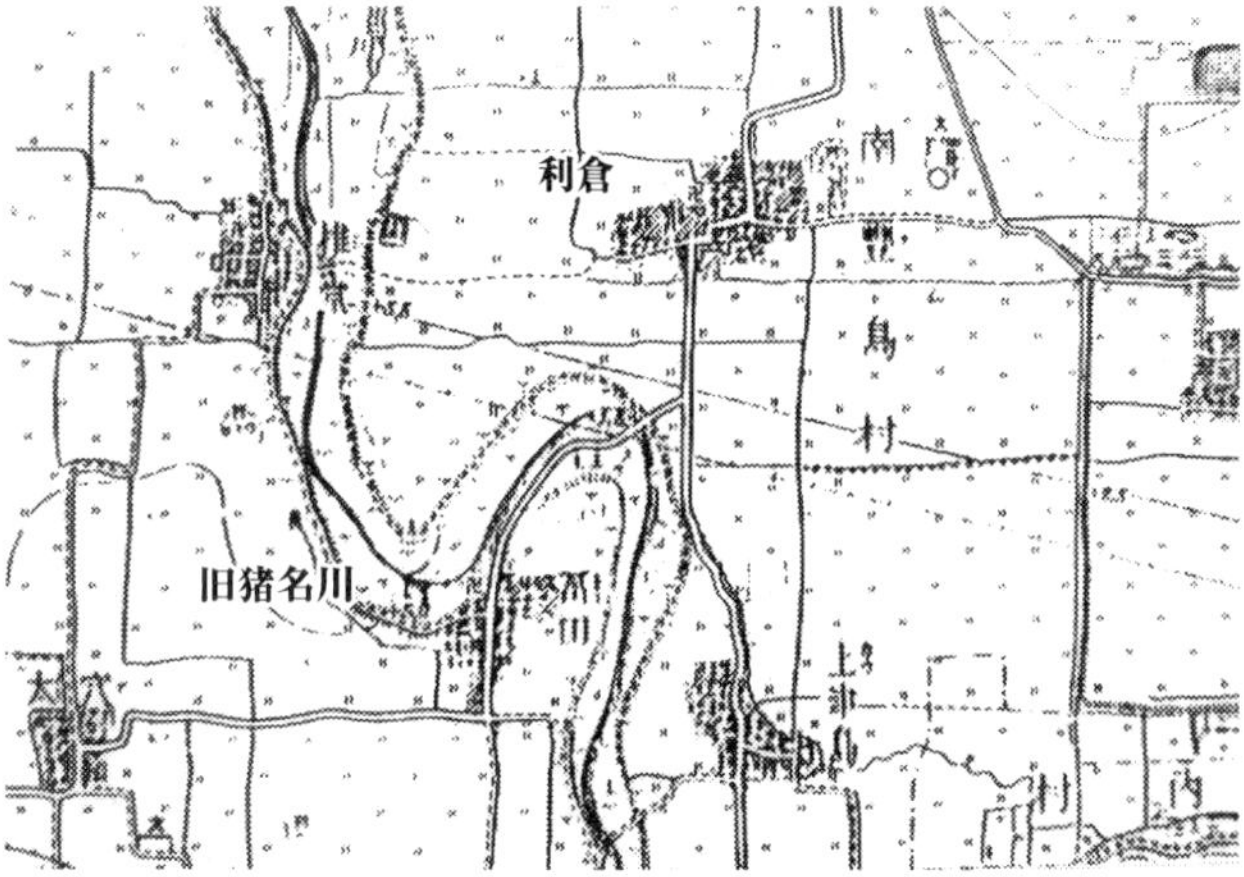

⑫昭和４年（1929）当時の利倉と旧猪名川（2.5 万分の１）「伊丹」陸地測量部 著者加筆

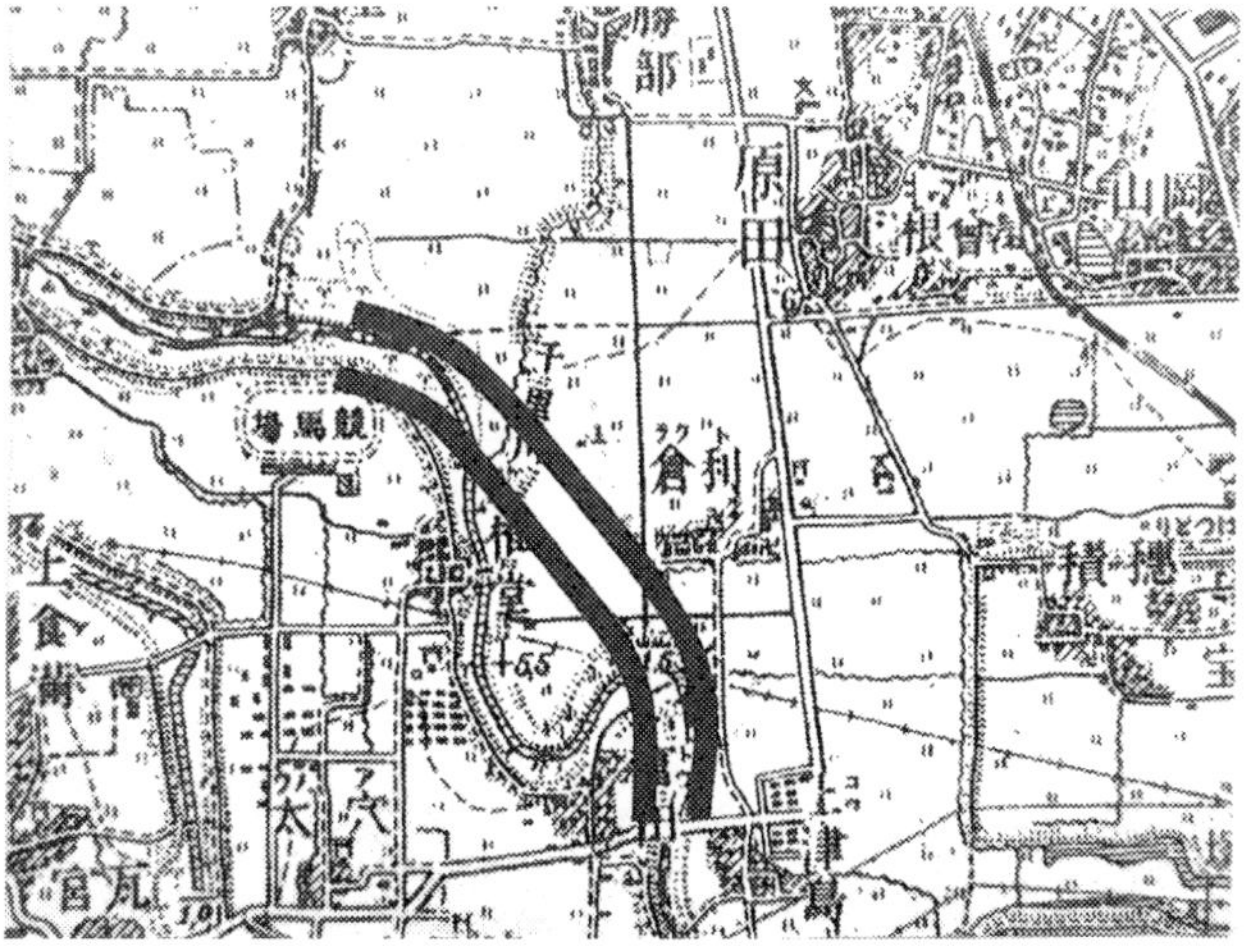

⑬利倉 捷《しょう》水路位置図　『平成３年（1991）猪名川五十年史』図8－2建設省近畿地方建設局猪名川工事事務所提供

があり、そこに肥料船が出入りしたとある。庄本よりさらに現在の流路で二キロ程上流の利倉にも浜があった。川舟が発着できるようになっていた。利倉は岡町から原田を通って尼崎へ行く「尼崎街道」と呼ばれる道筋にあり、大正のはじめごろは八〇戸程の集落があったという。すぐ西側を猪名川が流れており、川を渡ると尼崎市椎堂に入る。

猪名川流域は洪水による被害に悩まされてきたが、その解消を図るため河川の改修改良に取り組んだ。昭和三三年（一九五八）から同河川の河口付近（尼崎市戸ノ内）で捷《しょう》水路工事（蛇行した河川を直線化する）がはじめられる。豊中市利倉付近にも大きく折れ曲がる蛇行したところがあり、昭和四〇年（一九六五）から同四四年（一九六九）にかけて、「利倉捷水路工事」が行われた。「利倉捷水路位置図」[73]は、猪名川が大きく蛇行《だこう》するところをショートカットして、真っすぐにして、河道幅を広げる大改修が行われたところである。

地元の古老が語るには、「利倉は『杓《しゃく》ノ浜』（現利倉西二）といって、今はショートカットして川の流れが変えられたが、あの辺に浜があった」「肥料の下肥《しもごえ》は大阪に出て貰ってきて、杓ノ浜（冨田の橋渡ったところ）に壺を出して、そこに入れていったん溜めて置いて、そこから村に運んだものだそうで、舟は大阪の海の引き潮の時に下って、満ち潮の時に浜まで戻ってきたものだと聞いている。私が生まれた明治四三年（一九一〇）より前のことです」（以上[74]）という。この話からすると、利倉の浜での下肥の舟運利用は、明治の終わりごろには衰えていて行われなくなっていたようだ。その理由にはどのようなことが考えられるだろうか。

一つには猪名川が上流からの土砂で浅くなり、潮の満ち引きを利用して舟を上り下りさせることが困難になってきたことにある。

二つ目は下肥問題である。このことについては大阪市中に於いて、汲《く》み取る側（農民・在方《ざいかた》）と汲み取ってもらう側（町人・町方）の間では、汲取権（汲み取り場所の確保）や下肥の代銀（買い取り費用）などをめぐって、しばしば紛争が起こっている。『豊中市史第二巻』（第3章近世の豊中第3節農業生産の発達）に、その動きが記されている。

大阪近郊農村の青物類栽培が盛んになると、下肥の重要性が増し、下肥取引き（値段や汲み取り場所）をめぐる紛争が激化したとある。「奉行所は延享二年（一七四五）に鑑札制度を設け、汲み取りは鑑札所持者に限定するなどの統制を加えたが、両者の紛争はやまなかった」[75]。こうした下肥紛争に対処するため、在方（農民方）の村々は「在方下屎仲間《しもごえ》」をつくり、連合して町方との取引をすすめるようになる。

同『豊中市史第二巻』には、続けて「こうして経過するうちに摂津・河内三一四ヵ村および河内新田方支配（七ヵ村）という在方下屎仲間ができ、奉行所もこれを認めた。豊中の村々で加入したのは、上新田・熊野田・北条・小曽根・寺内・浜・長嶋・長興寺・山ノ上・岡山・原田・服部・曽根・利倉・庄本・野田・上津嶋・今在家・洲到止・嶋田・牛立・菰江などの村々であった」[76]、とある。豊中からは北部では上新田・熊野田の二村、中南部からは二〇村の村々が、大阪市中に下肥の汲み取りに出かけていたことが分かる。

市立千成小学校に、中学年（3・4年生）のための郷土学習資料集として作成された『庄内 むかし―江戸時代の庄内』（1994・11）がある。その中の「くらしをまもるためのたたかい」には、「江戸時代の十九世紀中ごろになると、幕府と反幕府勢力との戦いや外国と国交を開いて貿易をはじめたことなどから、物の値段が急に高くなり、幕府（大坂町奉行）が決めた下肥の値段などは守られなくなった。下肥がせりにかけられて、取引きされるのが普通になる」「在方でつくる下肥仲間に入っている村と村との間でも競争がはげしくなり、汲み取り場所の取り合いや、一部の力のある農民に汲み取り場所が集中するということが起こった」「下肥仲間は（決められた場所・値段を守るよう）何度も申し合わせをするが、守られなかった」[77]とある。

明治一一年（一八七八）、大阪府が「屎尿《しにょう》取締規則」を定めて監督統制を行うが、幕末からのこうした動向からすると、下肥が高騰したり下肥の汲み取り場所が得られなくなったりして、その流れに追いつけない農家は、大阪市内からの汲み取りから手を引かざるを得なくなったのではないだろうか。

先の古老の記憶では舟運による下肥運びは、「私が生まれた明治四三年より前のことです」とあったところから考えると、猪名川河畔の利倉村の場合は、明治の中ごろから末にかけて、下肥舟による大阪市内からの汲み取りからは手を引いていた、と考えてよいようである。

時あたかも大阪の街が急ピッチで近代化されていくころである。市中の生活基盤整備は喫緊の課題になり、下水道整備事業は重要施策としておしすすめられたであろう。そのことも下肥の運び出し全体を衰退させた理由の一つではないだろうか。

一方、昭和に入ってからも続けられていた話がある。それは古老からの「聞き取り」の中にあったが、淀川・神崎川に橋が架けられると、水運の利用から陸路を行くようになり、汲み取りに行くのは、大阪市中から離れて現淀川区や豊中市内に移っていったという。

十三《じゅうそう》橋・三国橋・神洲《かみす》橋の架橋

さて、淀川や神崎川に橋が架かったのは、いつごろのことであろうか。淀川は明治の中ごろから大改修が行われ、旧淀川のころは中津川と呼ばれていた川筋が開削されて新淀川になる。中津川には「長柄《ながら》の渡し」などの渡しがあったが、「十三の渡し」もその一つで、そこに橋が架設されたのは明治一一年（一八七八）七月である。「三国の渡し」では、明治六年、増水したときは橋板を取って渡し船で渡すという方式で仮橋が設けられた。本格的架橋は五年後の明治一一年（一八七八）である。「洲到止の渡し」のところには、明治一〇年（一八七七）に対岸の神津村（現大阪市淀川区）と洲到止村の間に「神洲橋」が架けられた。それぞれの村の頭文字から「神洲橋」と命名されている。

「小曽根の渡し」には今でも橋はない。手元にあった森本吉道・菅原敏二『郷土―庄本の歴史を中心として』には、「(前略) 昭和七年（一九三二）より現在の神崎川水系の改良工事に着工、戦後に至って竣工した。この工事で川幅の拡張、川床の掘り下げが行われ、川床は一メートル五〇センチ深くなった。改良工事が進められた結果、計画最大流量毎秒二四〇〇トンになった」[78]とある。その後、約九〇年近く経過しているが、河川の改修整備事業は、今も継続的計画的に続けられている。「小曽根の渡し」碑のある場所から、対岸の淀川区十八条二の方に目をやると、流れは川幅いっぱいに大きくカーブし、ゆったりと流れており、三国橋付近の堤防は高く、河川敷には花のある風景が見られる。

用水路や川のあるくらし

聞き取りのため訪ねたとき、神崎川や用水路で魚取りをしたり、取った魚を料理したりして食べたことなど、子どものころのことをいろいろと思い出して、懐かしく話されたことを覚えている。話題から当時の川のあるくらしの一端がうかがえる。

庄内の場合、小曽根用水と吹田用水の他に村内には数多くの水路が迷路のように張り巡らされており、それらの水路にはウナギ（鰻）、ドジョウ（鰌）・フナ（鮒）・モロコ・エビ・シジミ（蜆）・タニシ（田螺）などがおり、副食（オカズ）にして美味しく食べたという。島江の古老は、水路にいるドジョウ（鰌）やフナ（鮒）の捕まえ方やその料理法について、次のように話している。

「ドジョウは押寿司にしたり、鰌汁《どじょうじる》にしたりした。用水路に囲いを作って掬《すく》い上げたり、もんどりといって竹で編んだ筒状の篭《かご》を夜中に沈めておいて、朝引きあげて取ったりした」「ジャコ豆という食べ物があるけど、今でもフナ（鮒）を買ってきて料理することがある。それは昆布を鍋の底に敷いて鮒・大豆・大根・ゴボウに醤油・塩を入れて一緒に炊《た》いたもの。マブナは番茶と一緒に炊いて骨を柔らかくする。半日くらいグツグツ煮込んでいた。冬はその汁が固まって『こごり（煮こごりのこと）』になるが、ベロベロしていて熱いご飯にかけて食べると、とてもおいしかった。マブナはよく煮込んであるので、頭から食べた。むかしは

神崎川・三国橋付近（対岸は大阪市淀川区）

松並木風景（城山町４付近の天竺川右岸）

こういうものが、今でいうタンパク源だった」[79]。

一方、小曽根の場合は、榎原實『昔の渡し場』に書かれている。冊子発行の意図は、「初めに」のところに「私は自分の体験を主に故人及び年長の人達のご助言を得て、暇にあかして駄文ですが書き止めて置きたいと思いました」とある。著者が、昭和五三年（一九七八）に書き残した回顧録である。その中の「神崎川とのつながり」と題したところに、川とともにあった当時のくらしが記されている。

（ア）「（神崎川の）水は澄み切ってきれいだし浅瀬と深い淵が適所にあり、川岸には柳の根が川の中まで延びているところや、魚の産卵にも好都合の個所がありました」

（イ）「子どもから老人まで魚とりが大好きでした。投網・巻網・さて網（「すくい網」ともいう）・網あんこ（もんどりのこと）・竹あんこ・さし網（ドジョウの身を餌にして夜中に川に流して置く）・ずるご釣り（太いミミズに糸を通して、それを細い竹の先に束にしてつけ、夜、ウナギの寝ぐらに探りをいれる。ウナギが食いつくと、手答えで静かに引き上げる）・樒《しきみ》を束にして川底に沈めて置き、翌朝、ウナギがひそんでいるのを引き上げるなどの漁法で、趣味で、中には生活の糧にしている人もあって、魚取りに一生懸命でした」

（ウ）「取ってきた魚はその日の副食物として煮たり焼いたりしますが、スッポン亀の場合は首をはねてその生き血を飲んだり、ウナギを青竹の中に入れて蓋をして炭火で蒸し焼きにします。そうすると青竹の精と混ざって病弱者の滋養物になっていました」

（エ）「小魚と大豆を弱火で長時間煮て甘がらく味付けした雑魚豆《ざっこまめ》は、保存食になりよく食べさせられました」。また、漁については、「村には川魚の行商人がいて、小曽根・北条・寺内辺りまで売りに廻っていた」とあった。舟のある家については、神崎川に近い二軒家（現豊南町南）辺りであろうか、「どの家にも必ず生け（す）の付いた小舟があった」と書かれていた。

（オ）「大正の初め頃、大雨が何日も降り続き、川がはん濫したことがあります。渡場では家の庭先まで溢水してきた程でした。上流の右岸堤防が決壊するかもしれないというので、大勢の農家の人が馳《は》せ集まって一生懸命堤防を守りました」（ア〜オ⑳）

このように川の付近には多くの恵みが与えられ、のどかなくらしがもたらされる半面、大雨が降り洪水になると、家の庭先まで溢水してくるなどの水害に遭うことがあった。

高川や天竺川の堤防はそのため段々と高く積み上げられたもので、今日でも水害に備えて川底の浚渫や護岸の改修工事などが続けられている。その堤防道には、先人が補強のために植林した松並木が見事な姿を留めており、それらは水と向き合ってきた人々の歩みを今に伝えている。

あとがき

本書は市域の地形全体をながめ、次に北部・中部・南部の各章に分けて記述したものである。中・南部は低平地でしかも付近には猪名川・神崎川・天竺川が流れており、洪水・浸水・冠水の害に直面し、内水にも悩まされてきた歴史がある。そのため北部より中部、中部より南部に内容がふくらみ、記述も多くなった。

章立てをして、内容ごとに節に分け、順序よく書くのがよいのだが、聞き取りした内容をできるだけ取り上げたいと考え、その土地、その場所で聞いた話の流れに沿って書きすすめることとし、できるだけ地図・図表・絵図・古文書などを添えてみたが、どうだっただろうか。掲載した資料（史料）は、豊中市域のむかしに思いをはせていただいたり、豊中市の移り変わりについて、考えたりするきっかけにもなる。本文と併せてご覧いただけたらと思う。

昨今の日本の田園風景は、変わることなくそのままのところもあれば、変貌し続けているところもある。そして、残されている田畑や川・池に住む希少生物のことが取り上げられたりすることもある。この間もある新聞が「かえるのうたがきこえてこない」という見出しで、その減少は全国的な傾向であると報じていた。

耕地やため池・用水路などが消えていき、小川や河川で護岸工事が行われると、卵を産む水草がなくなったりして、トンボが住める場所がなくなり、その姿が少なくなっているという。こうした水辺の生き物を育むため、小・中河川の改修や浚渫《しゅんせつ》などの際には、そこに住む生き物が、住みやすい環境に配慮した工法が採られたりしているとの記事を読んだことがあるが、それでも生態系が脅《おびや》かされている状況に変わりはなく、自然環境の維持・保全・再生が願われている。

また、近年、温暖化の悪影響と云われる大雨や集中豪雨などが、各地に頻発し、その被害の大きさには驚かされる。いつどうなることかと心配になってくる。梅雨シーズンからは、テレビには「記録的大雨洪水情報」「土砂災害警戒情報」「線状降水帯（気象庁の気象用語）」などの文字が流れ、紙面には「自然流失」「異常気象」の見出しが並ぶ。これからはこうした自然環境の保全・再生面、大雨・豪雨・津波などからの防災・安全面と、その両方を充実させる取り組みが一層重要となっていくに違いない。

豊中市では、以前から局地的な大雨・豪雨により発生する水害のための対策として、該当する地域の小学校の運動場に雨水貯留施設を設置し、市内では雨水バイパス管の整備工事等の対策に取り組まれてきたが、むかしからの用排（悪）水路や、現在残っているため池も田畑へ水の供給だけではなく、大雨や豪雨を一旦受けとめ、それらを川や海へ向けて排出する大事な役を担い、今もその役割を果たしている。

『とよなか百景』（豊中市　２０１７）の中には、川や池、元はため池であった公園など二〇ヵ所程が載っている。それらは「まもり・つくり・そだて・いかす景観」として紹介されている。

豊中市域は、既に全域が市街地化区域に指定されている。市域面積に対する用途地域別面積構成は、『豊中市立地適正化計画【改訂版】〈令和6年（２０２４）2月改訂〉①』によると、商業系・工業系用途地域以外の74・1％が住居系用途地域である。その多くが丘陵などを削平したり、谷や低地に盛り土をしたり、田んぼであったところを造成したりして宅地にしたところである。そのためかつての風景は激変し、加えて人と自然の関係、地域のあり方も変化していった。地震や水害が報じられると、土地の高低差・地盤・水の流れなどが気になる。かつての土地利用はどのようなものであったのか、河川はん濫や浸水・洪水に悩まされたときのこと、ため池の存在など、伝えておきたい情報である。

取材（聞き取り）させていただい皆さんの多くは、今から半世紀程前は、まだ農地（水田）を耕し、用水路に水を引き、実りの秋を迎えるためにさまざまな努力を重ねられ、市域の変貌を目の当たりにしてこられた方々である。訪問してお話を聞くたびに、農業のことを伝えておこう、知ってもらおうとされる心根が伝わってきて、ありがたく感動しながら聞いたことを思い出す。

本書が、住んでいるところへの思いや親しみを深めたりする読み物になり、地域史の一端を伝えるものになればありがたい。

まだ現地のその後を調べたり、資料（史料）の補充をしたりするなど、気になるところもあるが、ここまでを一区切りとしてまとめ、発刊させていただいた。お目通しいただき、皆様方からのご感想やお気付きになったこと、ご存じのことなど、気軽にお寄せいただければと思う。

最後に巻頭に小田康徳様（大阪電気通信大学名誉教授）より、「本書出版を祝す」を賜りました。心より厚くお礼申し上げます。本年一月一〇日、小田康徳『歴史学の課題と作法―「人と地域が見える日本近現代史研究」追求の経験を語る』（阿吽社）が出版されました。この間、ご自身が執筆中にもかかわりませず、本書の各所にお目通しをいただき、具体的にたくさんのご助言やご指摘をいただいてきました。その上、この度の出版に際しては、身に余る過分なお言葉を賜り、誠に恐縮しております。

「本書出版を祝す」には、本書のねらいを明確にしていただいているところ、著者が気付けなかった観点からの分析とその解説が含まれております。また、歴史学とは何か、その取り組み方など、具体的にお示しいただいております。それらをもとに、これからも人と地域とその変化について探ってみたいと思います。

現地での聞き取り取材にご協力いただいた皆様方、九名井（原田井）についてご教示並びに現地案内、資料提供等をしていただいた渡邉稔様（元豊中市議会議長・猪名川土地改良区連合理事長・豊中市原田井土地改良区理事長）、使用した古文書・古記録に関する助言・解説等をしていただいた清水喜美子様（元新修豊中市史編さん担当）、豊中市域での発掘調査、文化財の維持管理等に努めてこられた知見から、ご指摘ご助言をいただいた服部聡志様（元豊中市教育委員会社会教育課主幹）、内容及び編集に際し、豊中市の歴史や史跡に関心を持ち、郷土をテーマにして取り組んでこられた経験から、ご助言ご指導をいただいた森本吉道様、高市光男様、大下隆司様、用水路・排水路・河川などの現地調査にご案内ご同行をいただいた奥田至蔵様、倉垣興治郎様、吉岡正起様、山田哲夫様、酒井弘嗣様、各位にはご多用のところお手数をおかけしました。心より感謝し厚くお礼申し上げます。

大阪城天守閣、豊中市文書館、豊中市教育委員会社会教育課、同市立岡町図書館、豊中市危機管理課、同広報戦略課、同上下水道局経営企画課等の各関係諸機関様には、文献・資料（史料）の提供や活用に際してのご助言等、お力添えいただきました。丁寧なご対応とご支援ご協力に心より感謝申し上げます。

また、出版に当たり、ドニエプル出版の小野元裕社長、新風書房編集部の上野真悟様、校正者の冨永麻友美様にはいろいろお世話になりました。特に書き直しや資料（史料）の差し替えなどお手数をおかけしました。あたたかい対応に感謝しております。

ここに改めて皆様に感謝し、お礼のことばとします。

令和六年（二〇二四）九月三〇日

瀧　健三

註　付図・参考及び引用文献・資料（史料）

絵図・地図の中には、地名・池名・河川名等を明示するため加筆しているところがある。
〈注〉付図・地図・資料（史料）・過去の写真等の中には複製について、禁止又は届出を必要とするものがある。ご留意ください。

付図1「明治18年（1885）当時の高度分布図（旧地形）」『新修豊中市史第三巻 自然』p21図2―5　豊中市（以下豊中市略）
付図2「昭和28年（1953）当時の地形分類図」『新修豊中市史第三巻 自然』p49図2―19
付図3「昭和57年（1982）当時の地形分類図」『新修豊中市史第三巻 自然』p51図2―21
付図4「豊中市浸水ハザードマップ」（洪水・内水はん濫及び津波）中南部 平成27年（2015）年4月 改訂令和2年（2020）8月
付図5「寛政2年（1790）南豊嶋地方水論図」『豊中市史第二巻』p94第22図 著者加筆
付図6「17世紀前半（推定）摂河絵図のうち、豊中市域を中心とした部分」石川友紀子氏蔵『新修豊中市史第五巻古文書・古記録』口絵
付図7「文政7年（1824）摂津国豊嶋郡原田村絵図」岡町図書館蔵『新修豊中市史第一巻 通史一』付図Ⅱ―3 著者加筆
付図8「明治18年（1885）当時の豊中市域の地形」測量明治18年2万分の1「大阪近傍北部」陸軍陸地測量部（以下「陸地測量部」）
付写真「水田が広がる豊中市域〈中部から南部（庄内）方面〉」昭和23年（1948）3月（米極東空軍撮影）国土地理院 著者加筆
見返し（表）「豊中市域の変遷」『新修豊中市史第九巻 集落・都市』p564図7―26 出典・豊中市政策推進部「とよなかの現況'95」
まえがき
表1「豊中市域の変遷」『新修豊中市史第九巻 集落・都市』p114「町村制施行当時の区画」図3―1⑥⑦、p564「市域の変遷」図7―26より
表2「市立小中学校数」（昭和30年度～同61年度）『新修豊中市史第二巻 通史二』p623表5―22「市立小中学校・市立幼稚園と児童・生徒・園児数の変遷」より
図3「土地利用現況図」表1文献のp534　図7―13
表4「専業・兼業別農家数および経営耕地面積」昭和37年度・昭和43年版・令和3年版―各『豊中市統計書』（農業）

第1章

①豊中市立少路小学校『創立十周年記念誌　島熊山に育つ子ども』（むかしの少路）ｐ22・23 昭和60年（１９８５）
②「豊中市域の地形区分図」『新修豊中市史第三巻 自然』ｐ33図2―11　著者加筆
③松井重太郎『桜井谷郷土史前編上巻』（復刻版以下略）Ｐ51 豊中市教育研究会「豊中の歴史」部会　１９８５
④「昭和25年（１９５０）当時の島熊山周辺」２・５万分の１「伊丹」地理調査所
⑤「明治18年（１８８５）当時の上新田」２万分の１「大阪近傍北部」陸地測量部　著者加筆

第2章

①『研究紀要第１００号第二集 聞き書き 水とくらし』Ｐ76・77　豊中市立教育研究所（現豊中市教育センター 以下市教育センターとする）１９９６
②「昭和42年（１９６７）当時のため池の分布状況」『昭和42年7月豪雨による豊中・池田・箕面市の被害の原因とその対策』（以下、略称『昭和42年7月豪雨の原因と対策』とする）ｐ41・42 図17　豊能3市長連絡会議
③『昭和35（１９６０）当時の溜池分布・面積』『豊中市史第四巻』ｐ１６０　第26表
④①文献のｐ79ア・77イ・78ウ
⑤磯田道史『徳川がつくった先進国日本』ｐ51・52　文春文庫　２０１７
⑥「天保2年（１８３１）原田四株指出明細帳」（『野口基之文書』）『豊中市史資料集3村明細帳（上）』ｐ１３０
⑦『新修豊中市史第九巻 集落・都市』ｐ84
⑧瀧健三『資料集録 とよなかの史跡・余話―水とくらし・街道など』ｐ9　平成23年（２０１１）
⑨松井重太郎『桜井谷郷土史後編上巻』ｐ76・77・78　豊中市教育研究会「豊中の歴史」部会　１９８８
⑩②文献のｐ2
⑪②文献のｐ29
⑫『蛇行する千里川（野畑付近）』測量昭和28年 2・5万分の1「伊丹」地理調査所
⑬①文献のｐ7・8
⑭『新修豊中市史第七巻 民俗』ｐ59
⑮⑭文献のｐ60

⑯ ⑭文献のｐ60・61
⑰ 豊島郡麻田村小谷与三郎『郷土史資料　明治十六年大旱魃日記』（復刻版）ｐ14～19　市教育センター 平成元年（１９８９）
⑱ ①文献のｐ6
⑲「豊中市大字小字図」（部分図）『新修豊中市史第一巻通史一』付図Ⅰ「豊中市大字小字図３」
⑳ 松井重太郎『桜井谷郷土史後編下巻』ｐ１００・１０１ 以下⑨文献と同じ １９９１
㉑『大阪春秋第21号特集北摂・後編』ｐ50 大阪春秋 昭和五四年
㉒ ⑧文献のｐ9
㉓『豊中市史第二巻』ｐ90・91

第３章

① 『新修豊中市史第三巻 自然』ｐ32
② 『新修豊中市史第九巻 集落・都市』ｐ94
③ ②文献のｐ２２０
④ 瀧健三『資料集録 とよなかの史跡・余話―水とくらし・街道など』ｐ58・59　平成23年（２０１１）
⑤「A図　昭和28年（１９５３）当時の豊中台地」測量昭和28年 2・5万分の１「伊丹」地理調査所　著者加筆
⑥「B図　平成19年（２００７）当時の豊中台地」測量平成19年 2・5万分の１「伊丹」国土地理院
⑦『台地のへり（縁）を歩く―コース案内Ⅰ・Ⅱ』原図・平成20年（２００８）2・5万分の１「伊丹」国土地理院
⑧『グラフとよなか１９８３ＮＯ19・とよなかの道、いま昔』ｐ16　豊中市役所市長公室自治振興課
⑨『豪雨による豊中市の被災状況』『昭和42年7月豪雨の原因と対策』ｐ31図12　豊能３市長連絡会議　著者加筆
⑩「天保14年（１８４３）原田梨井村指出明細帳」（『野口基之文書』）『豊中市史資料集3　村明細帳（上）』ｐ１５５
⑪『曲り川』（水路）原図・平成29年（２０１７）2・5万分の１「伊丹」国土地理院　著者加筆
⑫「曲川深井戸ポンプ室」２０２３・２　位置図（著者作成）
⑬『豊中市文書館史料集２ 原田郷中倉村文書Ⅰ 原田郷とその支配』ｐ37 令和２年（２０２０）
⑭「昭和４年（１９３２）当時の豊中市西部」測量昭和４年 2・5万分の１「伊丹」陸地測量部　著者加筆
⑮「原田井水路図」（「原田井点検清掃箇所図」）令和４年（２０２２）３月　原田井土地改良区理事長 渡邉稔氏蔵　著者加筆

⑯『研究紀要第100号第二集聞き書き　水とくらし』ｐ27　市教育センター　1996
⑰⑯文献のｐ27～28（ア・イ）
⑱⑯文献のｐ29～31（ア～オ）
⑲「昭和28年（1953）当時の原田・利倉・上津島付近」測図昭和28年 2・5万分の1「伊丹」地理調査所　著者加筆
⑳『みんなでつくるまち豊中』4年社会科ｐ55・56・57 豊中市小学校郷土読本作成委員会　豊中市教育委員会　平成10年（1998）
㉑小冊子『新豊島川　親水水路事業』平成2年（1990）、パンフ「蛍の里　自然への回帰」平成22年（2010）豊中市
㉒小林茂『わが町の歴史 豊中』ｐ91 文一総合出版　昭和54年（1979）
㉓『豊中市史第二巻』ｐ92ア・イ・93ウ
㉔⑯文献のｐ28
㉕『新修豊中市史第一巻 通史一』ｐ775・776
㉖㉕文献のｐ771（『桜塚村奥野家文書』）
㉗『翔け明日へ―くらしとともに七十年上巻』ｐ129　豊中市水道局　1988
㉘㉕文献のｐ771（桜塚村奥野家文書）
㉙『新修豊中市史第七巻 民俗』ｐ260・261
㉚㉙文献のｐ261
㉛『新修豊中市史第五巻 古文書・古記録』ｐ432・433
㉜㉓文献のｐ91・92
㉝⑯文献のｐ29
㉞「元禄3年（1690）原田井筋絵図」（『原田郷中倉村文書』）岡町図書館蔵　㉕文献のｐ761　著者加筆
㉟㉕文献のｐ764・765
㊱「文化8年（1811）番水時割帳」（『原田郷中倉村文書』）岡町図書館蔵　㉕文献のｐ765・766ア・ｐ764イ
㊲⑯文献のｐ29
㊳「明治42年（1909）当時の穂積村囲い堤」測量明治42年 2万分の1「伊丹」陸地測量部
㊴『豊中市の地域計画とその問題点　その9 治水、内水排除の問題について』別図2「等高線図」1967

㊵「囲い堤周辺の穂積遺跡」『第43次発掘調査報告書』調査地点周辺地形ｐ6、写真『文化財ニュースＮＯ39』ｐ14　豊中市教育委員会
㊶②文献のｐ６２７･６２８･６３０
㊷『新修豊中市史第八巻　社会経済』ｐ22
㊸㉕文献のｐ５０２
㊹㉕文献のｐ４９０
㊺㉕文献のｐ５０７
㊻『尼崎市史第二巻』ｐ１２５･１２９･１３３･１３７･１４１
㊼⑯文献のｐ44ア・イ　ｐ40ウ
㊽『新修豊中市史第二巻 通史二』ｐ３６８エ
㊾⑯文献のｐ41
㊿⑯文献のｐ46
(51)「昭和26年（１９５１）当時の服部南町周辺（穂積囲い堤東側）」１・２万分の１「最新豊中市地圖」豊中市　著者加筆
(52)②文献のｐ74
(53)「江戸時代後期　長興寺村絵図」（『長興寺村文書』）岡町図書館蔵　㉕文献口絵16　著者加筆
(54)②文献のｐ80「御開方地並絵図」図２―23
(55)②文献のｐ78
(56)②文献のｐ75
(57)②文献のｐ75
(58)『研究紀要第94号聞き書き　水とくらし』ｐ16　市教育センター　１９９４
(59)㊷文献のｐ94
(60)『グラフとよなか１９７９年ＮＯ15・豊中市今、むかし』ｐ11　豊中市役所市長公室自治振興課
(61)「江戸時代後期　長興寺村絵図」部分図（『長興寺村文書』）以下(53)文献と同じ　著者加筆
(62)㊷文献のｐ１００
(63)㊷文献のｐ97・98

64 高谷重夫『雨乞習俗の研究』p437・438　法政大学出版局　1982
65『豊中市史第四巻』p462

第4章
①『新修豊中市史第三巻 自然』p33
②『新修豊中市史第九巻 集落・都市』p392
③②文献のp393　図6―1「庄内地域の人口・世帯数の推移」(国勢調査)
④②文献のp414（図6―5），p415（表6―15）
⑤「豊中市稲津町三 国道一七六号交叉点付近（略図）」2023・2 現在（著者作成）
⑥『研究紀要第100号第二集聞き書き　水とくらし』p51・54　市教育センター　1996
⑦「豊中市南部における浸水状況」（昭和40年代初期）『新修豊中市史第八巻 社会経済』p756 写真11―4（『平成3年度豊中の下水道 下水道事業40周年記念号』p15より）
⑧「豊中市用排水路網（中・南部）」『昭和42年7月豪雨の原因と対策』p53図21　豊能3市長連絡会議
⑨『新修豊中市史第八巻 社会経済』p757
⑩⑧文献のp52
⑪「昭和35年（1960）当時の豊中市南部」測図 昭和35年8月 1万分の1『豊中市全圖』豊中市　著者加筆
⑫「明治42年（1909）当時の野田堤と字外深（小字名）」明治45年 2万分の1「伊丹」陸地測量部　著者加筆
⑬⑥文献のp51ア・59イ・60ウ・エ
⑭本田創・高山英男・吉村生・三土たつお『はじめての暗渠散歩―水のない水辺をあるく』p97・99 筑摩書房　2017
⑮⑥文献のp45・46
⑯⑨文献のp98
⑰『研究紀要第94号聞き書き　水とくらし』p48　市教育センター　1994
⑱⑥文献のp56・57ア
⑲⑥文献のp58イ
⑳⑥文献のp58ウ

㉑ ②文献のｐ３３９・３４０・３４１・３４２　参考『新修豊中市史第二巻通史二』ｐ４１０・４１１
㉒ ⑥文献のｐ52・53
㉓『新修豊中市史第一巻 通史一』ｐ７７０
㉔ ⑰文献のｐ46・47
㉕ ㉓文献のｐ７７１
㉖ ⑰文献のｐ55
㉗「猪名川改修工事」ｗｅｂ版尼崎地域史事典「ａｐｅｄｉａ」地域研究史料館（参考文献『１９９１猪名川五十年史』建設省猪名川工事 事務所）
㉘ ②文献のｐ４２８
㉙ 鹿島友治『豊中ありし日の景観』ｐ95・96・98・99・１０３・１０４（ア～オ）昭和59年（１９８４）
㉚ ⑥文献のｐ65・66（カ～ケ）
㉛ ⑰文献のｐ57コ
㉜「寛政２年（１７９０）南豊嶋地方水論図（部分図）」『豊中市史第２巻』ｐ94第22図　著者加筆
㉝ ⑥文献のｐ64
㉞「明和６年（１７６９）悪水樋伏替争論内済届」『豊中市文書館史料集４ 中井家文書１』（庄屋文書83）ｐ１４１～１４４
㉟ ㉞文献 庄屋文書７ｐ12
㊱「明和３年（１７６６）庄本村諸色附込帳」（『庄本村岡嶋（邦）家文書』）『豊中市史資料集４ 村明細帳（下）』ｐ１４３
㊲ ⑥文献のｐ52・53
㊳「大正８年（１９１９）豊能郡庄内村全図」『郷土資料豊能郡庄内村誌』ｐ49　市教育センター 平成元年（１９８９）
㊴ ⑰文献のｐ56
㊵ ⑥文献のｐ64
㊶「明治18年（１８８５）当時の庄内南部」測量明治18年 ２万分の１「大阪近傍北部」陸地測量部　著者加筆
㊷ ⑰文献のｐ59ア・イ
㊸「明治３年（１８７０）神崎川筋の悪水井路図」『新修豊中市史第二巻通史二』ｐ１１５ 図１―６

㊹「昭和17年（1942）ごろの洲到止の浜 周辺図」『ふるさとの良さを探そう（庄本・大島町周辺）史跡散歩』平成20年1月16日開講庄内西公民館「家庭教育学級講座」講師森本吉道・中井正敏　提供資料 著者加筆
㊺⑰文献のｐ58ウ・エ
㊻鹿島友治『ふるさとの思い出 写真集 明治大正昭和　豊中』「48小曽根悪水樋門」ｐ31　国書刊行会　昭和55年（1980）
㊼福西茂『郷土史資料　豊中の史跡たずね描き』ｐ130　市教育センター　平成6年（1994）
㊽⑨文献のｐ775・776
㊾「宝永4年（1707）小曽根郷」『豊中市史資料集4村明細帳（下）』ｐ137・138
㊿「文化8年（1811）摂津国豊嶋郡小曽根郷絵図（部分図）」豊中市教育委員会提供　㉓文献の付図Ⅱ―4　著者加筆
51 ⑨文献のｐ46
52「豊中市大字小字図」　㉓文献の付図Ⅰ「大字小字図」（7・8）
53「摂州豊嶋郡宝暦8年（一七五八）小曽根村」『豊中市史資料集4　村明細帳（下）』ｐ94
54「摂州豊嶋郡慶応4年（一八六八）洲到止村」同53文献「村明細帳（下）」のｐ180・181
55『新修豊中市史第二巻通史二』ｐ11・12
56 55文献のｐ12
57 ⑰文献のｐ46
58 榎原實『昔の渡し場』ｐ8・9　昭和53年（1978）
59「昭和4年（1929）当時の小曽根北部」測量昭和4年 2・5万分の1「伊丹」陸地測量部
60 ⑰文献のｐ37ア・39イ
61 55文献のｐ370
62 ⑰文献のｐ39ウ・エ
63 ⑰文献のｐ35・36オ、ｐ36カ
64「文化8年（1811）摂津国豊嶋郡小曽根郷絵図（部分図）」（高川・天竺川両岸の松並木）豊中市教育委員会提供　㉓文献の付図Ⅱ―4　著者加筆
65 ⑰文献のｐ26ア

(66) ⑥文献のｐ48イ
(67)『グラフとよなか１９７９ＮＯ15・豊中市今、むかし』ｐ８　豊中市役所市長公室自治振興課
(68) 吹田市立博物館平成29年度（２０１７）企画展（６月17日～７月９日）案内資料「未曾有ノ猛台風、襲ヒタル」
(69)『写真アルバム　豊中市の昭和』ｐ31　樹林舎　２０１６
(70) ⑰文献のｐ59・60
(71) ⑥文献のｐ88・89
(72)「昭和４年（１９２９）当時の利倉と旧猪名川」測量昭和４年　２・５万分の１「伊丹」陸地測量部　著者加筆
(73)「利倉 捷《しょう》水路位置図」『猪名川五十年史』ｐ３６４ 図８―２　近畿地方建設局猪名川工事事務所提供　平成３年（１９９１）
(74) ⑰文献のｐ22
(75)『豊中市史第二巻』ｐ１５０
(76) (75)文献のｐ１５０
(77)『庄内　むかし―江戸時代の庄内』ｐ47　豊中市立千成小学校　１９９４
(78) 森本吉道・菅原敏二「郷土―庄本の歴史を中心として」ｐ64 昭和48年（１９７３）
(79) ⑥文献のｐ66・67
(80) (58)文献のｐ６・７・８（ア～エ）、ｐ10オ

あとがき
①『豊中市立地適正化計画（改訂版）』２土地利用⑴用途地域別面積構成ｐ35　令和６年（２０２４）豊中市

見返し（裏）「近世豊中の村々」『新修豊中市史第五巻 古文書・古記録』ｐ７０１

（注）出典先・提供先が付記されていない写真・略図・挿絵―著者作成

＊『地図』（詳細略）

（地図種別）	（図名）	（更新履歴）	（発行年）	（作成機関）
・仮製２万分１	「大阪近傍北部」	明治18年測量	明治19年製版	陸軍陸地測量部
・仮製２万分１	「伊丹」	明治42年測図	明治44年	陸軍陸地測量部
・２・５万分１	「伊丹」	昭和４年修正	昭和７年	陸軍陸地測量部

・2・5万分1　「伊丹」　昭和25年資修　昭和25年　地理調査所
・2・5万分1　「伊丹」　昭和28年資修　昭和28年　地理調査所
・2・5万分1　「伊丹」　昭和42年改測　昭和44年　国土地理院
・2・5万分1　「伊丹」　平成19年更新　平成20年　国土地理院
・2・5万分1　「伊丹」　平成29年調製　平成29年　国土地理院
・1・2万分1　「最新豊中市地圖」　発行昭和26年8月　豊中市
・1万分1　「豊中市全圖」　発行昭和35年8月　豊中市

※取材協力者（敬称略）
赤澤文雄　石黒壮一　亀田助一　岸岡洋一郎　口村盈太郎　倉田佐衛士　小山定一　後藤藤作　阪本　平　笹部泰儀　住田乙治
竹中武夫　辻　定男　中川松太郎　西口芳美　馬場増司　深田俊治　三島治男　森　一男　山田与一　山本敏治　渡邉繁治
渡邉與四夫
・取材したのは、平成元年（1989）～平成七年（1995）の間。当時80歳代7人・70歳代7人・60歳代8人・50歳代1人の方々です。

【著者略歴】

瀧 健三 （たき・けんぞう）

1944年生まれ。豊中市内公立小学校、海外日本人学校（在ブラジル）、豊中市教育委員会事務局、豊中市立教育研究所、豊中市立少年文化館、大阪府教育センターに勤務。

［研究刊行物］

『研究紀要第75号 明治・大正・昭和「聞き書き」学校生活と子どものころのくらし』（豊中市立教育研究所）、『研究紀要第82号 明治・大正・昭和「聞き書き」学校生活と子どものころのくらし②』（同上）、『研究紀要第94号「聞き書き」水とくらし』（同上）、『研究紀要第100号「聞き書き」水とくらし②』（同上）、『資料集録「郷土のくらし」豊中の水利と各地の雨乞い・桜井谷の花卉栽培のあゆみ』、『資料集録「聞き書き」とよなかの史跡巡り』、『資料集録「聞き書き」とよなかの史跡余話—水とくらし・街道など』、『史跡をたずねて 能勢街道の風景』（ドニエプル出版）

NPO法人とよなか・歴史と文化の会会員。兵庫県川西市在住。

探訪豊中

水とくらしと時代の変化

丘陵・川・ため池・用悪水路を探る

令和七年（二〇二五）一月一日初版発行

編著者 瀧 健三

装丁 渡邉 敦子

発行者 小野 元裕

発行所 株式会社ドニエプル出版

〒581-0013 大阪府八尾市山本町南六—二—二九

TEL 〇七二—九二六—五一三四

FAX 〇七二—九二一—六八九三

発売元 株式会社新風書房

〒543-0021 大阪市天王寺区東高津町五—一七

TEL 〇六—六七六八—四六〇〇

FAX 〇六—六七六八—四三五四

印刷 株式会社新聞印刷

ISBN978－4－88269－934－7

近世豊中の村々

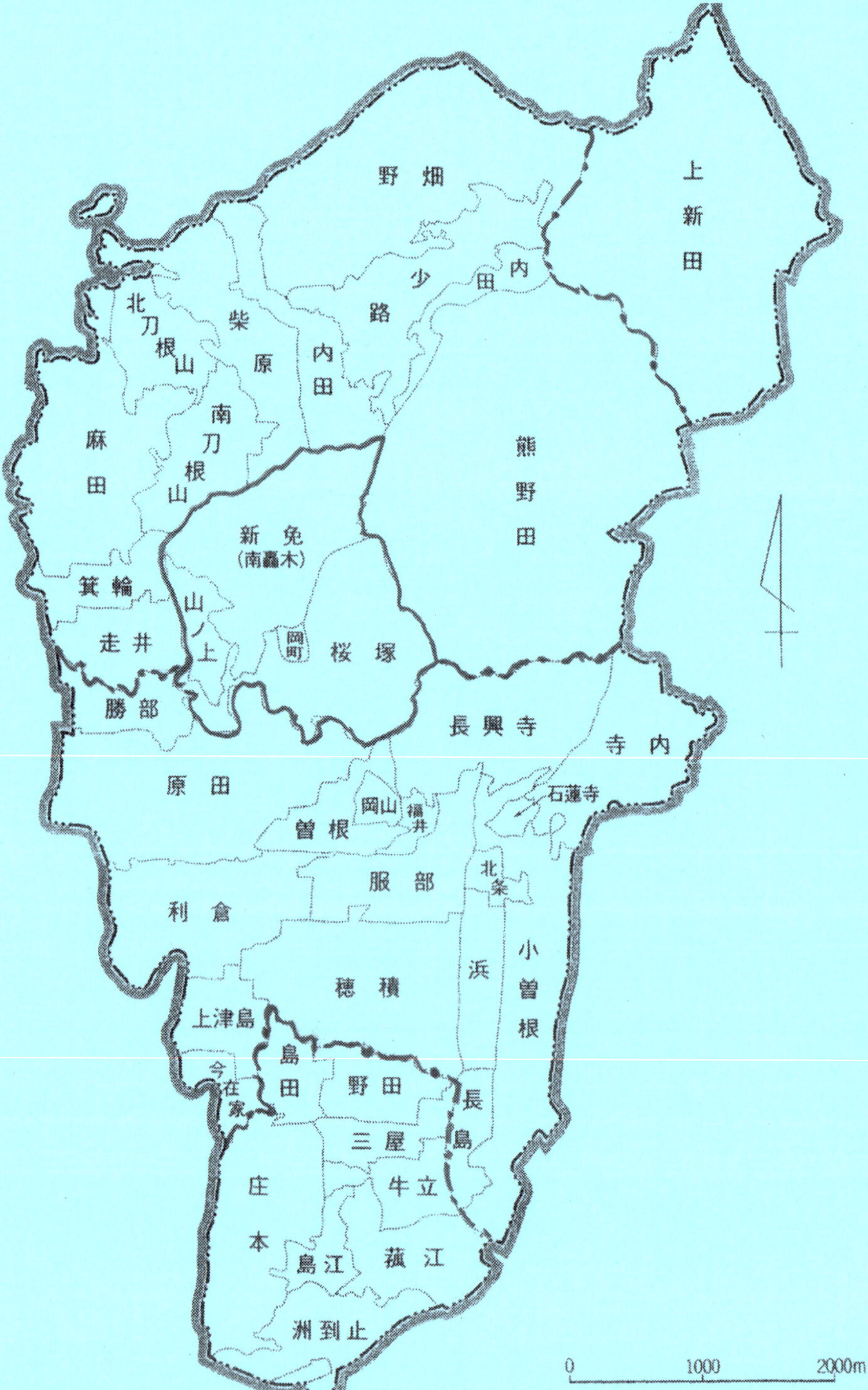

出典：『新修豊中市史第五巻 古文書・古記録』